실습으로 배우는
인공지능

예제를 통해
체험하며
학습하는
AI 상식, 입문

송현종 지음

60여 개 웹에서 체험 가능한 예제 포함

"인공지능의 기본 개념부터 생성형 인공지능의 원리까지
어렵게 보였던 인공지능을 쉽게 풀어줄게."

바른북스

이 책의 특징

웹에서 체험할 수 있는 인공지능 실습 예제가 제시되어 있어.

책 내용에서 실습이 가능한 부분에는 오른쪽 그림과 같이 체험 방법이 안내되어 있어. **ailearn.space** 웹사이트에 들어가서 해당 콘텐츠를 직접 찾아보거나, 콘텐츠 이름의 일부 또는 책 페이지 숫자로 검색하면 돼.

콘텐츠 대부분은 간단한 조작만으로 인공지능을 체험해 볼 수 있는 것들로 구성했어. 모두 무료로 사용할 수 있지.

웹사이트 사용 방법에 대한 자세한 설명은 240 페이지를 참고해줘.

순서대로 따라하면 콘텐츠를 사용할 수 있도록 안내되어 있어.

콘텐츠의 사용 방법은 오른쪽 그림과 같이 콘텐츠 캡처 화면과 함께 순서 숫자와 간단한 설명으로 안내되어 있어. ■ 색은 콘텐츠 체험을 위해 꼭 따라 해야 할 것들이고, ■ 색은 선택적으로 원하는 경우에만 해보면 좋은 것들이야. 사각형에 적혀 있는 숫자 순서대로 따라하면 어렵지 않게 인공지능 콘텐츠를 체험해 볼 수 있을 거야.

친근한 말투로 편하게 읽을 수 있도록 썼어.

조금이라도 더 편한 마음으로 인공지능을 접하면 좋을 것 같다는 생각에 친구에게 이야기하듯 책의 내용을 썼어. 가벼운 마음으로 읽고 실습하면서 인공지능에 대해 같이 알아보자!

RNN을 활용한 음악 작곡 체험해 보기

RNN은 음악 작곡에 활용할 수 있어. 사용자가 기본 정보를 먼저 제공하면 이 정보를 바탕으로 곡을 만들어주는 방식이지. 음악은 정답이 정해진 분야가 아니고, RNN도 그렇게 동작하지 않아. 같은 기본 정보를 제공하더라도 생성할 때마다 멜로디가 비슷한 다른 곡이 나오게 돼.

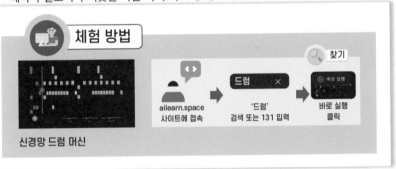

신경망 드럼 머신

이 드럼 머신 앱은 몇 개의 코드를 입력하면, 그 코드를 바탕으로 드럼 트랙을 생성해줘. 회색 선을 기준으로 왼쪽에 있는 빈 사각형들을 클릭하면 빨간색으로 바뀔 거야. 적당히 빨간 색으로 바꾸고 회색 선 위에 있는 🔄 버튼을 누르면 잠시 후 오른쪽 영역에 트랙이 자동으로 생성되면서 곡이 재생돼.

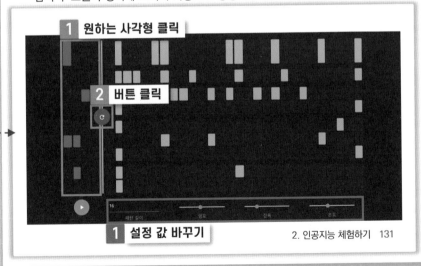

내용 이해를 돕기 위한 그림이 많이 포함되어 있어.

글로 된 설명만으로는 내용 이해가 어려운 부분에 참고 이미지를 첨부하거나, 직접 만든 그림을 넣었어. 그림을 같이 보면 관련 내용을 이해하는 데 더 도움이 될 거야. 그림 중에서 만화와 같은 삽화는 이미지 생성 인공지능 모델인 Stable Diffusion을 이용해 제작했어.

'더 알아보기'에서는 해당 챕터와 관련된 추가적인 내용이 있어.

2단원의 각 챕터에 있는 '더 알아보기'에서는 챕터에서 미처 다루지 못한 내용이나, 챕터와 관련된 심화 내용이 포함되어 있어. 지면상 설명은 짧지만 다양한 콘텐츠를 소개하고 있으니 관련 내용을 더 알아보고 싶을 때 도움이 될 거야.

머리말

이 책은 인공지능의 전반에 대해 알고 싶어 하는 입문자를 위해 썼어. 한 분야를 깊이 있게 들어가기보다는, 인공지능의 기본 개념부터 생성형 인공지능의 원리까지 폭넓게 다루고 있지.

이 책은 실습을 통한 체험과 함께 인공지능이 무엇인지 알아보는 것을 목표로 해. 인공지능이 어떻게 작동하는지, 왜 중요한지, 그리고 어떻게 우리의 삶을 변화시키는지에 대해 살펴보게 될 거야.

인공지능은 이미 우리의 삶에 깊이 들어와 있어. 스마트폰 앱의 얼굴 인식부터 자동차의 자율주행, 생성형 인공지능의 텍스트나 이미지 생성까지 삶의 많은 부분에서 인공지능이 활용되고 있지. 하지만 인공지능에 대해 잘 모르고 있는 경우가 많아. 이 책은 그런 부분을 채워줄 수 있도록 내용을 구성했어.

인공지능을 배우기 위한 여러분의 도전을 응원해. 이 책이 인공지능 학습의 첫 걸음을 내딛는 데 도움이 됐으면 좋겠어.

챕터 2 인공지능을 훈련시켜 활용하기

챕터 1에서는 인공지능 모델의 학습 과정을 살펴봤어. 모델 학습 과정을 살펴봤으니 이제 직접 모델을 만들어 보는 것은 어떨까? 사실 모델을 만드는 데에는 두 가지 큰 걸림돌이 있어. 하나는 데이터를 구하기 힘들다는 점, 다른 하나는 인공지능 알고리즘을 이용해서 학습시키는 과정이 복잡하다는 점이야. 공개된 데이터 세트가 있고, 알고리즘 이용 방법에 대한 가이드도 있지만 비개발자가 이를 활용하는 것은 쉽지 않아.

하지만 다행히도 누구나 쉽게 인공지능 모델을 만들 수 있는 서비스가 있어. 대표적으로는 구글의 티처블 머신과 엔트리의 인공지능 블록이 있지. 이런 서비스들은 카메라로 찍은 이미지나 마이크로 녹음한 소리를 데이터로 사용하고, 몇 번의 버튼 클릭으로 학습이 진행되도록 만들어져 있어. 걸림돌이 사라졌으니

(17개) 2. 인공지능 체험하기

모델을 쉽고 빠르게 만들 수 있도록 도와주는 티처블 머신

Teachable Machine(이하 티처블 머신)은 이름 그대로 가르칠 수 있는 (teachable) + 기계(machine)란 뜻이야. 이미지, 오디오, 포즈를 분류하는 모델

① 이미지, 오디오, 포즈 중 유형의 프로젝트를 선택해.

② 내가 분류하고 싶은 클래스(Class)들의 개수와 이름을 정해야.

③ 클래스 별로 이미지를 촬영하거나 사운드를 녹음해서 데이터를 수집해.

④ '모델 학습시키기' 버튼을 눌러라. (필요하면 '고급' 메뉴에서 설정 값들 바꿔줘)

⑤ 학습된 모델을 테스트 해봐. 결과가 만족스럽지 않으면 데이터를 추가·변경하거나 고급 메뉴에서 설정 값을 변경해서 다시 학습시켜봐.

데이터 전처리를 제외하면, 챕터 1에서 배웠던 실제 모델 학습 과정과 비슷하지? 수집되는 데이터가 제한된 공간에서 촬영하거나 녹음을 통해 얻어지므로, 복잡한 전처리 과정을 생략해서 모델 제작을 간단하게 할 거야.

2. 인공지능 체험하기 077

더 알아보기

유전 알고리즘은 생물의 진화 과정을 모방해 가능한 해답들을 선택, 교차, 변이시키면서 최적의 방법을 찾아가는 알고리즘이야. 한 세대에 다양한 유닛을 만들고, 생존한 유닛을 다음 세대에 유지 또는 교배, 돌연변이해서 활용하지.

 **체험** 머신러닝 플래피 버드 | elearn.space 사이트에 접속 → '플래피' 검색

플래피 버드 게임에서 이를 확인할 수 있어. 한 세대에는 10개의 유닛이 등장하며, 각 유닛은 인공 신경망을 이용해서 입력정보(수평 거리, 수직 거리)에 따라 유닛들이 움직이거나 가만히 있도록 만들어. 한 세대가 끝나면 오래 생존한 상위 4개 유닛을 다음 세대에 그대로 전달되고, 나머지 6개 유닛은 상위 4개의 유닛들을 서로 교배해서 만들어, 또는 편열하게 유닛들에 돌연변이를 일으키지. 다소 엉뚱해 보이는 방법이지만, 10세대 전후부터 오래 생존하는 유닛이 등장해. 환경에 잘 적응한 개체가 다음 세대로 이어지고, 변이도 발생하는 자연의 방식을 이용한 모델이야.

신경망 구조 (출처: Machine Learning for Flappy... github.com/ssusnic/Machine-Learning-Flappy-Bird)

피덕이거나 가만히 있기

110 2. 인공지능 체험하기

최적의 경로를 찾는 몬테카를로 트리 탐색 적용하기

많은 경우의 수가 존재하는 바둑과 같은 게임에서 최적의 경로를 찾아 승률을 높이는 몬테카를로 트리 탐색(Monte Carlo tree search)이 활용될 수 있어. 알파고에서는 이를 강화학습과 결합해서 기보의 패턴을 학습하는 데 활용했어.

 **체험** 2048 AI | elearn.space 사이트에 접속 → '2048' 검색

2048은 상하좌우로 숫자들을 합쳐서 2048 블록을 만들면 되는 게임이야. 빈 칸이 없어져 움직일 수 없게 되면 게임이 끝나니 생각을 많이 해야 해.

컴퓨터는 가능한 많은 경우의 수를 빠르게 시뮬레이션해서 2048 블록을 만들 수 있어. 시뮬레이션 숫자를 변경하면 결과가 어떻게 바뀌는지도 확인해봐.

지도학습을 활용해 게임 방법 가르치기

고릴라 게임은 적과의 거리, 시야각에 따라 힘과 발사각이 조절되면 되는 단순한 형태의 게임이야. 지도학습 모델로 게임 방법을 학습시켰어.

 **체험** 머신러닝 고릴라 | elearn.space 사이트에 접속 → '고릴라' 검색

2. 인공지능 체험하기 111

목차

3. 안내 및 참고 자료

1 인공지능 알아보기

단원

인공지능이란 무엇이며
인공지능의 역사와 종류, 전망에 대해 알아보자.

챕터 1 인공지능이란 뭐야?

인공지능(Artificial Intelligence)은 이제 우리에게 익숙한 단어야. 뉴스를 통해 인공지능에 관한 소식을 자주 접할 수 있고, 인공지능이 탑재된 제품과 서비스를 주변에서 쉽게 찾아볼 수 있지. 얼마 전만 해도 인공지능은 SF 영화에나 등장하는 흥미로운 주제였을 뿐, 현실과는 거리가 먼 것이었어. 그런데 최근 몇 년 사이에 인공지능은 우리 생활에 빠르게 영향을 미치기 시작했지. 스마트폰의 음성 인식, 자동차의 자율 주행, 생성형 인공지능의 텍스트와 이미지 생성까지 인공지능은 알게 모르게 우리의 일상 속에 깊이 스며들고 있어.

그런데 우리는 왜 인공지능을 이용하는 걸까? 아마 인공지능이 주는 편리함 때문일 거야. 대부분의 경우 인공지능이 없으면 번거로울 뿐, 큰 문제는 생기지 않아. 인공지능이 아닌 사람이 운전하고, ChatGPT 대신 사람이 글을 써도 되니까. 하지만 인공지능이 번거로운 일을 대신 해줄 수 있다면, 당연히 인공지능에게 맡기는 게 좋겠지? 인공지능이 존재하는 이유는 그리 대단한 것이 아니야. 인공지능은 우리의 편의를 위해 존재하는 거지. 인공지능이 생활을 편하게 만들어주니까 우리는 인공지능을 이용하는 거야.

인공지능이란 사람 대신 기계가 머리 쓰는 일을 수행하는 기술

그렇다면 왜 우리는 인공지능이 탑재된 제품이나 서비스를 이용하면 편리함을 느낄까? 많은 사람들은 '인공지능이 알아서 대신 해주니 편리하다'라는 대답에 동의할 거야. 전등 끄기, 온도 조절과 같은 단순한 일부터 운전, 글쓰기와 같은 복잡한 일까지 인공지능이 알아서 해주면 우리는 따로 신경 쓸 필요가 없어져. 인공지능은 이렇게 사람이 해야 할 일을 대신해 줄 수 있어. 그래서 인공지능이 뭐냐고 묻는다면 이렇게 대답할 수 있을 것 같아.

인공지능이란?
사람이 아닌 기계가 학습, 문제 해결, 의사 결정과 같은 인지 작업(머리를 쓰는 일)을 수행하는 기술

조금 어려운 단어가 들어가 있지만, 결국 인공지능이라는 기술을 통해서 기계가 사람처럼 생각하고 행동할 수 있게 된다는 거야. 그래서 우리는 우리의 일을 사람처럼 생각하고 행동하는 인공지능에게 맡길 수 있지.

그런데 인공지능은 사람의 지능과 비교하면 처리 방식이나 학습 과정 등 여러 면에서 차이가 있어. 가장 큰 차이 중 하나는 인공지능이 특정 목적에만 특화되어 있다는 거야. 사람은 분야에 따라 능력의 차이는 있지만 다양한 일을 할 수 있어. 하지만 인공지능은 운전이나 글쓰기 등 정해진 분야의 일만 잘할 수 있지. 예를 들어, 글을 잘 쓰는 ChatGPT라도 운전은 할 수 없어.

운전은 제가 할게요!   다 할 수 있지만 귀찮네...   글은 제가 씁니다!

인공지능인 것과 인공지능이 아닌 것

인공지능은 특정 분야에서 사람의 일을 대신해줄 수 있다는 것을 알았어. 인공지능 활용이 보편화되면서 이제 귀찮은 일은 인공지능에게 맡길 수 있게 됐지. 그래서 사람들은 필요한 제품이나 서비스를 고를 때 인공지능이 탑재된 것을 더 선호하는 경향이 있어. 그런데 가끔 어떤 제품은 실제로 인공지능이 탑재되어 있는지 애매한 경우가 있기도 해. 인공지능인 것과 아닌 것은 어떻게 구분할 수 있을까?

사실, 인공지능인 것과 아닌 것을 명확하게 구분하기는 어려워. 인공지능이란 용어의 의미는 넓고 관점에 따라 다르게 해석될 수 있거든. 그래도 '학습'할 수 있고 '문제 해결'과 '의사 결정' 능력이 있다면 그것을 인공지능이라 할 수 있어.

① **학습(Learning)**: 인공지능은 데이터를 통해 '학습'하고, 학습된 데이터를 바탕으로 문제를 해결하거나 작업을 수행해. 학습을 통해 변화할 수 있다는 점이 인공지능이 갖는 특징 중 하나야. 반면 인공지능이 아닌 것들은 미리 정해진 규칙에 의해서만 동작하지. 새로운 상황에 대해 학습하고 적응하는 능력이 없어.

그런데 인공지능이 학습하는 방식은 사람의 방식과는 좀 달라. 사물 인식이라면 다양한 이미지 데이터를 통해 특정 사물의 특징을 찾아내는 것이 학습이고, 게임 방법 학습이라면 게임을 진행하며 수집된  데이터를 바탕으로 더 많은 보상을 얻는 플레이 방법을 배우는 것이 학습이야. 사람의 학습과 목표는 크게 다르지 않지만, 그 방식에는 다소 차이가 있지.

인공지능의 학습은 주로 사용자가 사용하기 전에 이루어져. 많은 데이터를 이용해 미리 학습시켜 놓은 것을 사용자가 이용하게 되는 거지. ChatGPT도 사전에 텍스트 데이터들로 학습시켜 놓은 거야. 다만, 로봇 청소기의 경로 학습이나 사용자 지정 음성 인식과 같이 사용 중에 추가 학습이 진행되는 경우도 있어.

② **문제 해결(Problem Solving)**: 인공지능은 복잡한 문제를 해결하는 능력이 있어. 만약 상황이 일정하고 변수가 적다면, 일반 프로그램으로도 문제를 해결할 수 있을 거야. 하지만 바둑처럼 경우의 수가 너무 많아 모든 경우를 따져보기 힘든 경우는 일반 프로그램으로 문제를 해결하기 어려워. 인공지능은 과거의 경험, 즉 학습된 내용을 바탕으로 다양한 유형의 복잡한 문제를 해결할 수 있어. 예를 들어, 구글 알파고는 과거 바둑 기보와 자신과의 대결 데이터로 바둑에서 인간을 상대로 승리했어. 일반 프로그램이

복잡한 문제를
해결 할 수 있어요!

나 과거의 인공지능으로는 불가능하다고 생각됐던 일이었지. 이처럼 문제 해결력을 갖춘 인공지능은 제조 공정이나 교통 흐름 최적화 같은 문제 해결에 활용될 수 있어.

③ **의사 결정(Decision Making)**: 인공지능은 다양한 데이터와 패턴을 기반으로 미래를 예측해 의사 결정을 내릴 수 있어. 인공지능이 사람을 대신해 일을 하려면 스스로 결정을 내릴 수 있어야 할 거야. 운전하는 인공지능이라면 여러 상황에서 매 순간 최적의 주행 결정을 내릴 수 있

주인님은 쉬세요!
제가 결정할게요~

어야겠지? 인공지능이 아닌 것이라면 이런 결정을 내리는 것이 불가능하거나, 내린 결정을 신뢰하기 어려울 거야.

인공지능의 예시 살펴보기

앞서 인공지능인 것과 아닌 것을 구분하면서 인공지능의 세 가지 특징적인 부분을 살펴 봤어. 그런데 인공지능에는 다양한 유형이 있어서 어떤 인공지능인지에 따라 특징들이 다르게 나타날 수 있다는 점을 참고해줘. 두 가지 예시를 통해 인공지능의 특징들이 어떻게 나타나는지 확인해 볼게.

DQN 자동차

2단원에서도 소개할 단순한 자율주행 자동차야. 이 차량은 인공지능에 의해 조작돼. 만약 인공지능 자율주행에 대한 기대가 컸다면, 실제로 앱을 열고 좀 실망스러웠을 수도 있어. 앞뒤로 헤매는 큐브 형태의 자동차만 보였을 테니까. 아직은 학습하기 전이라 잘 가지 못할 뿐이니까 너무 실망하지 마.

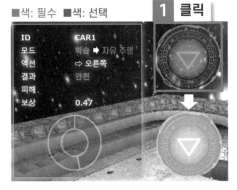

ID	CAR1
모드	학습 ➡ 자유 주행
액션	⇨ 오른쪽
결과	안전
피해	
보상	0.47

1 클릭

30분 정도 놔두고 옆의 그림과 같은 버튼을 클릭해서 자유 주행 모드로 바꿔줘. 이제 코스를 잘 주행하는 자동차를 볼 수 있을 거야. 단지 기다리면 잘 주행하게 된다니 신기하지 않아? 30분 동안 우리는 아무것도 안 했지만, 인공지능은 많은 일을 하고 있었어. 자동차에 달린 센서로 정보를 받아서 현재 주행 방향이 괜찮은지 판단하고, 장애물이 있으면 방향을 바꾸는 과정을 계속 반복했거든. 이 반복 과정을 통해 경험이 쌓이고(학습이 이루어지고), 결과적으로 자유 주행 모드에서는 올바른 판단을 내리면서 문제없이 주행하게 된 거야.

이 자율주행 인공지능은 센서 데이터로 학습하고, 장애물이 있을 때는 주행 방향을 바꿔 문제를 해결하면서, 최적의 경로를 찾아 주행 방법을 결정했어. 인공지능의 특징이 잘 나타나 있지? 만약 30분을 기다리기 힘들다면 화면 왼쪽 메뉴에서 학습(훈련)된 차량인 '슈퍼카', '눈 3개 차량' 중에서 하나를 고르고 코스를 클릭해봐. 미리 학습시켜 놓은 차량이 어떻게 주행하는지 확인할 수 있어.

다음으로는 이미지 인식과 관련된 인공지능 예시를 살펴볼게. 낙서 그림을 학습한 인공지능이 사용자의 그림이 어떤 그림인지 맞혀줘.

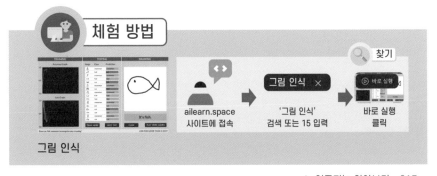

앱을 실행하면 화면 아래에 'CNN 훈련-반복 XX'라는 메시지가 나타나. 낙서 그림이 무슨 그림인지 맞히는 학습(훈련)을 반복하고 있다는 뜻이야. 예를 들어,

'초' 그림을 보여주면 '초'라고 예측하는지, '문어' 그림을 보여주면 '문어'라고 예측하는지 확인하는 과정을 반복하고 있어. 만약 예측이 맞다면 이후 같은 형태의 그림이 나올 때 같은 답을 하고, 예측이 틀리면 같은 형태의 그림이 나올 때 다른 답을 찾도록 학습돼. 학습이 끝나면 오른쪽 빈 캔버스에 마우스로 그림을 그릴 수 있어. 그림을 하나 그려볼까?

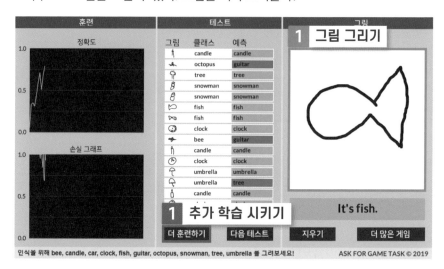

그린 그림을 인공지능이 잘 맞혔니? 사실 아무 그림이나 다 맞힐 수 있는 것은 아니야. 오직 학습된 데이터(벌, 양초, 자동차, 시계, 기타, 문어, 눈사람, 나무, 우산)의 범주 내에서만 답을 맞힐 수 있어. 인공지능은 정해진 목적에 맞는 일(이 경우는 그림 인식)만 잘 수행하며, 학습 데이터의 영향을 크게 받아. 나중에 배울 생성형 인공지능 같이 무언가를 새롭게 생성할 수 있는 인공지능도 있지만, 학습

데이터의 영향에서 벗어나기는 어려워. 이미지 인식 같은 경우, 예측은 처음 학습된 데이터 범주 내에서만 가능해.

정답의 정확도를 높이기 위해서는 두 가지 방법을 사용할 수 있어. 첫째로 '더 훈련하기' 버튼을 눌러 추가 학습을 시켜봐. 더 많은 데이터로 학습할수록 정확도가 더 높아지겠지? 화면 왼쪽의 정확도 그래프를 통해 현재 어느 정도 정확도를 가지고 있는지 알 수 있어. 둘째로 학습에 사용된 다른 낙서 그림들을 참고해서 그림을 그려봐. 아무리 그림을 잘 그려도 학습에 사용된 그림들과 같은 특징을 갖지 않는 그림은 인공지능이 맞히기 어려워. 이미지 인식 인공지능은 학습된 이미지들의 공통된 특징을 찾아 정답을 맞히는 거지, 이미지 자체가 무엇인지를 이해할 수는 없어.

이미지 인식 인공지능은 대량의 이미지-텍스트 데이터를 통해 학습해서, 이미지 속 대상의 특징을 찾는 문제를 해결하고, 답을 예측하는 의사 결정을 내려. 그런데 인공지능이 결정을 할 때는 단순히 여러 선택지 중에서 하나를 고르는 건 아니야. 결과는 하나만 보이지만 실제로는 여러 선택지들의 확률을 계산하고 가장 높은 확률의 예측만 보여주지. '스캐쳐(그림 인식)' 같은 다른 이미지 인식 예제에서는 100개의 이미지 분류 중에서 사용자가 그린 그림이 속할 가능성이 있는 상위 5개 선택지들의 확률을 보여주고 있어.

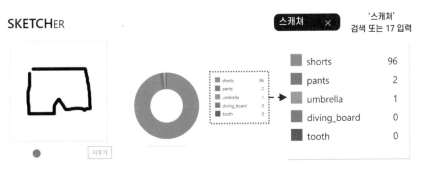

인공지능이 최근 들어 주목받는 이유

최근 들어 인공지능에 대한 학계 내외의 관심도가 높아졌어. 인공지능 관련 논문이 늘어났고, 인공지능 관련 뉴스의 양이 많아졌지. 사실 인공지능의 역사는 짧지 않아. 1950년대부터 연구되어 왔거든. 하지만 지금처럼 많은 관심을 받지는 못했었어. 그런데 왜 갑자기 인공지능에 대한 관심이 높아졌을까?

답은 간단해. 인공지능이 많이 발전했기 때문이야. 쓸만할 정도로 발전해서 관심을 받게 된 거지. 사실 인공지능은 전에도 두 차례 사람들의 관심을 받은 적이 있었어. 하지만 인공지능 붐(AI Boom)이라고 불리는 이 두 기간은 기대만큼 성과를 내지 못했고, 이후 인공지능 겨울(AI winter)을 맞이하며 사람들의 관심으로부터 멀어졌지. 그럼 세 번째 인공지능 붐이라고 불리는 이번에는 어떨까?

지금까지의 성과만 봐도 이번 인공지능 붐은 성공이라고 할 수 있어. 첫번째와 두번째 붐은 전문가와 관련 업계에 한정된 관심이었을 뿐, 일반인들에게는 큰 관심을 받지 못했어. 인공지능이 탑재된 제품이 널리 사용된 것도 아니었지. 하지만 지금은 사회 생활을 하는 사람이라면 누구나 인공지능 소식을 들으며 살고 있고, 인공지능이 들어간 제품을 알게 모르게 사용하고 있어. 이전과는 많이 다른 모습이야.

발전 속도도 과거와 비교할 수 없을 정도로 빨라. 옆 페이지에 있는 그래프에서는 여러 평가 분야에 대한 인공지능과 인간의 능력을 비교하고 있어. 인간의 평균 능력을 0으로 봤을 때, 최근 몇 년 사이에 인공지능이 인간의 능력을 따라잡거나 뛰어넘었다는 것을 알 수 있지.

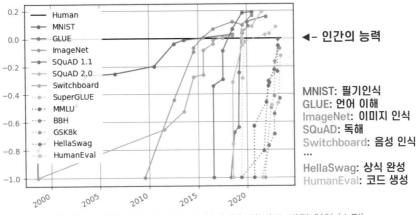

각 평가 분야에 대한 인공지능과 인간의 능력 비교, 발전 현황 (수정)
(출처: Plotting Progress in AI, contextual.ai)

이렇게 인공지능이 빠르게 발전할 수 있었던 주요 이유는 크게 세 가지가 있어.

① 컴퓨터 성능의 향상: 이전에 두 번의 인공지능 붐이 있었지만 부족한 컴퓨터 성능이 큰 장애물이었어. 아이디어가 있어도 그것을 실행할 수 있는 컴퓨터가 없었거든. 하지만 지금은 컴퓨터의 성능이 많이 향상되어서, 인공지능이 필요로 하는 대량의 데이터와 복잡한 계산을 처리할 수 있게 됐어.

② 데이터양의 증가: 양질의 데이터는 인공지능 학습에 중요한 역할을 해. 같은 인공지능 모델이라도 학습 데이터의 양과 질에 따라 성능에 큰 차이가 나거든. 인터넷이 보편화되면서 온라인에는 엄청나게 많은 데이터가 쌓이게 됐어. 이제 온라인을 통해 학습에 필요한 좋은 데이터를 많이 확보할 수 있게 됐지.

③ 딥러닝의 발전: 이미지 인식 분야에서 딥러닝이 주목받은 이후로, 딥러닝 관련 기술이 연구되면서 인공지능의 성능이 크게 향상됐어. 이번 3차 인공지능 붐을 빅데이터와 딥러닝의 붐이라고 부를 정도로 발전에 큰 기여를 했지.

이렇게 컴퓨터 성능 향상, 데이터양 증가, 딥러닝의 발전이라는 세 요소가 인공지능의 발전을 뒷받침 했고, 이를 바탕으로 인공지능은 빠르게 발전하게 됐어.

인공지능은
어떻게 발전했어?

인공지능이 크게 발전한 것은 최근이지만, 그 역사는 70년이 넘는 오랜 기간이
야. 이 기간 동안에 인공지능은 때론 주목받고, 때론 외면당하면서 성장해 왔어.
옆 페이지에 있는 그림을 참고하며 인공지능의 발전 과정을 살펴볼까?

1. 인공지능의 탄생 (1950~1956)

인공지능의 역사는 1950년에 제안된 '튜링 테스트(Turing Test)'로부터 시작해.
앨런 튜링이라는 영국의 컴퓨터 과학자가 '기계도 사람처럼 생각할 수 있을까?'
라는 의문을 갖고 이 테스트를 제안했다고 해. 테스트 방법은 굉장히 간단해.

벽으로 분리된 공간에 컴퓨터와 사람, 그리고 심
사 위원이 각각 있어. 심사 위원은 채팅으로만
컴퓨터와 사람과 대화하게 되는데, 대화를 통해
누가 진짜 사람인지 판단하게 돼. 여러 심사 위
원들이 이 과정을 반복하고, 만약 일정 수 이상
의 심사 위원이 컴퓨터를 사람이라고 판단하면
그 컴퓨터는 '지능이 있다'고 여기는 거야.

튜링 테스트 개요

사실 컴퓨터가 튜링 테스트에서 높은 점수를 받았다고 해도, 그것을 진짜 지능
이 있다고 판단하기엔 좀 의문이 있어. 그렇지만 '사람과 같은 지능을 가진 컴
퓨터'가 있을 수 있고, 이를 판정하기 위한 기준을 제시하려고 한 점에서 튜링
테스트는 인공지능의 시작을 열었다고 평가받고 있지.

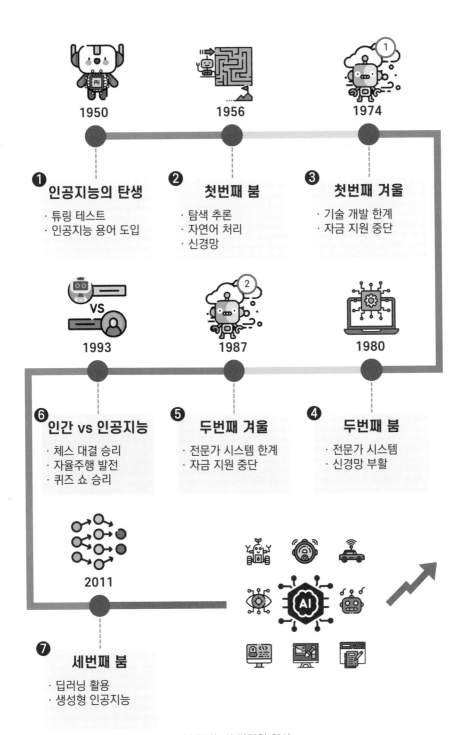

1950

❶ **인공지능의 탄생**
· 튜링 테스트
· 인공지능 용어 도입

1956

❷ **첫번째 붐**
· 탐색 추론
· 자연어 처리
· 신경망

1974

❸ **첫번째 겨울**
· 기술 개발 한계
· 자금 지원 중단

1993

❻ **인간 vs 인공지능**
· 체스 대결 승리
· 자율주행 발전
· 퀴즈 쇼 승리

1987

❺ **두번째 겨울**
· 전문가 시스템 한계
· 자금 지원 중단

1980

❹ **두번째 붐**
· 전문가 시스템
· 신경망 부활

2011

❼ **세번째 붐**
· 딥러닝 활용
· 생성형 인공지능

인공지능의 간략한 역사

이후 1956년에는 미국 다트머스 대학에서 '다트머스 회의'가 열렸어. 이 회의에서 사람처럼 생각하는 기계를 '인공지능'이라고 하자고 결정했지. 이 회의는 인공지능 분야의 탄생을 알리는 중요한 사건이었어.

2. 첫번째 붐 (1956~1974)

1956년 다트머스 회의 이후부터 1974년까지를 인공지능의 첫번째 붐이라고 해. 이때 많은 연구자들이 인공지능의 가능성을 믿고 다양한 연구를 했어. 그중 탐색 추론이란 기술이 초기 인공지능의 발전을 이끈 주요 기술 중 하나였어. 탐색 추론이란 문제 해결을 위해 가능한 모든 경우의 수를 찾아보는 방식이야. 미로의 경우라면 모든 갈 수 있는 길을 가보고 출구를 찾는 식으로 이용되지.

그리고 이 기간에는 영어와 같은 자연어로 컴퓨터와 대화하는 연구도 시작했어. ChatGPT와 같은 프로그램을 만들려고 한 거지. 그 과정에서 나온 프로그램이 **ELIZA**야. ELIZA는 사람과 대화 가능한 챗봇으로 때론 사람이라

ELIZA와의 대화 (출처: A conversation with Eliza, en.wikipedia.org)

착각할 정도로 잘 대답했어. 하지만 지식을 저장하는 데이터베이스가 없었고, 사용자 텍스트에서 키워드를 뽑아서 규칙에 따라 문장을 만드는 수준이었지.

딥러닝의 기초가 되는 퍼셉트론이란 신경망(Neural network) 알고리즘도 이때 등장했어. 퍼셉트론은 입력 정보를 받아 뇌의 뉴런처럼 작동해 출력하는 인공신경망이야. 인간의 뇌를 모방해서 경험을 통해 학습하는 장치 개발을 목표로 했어. 현대 딥러닝의 심층 신경망보다는 단순하지만, 구조와 구성 요소 면에서 심층 신경망과 비슷한 점이 많아.

1) Chris Smith et al., The History of Artificial Intelligence, University of Washington, 2006, p.12

3. 첫번째 겨울 (1974~1980)

인공지능은 첫번째 붐 이후 어려운 시기인 겨울을 맞이했어. 그 원인은 기술적인 한계였지. 인공지능이 생각만큼 발전하지 못했거든. 탐색 추론은 복잡한 문제에 대해서는 계산량이 너무 많아져 사용이 어려웠고, 자연어 처리도 문맥을 이해하고 대화를 이어가는 챗봇 개발에 한계가 있었어. 또한, 퍼셉트론은 복잡한 패턴을 학습하는 데 제한적이었지. 이런 기술적 한계에 부딪힌 인공지능 연구에 더 이상 큰 돈이 투자되지 않았어. 연구 자금이 사라지자 연구는 더욱 줄어들어 발전이 어려워졌지.

4. 두번째 붐 (1980~1987)

두번째 인공지능 붐의 중심엔 전문가 시스템이 있었어. 전문가 시스템은 점진적으로 학습하는 인공지능이 아니라 전문가의 지식을 그대로 흡수시켜 만든 인공지능이야. 모든 지식을 저장하는 것은 어려워서 의료, 금융, 공학 같은 특정 분야에 한정해서 사용할 수 있었어. 해당 분야에 관해 질문하면 답해주는 시스템이었지. 전문가 시스템은 당시 미국의 500대 기업 중 절반 이상이 사용할 정도로 많이 활용됐다고 해.[1]

전문가 시스템 머신
(출처: Symbolics 3640 Lisp machine, en.wikipedia.org)

그리고 그동안 잊혀졌던 신경망이 다시 주목받게 됐어. 이는 '역전파'라는 알고리즘 덕분이야. 역전파는 출력 결과와 정답 사이의 오차를 반복해서 수정하는 방법이야. 오차를 역방향으로 전파해서 오차에 관여하는 값들을 수정하기에 '역'전파라고 불러. 역전파는 다층 퍼셉트론 개념과 함께 딥러닝의 기반이 됐어.

5. 두번째 겨울 (1987~1993)

두번째 겨울은 전문가 시스템의 한계로 인해 발생했어. 전문가 시스템은 특정 분야의 전문 지식을 이용해 문제를 해결할 수 있었지만, 그 범위가 한정적이었어. 새로운 지식을 통합하려면 시스템을 업데이트해야 했는데, 갈수록 유지보수가 복잡해지고 비용이 늘어났지.

그러는 동안 신경망에 관한 연구도 계속됐어. 하지만 빅데이터의 부족, 하드웨어 성능의 한계로 인해 큰 성과를 내지는 못했어. 1989년 0~9까지의 필기 숫자를 인식하는 인공지능을 만들기 위해 종이 기록에서 필기 숫자 데이터를 수집하고, 컴퓨터로 무려 3일이나 학습시켜야 하는 어려운 환경이었지.[1]

6. 인간 vs 인공지능 (1993~2011)

두 번의 겨울이 지나간 이후 인공지능은 기피의 대상이 됐어. 그간 실패한 과거 때문에 연구자들은 인공지능을 연구하면서도 인공지능이란 용어를 사용하지 않을 정도였지. 하지만 인공지능은 이 기간 동안에도 조용히 발전을 이어갔어. 인공지능은 인간의 능력을 뛰어넘는 여러 성과를 이뤄냈어. 1997년 IBM의 딥 블루는 세계 체스 챔피언을 이기고 체스 대회에서 우승했어. 이는 기계가 인간 지능을 뛰어넘은 첫 사례로, 인공지능의 가능성을 보여준 중요한 사건이었지.

체스 승리!   자율주행 우승!   퀴즈 쇼 승리!

1) Y. LeCun et al., Backpropagation Applied to Handwritten Zip Code Recognition, Neural Computation, 1989, p.549

그리고 자율주행 자동차의 발전도 있었어. 2005년 스탠포드 팀은 DARPA 그랜드 챌린지라는 자율주행 자동차 경주에서 사막 지형 280km를 6시간 54분의 기록으로 우승했어. 이 경주는 자동차가 스스로 주행해서 사고 없이 목표 지점에 도착하는 것을 목표로 했고, 성공적인 주행을 통해서 인공지능 자율주행의 실현 가능성을 확인했어.

마지막으로 2011년에는 IBM의 왓슨이 'Jeopardy!'라는 퀴즈 쇼에서 인간 참가자들을 이기는 데 성공했어. 왓슨은 자연어 처리와 정보 수집, 지식 표현 등 다양한 기술을 결합해서 진행자가 묻는 질문을 알아 듣고 대답할 수 있었어.

이렇게 인공지능은 체스, 자율주행, 퀴즈 쇼 등의 분야에서 인간을 뛰어넘거나 인간 수준의 성과를 이뤄냈어. 이를 가능하게 한 큰 요인은 컴퓨터 성능의 향상이야. 컴퓨터가 빨라져서 많은 데이터와 복잡한 연산을 처리할 수 있게 됐고, 인공지능 알고리즘도 구현할 수 있게 됐지. (참고로, 1989년 최신 컴퓨터로 3일이 걸렸던 필기 숫자 인식 학습은 2022년 일반 노트북으로 90초 만에 가능하다고 해.[2])

이렇게 인공지능은 컴퓨터 성능의 뒷받침을 받으며 발전해 갔고, 이를 바탕으로 인공지능의 세 번째 붐이 시작돼.

7. 세번째 붐 (2011~   )

세 번째 붐은 지금까지 쌓아온 인공지능 발전의 잠재력이 폭발하는 시기야. 60여년 동안 쌓인 이론적 기반과 향상된 컴퓨터 성능, 인터넷을 통해 수월해진 데이터 수집 덕분에 그동안 상상만 했던 인공지능 이론의 실현 가능성이 높아졌지. 발전은 이미지 인식 분야에서 시작됐어. 2012년 ILSVRC 이미지 인식 대회에서 2등과 10% 이상의 큰 인식률 차이로 우승한 팀이 있었는데, 그게 바로

2) Andrej Karpathy, Deep Neural Nets: 33 years ago and 33 years from now, Andrej Karpathy blog, 2022, karpathy.github.io/2022/03/14/lecun1989

알렉스넷(AlexNet)이야. 알렉스넷은 CNN이라는 딥러닝 기반의 이미지 인식 인공지능이지. 0.1% 차이로 우승이 결정되는

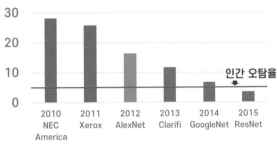

2010-2015 ILSVRC 우승 팀의 오탐(잘못 인식)율

대회에서 10% 이상의 차이로 우승한 알렉스넷은 사람들이 인공지능을 다시 주목하게 만들었어. 그중에서도 여러 차례 기대와 실망을 모두 안겨 줬던 신경망, 새로 바뀐 이름인 딥러닝(Deep learning)에 관심을 갖게 했지.

이미지 인식 분야에서는 2012년 이후 딥러닝을 적극 도입하게 됐어. ILSVRC 대회의 경우 2012년 이후 우승팀들이 모두 딥러닝을 활용했지. 2015년에는 처음으로 인간의 오탐율인 5.1%보다 낮은 팀이 등장했어. 이렇게 발전된 인식 기술은 보안, 패션, 자율주행, 의료 등 실제 산업에 활용되기 시작했어.

딥러닝이 대중에게 많이 알려지게 된 사건 중 하나는 구글의 딥마인드(DeepMind)가 개발한 알파고(AlphaGo)가 세계 바둑 챔피언을 이겼던 일이야. 바둑은 경우의 수가 많아서 인공지

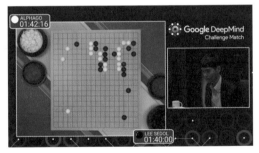

구글 딥마인드 챌린지 매치: 이세돌 vs 알파고 캡쳐
(출처: Google DeepMind Match 1 – Google…, youtube.com)

능이 사람을 이기기 어렵다고 생각돼 왔었어. 하지만 알파고는 4승 1패로 챔피언에게 크게 승리했지. 알파고는 사람의 바둑 경기 데이터와 자기 자신과의 대결을 통해 많은 학습을 진행했다고 해. 그 결과 사람의 실력을 넘어섬으로써 인공지능의 높은 성장 가능성을 보여줬어.

자율주행 분야에도 딥러닝이 도입됐어. 카메라나 라이다 등의 센서 정보로부터 CNN을 활용해 사물을 인식하고, 강화학습과 같은 딥러닝 방법으로 학습시켜 운전자 없이도 주행할 수 있게 만들었지. 테슬라나 웨이모 등의 회사는 딥러닝을 이용한 자율주행 시스템을 상용차에 도입하고 있어.

이미지 생성 분야에서는 GAN이라는 딥러닝 알고리즘이 높은 품질의 이미지를 생성해 많은 사람들을 놀라게 했어. RNN은 번역, 예측, 음성 인식 등을 할 수 있어서 관련 업계에 활용되고 있지.

딥러닝은 탄생한 지 몇 년 만에 여러 관련 분야의 발전에 큰 도움을 줬어. 딥러닝이 없었다면 많은 분야가 지금처럼 발전하지 못했을 거야. 그중에서도 가장 혁신적으로 발전한 분야는 자연어 기반 생성형 인공지능이야. 생성형 인공지능은 이름 그대로 없던 것을 새롭게 만드는 인공지능으로, 일상의 언어(자연어)를 입력하면 텍스트나 이미지와 같은  결과물을 만들어줘. 텍스트를 생성하는 GPT나 이미지를 생성하는 DALL·E가 이에 해당 돼.

사람들은 과거의 ELIZA 챗봇부터 인간의 언어를 이해하고 원하는 동작을 할 수 있는 인공지능을 만들고자 노력해 왔어. 하지만 인간 언어의 복잡성 때문에 실현이 매우 어려울 것이라고 생각했었지. 그런데 GPT를 탑재한 ChatGPT와 DALL·E는 사람들의 예상보다 훨씬 언어를 잘 이해하고 높은 완성도의 텍스트와 그림을 생성해서 놀라움을 줬어.

딥러닝으로 시작된 여러 인공지능과 생성형 인공지능의 발전은 계속되고 있어. 세번째 붐은 또 한 번의 해프닝이 아닌 '인공지능 시대'의 시작점이 될 거야.

챕터 3 인공지능에는 어떤 것들이 있어?

인공지능의 세번째 붐인 지금, 앞서 소개한 것처럼 딥러닝을 기반으로 한 여러 분야의 인공지능이 계속해서 발전하고 있어. 이번 챕터에서는 딥러닝이 무엇인지에 대해 알아보고, 대표적인 인공지능 분야를 체험할 수 있는 예시와 함께 간략하게 소개할게. 각 분야에 관한 자세한 내용은 2단원에서 확인할 수 있어.

딥러닝의 기반 기술, 심층 신경망

우리가 배울 딥러닝은 인간 두뇌를 모방해서 만든 인공 신경망(Artificial Neural Network), 줄여서 신경망을 기반으로 한 기술이야. 신경망의 아이디어는 1957년에 제안된 퍼셉트론(Perceptron)으로부터 시작됐어. 퍼셉트론은 인간의 뇌 세포인 뉴런을 모방해서 만든 인공 뉴런으로, 다양한 입력값을 받아 0 또는 1을 출력하는 단순한 구조를 가지고 있어. 초기 신경망은 여러 개의 입력과 하나의 출력을 갖는 퍼셉트론을 사용했는데, 이를 단층 퍼셉트론이라고 해.

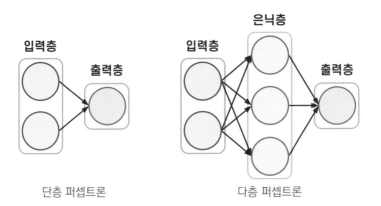

단층 퍼셉트론   다층 퍼셉트론

단층 퍼셉트론은 단순한 연산만 가능해서 현실의 복잡한 문제를 해결하는 데는 한계가 있었어. 그래서 이런 한계를 극복하기 위해 여러 개의 인공 뉴런들을 조합해서 구조를 확장한 것이 다층 퍼셉트론이야. 다층 퍼셉트론의 특징은 입력층과 출력층 사이에 은닉층(Hidden Layer)이 있다는 거야. 은닉층은 입력과 출력 사이의 중간 연산 과정을 숨겨놓은 층이야. 이 은닉층이 있으면 입력 데이터의 중요한 특징을 잘 추출하고, 복잡한 패턴도 학습할 수 있다고 해. 즉, 은닉층을 추가하면 신경망이 더 똑똑해진다는 거지.

이런 은닉층은 1개 이상 존재할 수 있어. 다층 퍼셉트론에서 은닉층이 2개 이상 있을 때 이를 '네트워크의 깊이가 깊다'라는 의미로 심층 신경망, 영어로는 DNN(Deep Neural Network)이라고 불러. 우리가 배울 딥러닝이란, 이런 심층 신경망을 활용하는 인공지능의 한 분야야.

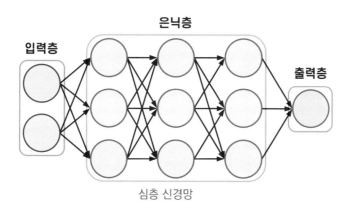

심층 신경망

앞으로 배울 CNN, RNN, GAN, DQN 등은 모두 이 심층 신경망을 활용하고 있어. 그 구조와 연산 방식에는 각각의 차이가 있지. 이 차이가 각 인공지능을 구분하는 기준이 돼. 그리고 신경망 내에서 은닉층의 깊이가 충분히 깊기만 하다면(은닉 층이 2개 이상이면) 이를 심층 신경망이라 부른다는 것을 알아줘.

그리고 실제 심층 신경망은 옆의 그림과 같이 많은 입력과 출력을 가질 수 있어. 입력 정보의 특성에 따라 여러 입력을 받을 수도 있고, 해결해야 하는 문제의 종류에 따라 출력이 여러 개일 수 있어. 출력층에서 출력하는 값은 0과 1만이

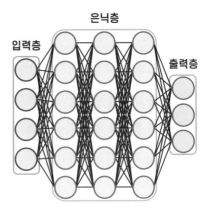

아니라 소수점이 있는 실수일 수도 있지. 사실 사람이 출력된 값들을 보고 의미를 이해하기는 어려워. 어쨌든 학습이 진행되면서 출력값은 바뀌게 되고, 학습이 잘 진행된다면 이 값을 출력하는 심층 신경망으로 원하는 목적을 달성할 수 있지. 아리송하면서도 흥미롭지 않니? 이번에는 일반적인 심층 신경망의 내부 구조와 학습 과정을 간단하게 살펴볼게.

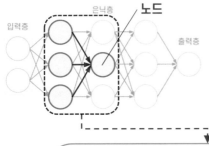

초록색 원은 노드(node)라고 하는 인공 뉴런이야. 하나의 노드는 이전 단계의 여러 노드들과 연결되어 있지. 이 연결을 펼쳐 보면 아래의 구조로 되어 있어.

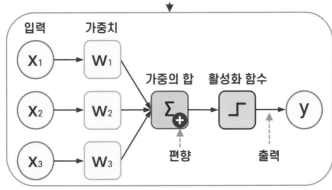

신경망 내 노드 사이의 연결 구조

이전 노드들과 현재 노드 사이에서 일어나는 과정을 자세히 보면 다음과 같아.

① 이전 노드들이 출력하는 값들은 각각 가중치(weight)라는 값과 곱해져. x_1과 w_1이 곱해지고, x_2와 w_2, x_3와 w_3가 곱해지는 식이지. 이 가중치들은 각각 다르고, 학습이 진행되면서 변하게 돼. 가중치는 각 입력값들이 얼마나 중요한지 숫자로 표현한 거야. 만약 x_1의 값이 중요하다면 w_1를 크게 해서 x_1의 값을 결과에 더 많이 반영시킬 수 있어.

② 그 다음 각 입력값에 가중치를 곱한 값을 모두 더하게 돼. 식으로 표현하면 $x_1w_1 + x_2w_2 + x_3w_3$ 이고 이를 '가중의 합'이라고 해. 가중의 합에는 편향(bias)이라는 값을 더하게 되는데, 편향은 데이터들에 대한 예측을 더 잘 맞히기 위해 가중의 합을 조정하는 역할을 해. 편향은 +, 0, − 중 하나인 숫자이고, 가중치처럼 학습하면서 변하게 돼. 이제 식으로 나타내면 $(x_1w_1 + x_2w_2 + x_3w_3)$ + b(편향)와 같이 표현할 수 있어.

③ 가중의 합에 편향을 더한 값은 활성화 함수(activation function)를 거치게 돼.

활성화 함수는 어떤 값을 기준으로 해서 −1 또는 1로 만들거나(Step), 일정 값 이상만 출력하게 할 수도 있고(ReLU), 0과 1사이의 수(Sigmoid)나, −1과 1사이의 수(Tanh)로 만들

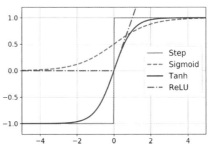

활성화 함수의 종류 (출처: Illustrates the activation functions commonly…, towardsdatascience.com)

수도 있어. 활성화 함수는 최종 출력값을 조정하는 역할로, 신경망의 종류에 따라 하나 또는 여러 개를 같이 사용해. 이 모든 과정을 거쳐 출력된 값은 다음 노드로 넘어가. 그 값은 다음 노드의 입력 값이 되지. 이런 과정은 모든 노드에서 출력층에 도달할 때까지 반복돼.

복잡하고 이해하기 어려운 계산을 반복하고 있지만, 결국에는 출력층에서 어떤 값이 출력될 거야. 학습이 진행되기 전에는 노드의 가중치와 편향은 랜덤한 값을 가져서 처음에 출력하는 값은 이상한 값(예측 값)일 거야. 그럼 이제 가지고 있던 진짜 데이터로 실제 값과 예측 값의 차이, 즉 손실(loss)을 계산할 수 있어. 이 손실은 모델이 얼마나 잘 예측했는지 알려주는 지표가 돼. 손실이 발생하면 이를 이전의 노드들에게 전달해서 가중치와 편향을 조정하도록 해. 이런 작업을 많은 데이터들을 이용해서 여러 번 반복하며 손실을 줄여나가는 것이 바로 심층 신경망의 학습 과정이야. 이 과정을 그림과 용어로 설명하면 다음과 같아.

① 초기화: 각 노드의 가중치와 편향에 무작위의 값을 할당해.

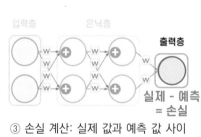

W: 가중치 **+**: 편향

순전파(Forward Propagation)

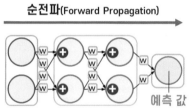

예측 값

② 순전파: 입력 데이터가 신경망을 통과하면서 가중치와 편향이 적용되어 예측 값을 출력해.

③ 손실 계산: 실제 값과 예측 값 사이의 차이인 손실을 계산해.

역전파(Back Propagation)

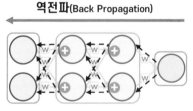

④ 역전파: 손실을 최소화하기 위해 역방향으로 가중치와 편향을 조정하기 위한 정보를 전달해.

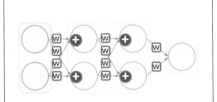

⑤ 업데이트: 정보를 이용해 각 노드의 가중치와 편향 값을 업데이트 해.

⑥ 반복: 많은 데이터를 통해 ①-⑤의 과정을 반복해. 손실은 가중치와 편향을 업데이트하면서 점차 줄어들게 돼.

심층 신경망의 학습 과정

이처럼 심층 신경망이 학습을 마친 후에는 학습에 사용되지 않은 새로운 데이터에 대해서도 잘 작동해야 해. 예를 들어, 사람과 동물의 얼굴을 구분하기 위해 사람과 동물의 얼굴 사진으로 신경망을 학습시켰다고 가정해 볼게. 학습된 신경망을 새로운 사진들로 테스트해 볼 거야. 신경망은 사람 얼굴 사진이랑 강아지 얼굴 사진은 잘 구분했어.

그런데 사람과 비슷한(?) 고릴라 얼굴 사진을 사람 얼굴이라고 잘못 예측했어. 이런 신경망을 그

대로 사용할 수는 없겠지? 이처럼 신경망이 학습 데이터의 패턴을 충분히 학습하지 못해서 성능이 떨어지는 상태를 과소적합(underfitting)이라고 해.

학습된 신경망이 제대로 작동하지 않으면 어떻게 해야 할까? 먼저 학습 데이터의 양을 늘려 보는 것이 좋아. 위의 예라면 고릴라 얼굴 사진을 추가해서 사람이랑 고릴라의 차이를 더 자세히 구분하게 하는 거지. 그래도 문제가 해결되지 않으면 더 복잡한 패턴을 학습할 수 있게 노드의 수, 은닉층의 수를 늘리거나 학습률, 반복 학습 횟수 등의 설정을 바꿔 볼 수 있어.

이와는 반대로 학습 데이터에 너무 많이 적응해서 학습 데이터로는 좋은 성능을 보이지만, 새로운 데이터에 대한 성능은 떨어지는 상태를 과적합(overfitting)이라고 해. 예를 들어, 특이한 머리 스타일이나 잡티가 많은 사람의 얼굴은 사람의 얼굴이 아니라고 예측하는 경우야. 이럴 때는 보다 다양한 패턴의 사람 얼굴 데이터를 추가 학습시키는 것이 좋아. 그 밖에도 일정 비율의 노드를 랜덤하게 사용하지 않거나, 노드나 은닉층의 수를 줄여 신경망을 덜 복잡하게 만드는 방법으로 과적합 문제를 해결하기도 해.

심층 신경망 학습의 결과물, 딥러닝 모델

이와 같이 목표로 하는 최적의 결과를 내는 신경망을 만들기 위해서는 과소적합, 과적합 문제를 해결하는 과정이 필요해. 뭐든 한 번에 잘 되는 경우는 드물고, 대부분 많은 시행착오를 겪은 후에야 잘 작동하는 신경망이 돼. 이렇게 데이터를 활용하고 신경망을 통해 학습시킨 결과물을 딥러닝 모델(model)이라고 해. 모델은 학습 데이터로부터 패턴과 특징을 학습해서 새로운 데이터를 입력해도 학습된 방식으로 결과를 예측할 수 있어. 예를 들어, 사람과 동물 얼굴을 구분하는 모델에 사람 얼굴 사진을 입력하면 사람이라는 예측 결과를 출력하지.

자~ 이 모델들로 말하자면

일을 못하면 다시 학습!

그림 분류해요!
이미지 분류 모델

글자 인식해요!
텍스트 인식 모델

모델은 그 자체로 완전한 것은 아니야. 예측 결과가 만족스럽지 않으면 다시 학습시킬 수 있고, 특정 목적에 맞게 추가 데이터로 더 학습시킬 수도 있어. 앞으로 우리는 다양한 분야의 학습된 딥러닝 모델을 예제로 살펴볼 거야.

특징을 찾아 이미지를 인식하는 CNN

이미지 인식은 컴퓨터 비전(Computer Vision)의 한 분야로 꽤 오래 역사를 가지고 있어. 역사는 길었지만, 발전이 쉽게 이루어지진 않았지. 이미지 인식 연구가 시작된 것은 1960년대이고, 그로부터 50여년 후인 2011년 ILSVRC 대회 우승팀의 이미지 인식 오류율이 26%나 됐어. 4개 중에 1개를 틀릴 정도라서, 기존 이미지 인식은 그다지 실용적이라고 볼 수 없었지. 그런 상황을 바꾼 게 바로 딥러닝 기반의 CNN(Convolutional Neural Network)이야.

CNN은 이미지 인식을 위한 딥러닝 알고리즘으로, 기존 방식과는 다르게 이미지 인식에 접근했어. 기존에는 이미지 속 사물의 선, 위치, 방향 등에 초점을 맞췄다면, CNN은 딥러닝을 활용해서 사물의 고유한 특징을 찾는데 집중했지. 사람이 쉽게 사물을 인식하는 것처럼 사물의 특징을 추출하는 필터를 학습시키고, 이를 이미지 인식에 이용한 거야. 보다 자세한 내용은 2장에서 설명하고 여기에서는 CNN을 활용한 예제를 먼저 사용해 보자.

화면 왼쪽 위에 표시된 이모티콘과 비슷한 사물을 찾아 카메라로 비추면 점수를 얻는 게임이야. 사물을 카메라로 비추어야 하니까 PC보다는 스마트폰으로 예제에 접속해서 스마트폰 카메라를 이용하는 게 더 편할 거야.

페이지에서 카메라 사용 권한을 허용하고 게임을 시작하면 각 스테이지마다 다양한 사물 이모티콘이 랜덤하게 제시될 거야. 이 이모티콘과 같은 사물을 찾아서 카메라에 비추면 다음 스테이지로 넘어갈 수 있어. 정답 평가 기준이 엄격하지는 않지만 사물을 잘 찾았는데도 틀리다고 하는 경우가 있고, 관련 없는 사물도 맞다고 하는 경우도 있어. 그냥 재미삼아 즐기는 게임이라고 생각해줘.

우리에게 중요한 것은 카메라로 비춘 사물이 무엇인지 어떻게 알 수 있느냐는 점이야. 게임 내에서 정답을 확인하는 과정은 다음과 같이 진행돼.

①카메라로부터 이미지 입력 → ②이미지 예측 → ③예측된 이미지와 정답(이모티콘)의 일치 여부 확인 ↻ 스테이지 종료까지 반복

이 중에서 ②이미지 예측이 우리에게 중요한 부분이겠지? 이 부분은 모바일넷(MobileNet)이라는 CNN을 기반으로 한 딥러닝 모델이 담당하고 있어. 정확히는 게임에 등장하는 400개의 사물을 예측할 수 있도록 추가 데이터를 활용해서 재학습한 모바일넷 모델을 이용하고 있지.[1] 이 모델은 일정 간격으로 카메라를 통해 입력되는 이미지를 분석하고, 400개 사물과의 일치 가능성을 예측해서 그 결과를 출력해줘. 모델은 학습된 사물 이미지와 비슷한 이미지를 높은 정확도로 예측할 수 있어. (같은 사물이라도 형태가 다양해 때론 틀린 예측을 할 때도 있지.) 이처럼 CNN 모델은 학습 데이터로부터 사물의 특징을 파악하도록 학습되어 이미지 인식 분야에서 활용되고 있어.

1) Jacques Bruwer et al., A look at how we built the Emoji Scavenger Hunt using TensorFlow.js, Community·TensorFlow.js, 2018, blog.tensorflow.org/2018/10/how…

앞 내용으로 다음을 예측하는 RNN

우리의 일상에는 순서가 중요한 일들이 있어. 작곡이나 기상 예측, 번역, 음성 인식 같은 것들은 이전 내용, 현재 내용, 그리고 다음 내용이 순서대로 연결되어 있어야 해. 이런 종류의 일을 처리할 때는 앞에 있었던 내용을 잘 살펴볼 필요가 있어. 작곡을 예로 들면, 작업 중인 곡 앞부분의 분위기나 음정, 박자 등을 고려해야 자연스럽게 이어지는 곡을 만들 수 있지. 이처럼 시간적 순서가 있는 일을 처리하는 데 사용할 수 있는 신경망이 있는데, 바로 순환 신경망이라 불리는 RNN(Recurrent Neural Network)이야.

순환이라는 단어가 들어간 이유는 이전에 처리한 정보가 버려지지 않고, 다시 현재의 정보 처리에 순환되어 쓰이기 때문이야. 이미지 인식에 사용되는 CNN 같은 경우는 이전 이미지와 현재 이미지, 이미지 각 부분의 정보가 서로 관련이 없으니 이전 정보를 활용할 필요가 없어. 하지만 RNN에서는 이전 정보가 중요하게 활용되지. 과거부터 RNN의

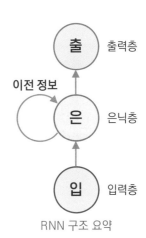

RNN 구조 요약

발전 목표는 이전 정보를 현재 정보의 처리에 더 잘 반영하게 만드는 것이었어. 그만큼 이전 정보를 잊지 않고 현재에 잘 반영하는 것은 RNN에게 있어 중요해.

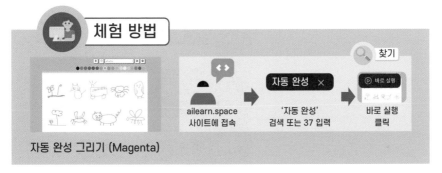

자동 완성 그리기 (Magenta)

첫번째 예제인 자동 완성 그리기에서는 원하는 항목(예: 돼지)을 선택하고 그림의 일부만 그리면 나머지 부분을 자동으로 완성해줘. 사용자가 그린 부분이 RNN이 그림을 그릴 때 참고하는 이전 정보가 되는 거지. 처음 이후

로는 사용자의 그림과 RNN이 그리기 시작한 부분을 참고해서 계속 그림을 이어 그려 나가게 돼. 이처럼 RNN은 그리기와 같이 순서가 있는 작업에 활용할 수 있어.

RNN을 이용하면 작곡도 가능해. 두번째 예제인 신경망 드럼 머신에서는 곡의 초반 부분 코드를 사각형 버튼으로 입력하면, 그 코드를 참고해서 곡의 나머지 부분을 완성해줘. 사전에 학습된 드럼 곡 패턴과 사용자가 입력한 정보를 바탕으로 곡의 나머지 패턴을 자연스럽게 연결해 주는 거야. 이와 같이 RNN은 순서가 있는 음악 작곡과 같은 분야에서도 활용할 수 있어.

정교한 가짜를 만드는 GAN

CNN과 RNN은 2010년대에 딥러닝과 함께 발전했지만, 초기 아이디어는 1980년대에 나온 거라 역사가 꽤 길어. 하지만 GAN(Generative Adversarial Network)은 2014년에 개발된 비교적 최근에 나온 신경망이야. 그럼에도 GAN은 참신한 아이디어와 뛰어난 성능 덕분에 좋은 평가를 받으며 빠르게 성장했어. 생성적 적대 신경망이란 뜻의 GAN의 특별한 점은 뭐였을까?

GAN의 원리는 위조지폐범과 경찰 사이의 대결로 설명할 수 있어. 위조지폐를 만들어 경찰을 속이려는 범인과, 지폐가 진짜인지 판별하는 경찰 사이의 대결이지. 처음 범인이 만든 지폐는 바로 경찰에게 가짜임을 들키지만, 지폐를 만드는 기술이 점점 더 정교

해지면 경찰도 가짜를 판별하기 어려워질 거야. 이런 과정이 GAN의 학습 과정과 비슷해. GAN에서는 위조지폐범 역할이 생성자이고, 경찰 역할이 판별자야. 이 둘은 각각 다른 인공지능이지. 이미지 생성 GAN의 경우 생성자는 판별자를 속이려고 가짜 그림을 만들어. 판별자는 미리 많은 그림을 학습했기 때문에 이게 가짜라는 것을 알 수 있어. 생성자는 실패를 바탕으로 다시 그림을 만들지. 많은 반복 끝에 생성자의 그림이 너무 진짜 같아져서 판별자가 진짜와 가짜를 구분할 수 없게 되면 GAN의 학습은 끝나게 돼.

GAN 학습 진행 과정 (번역) (출처: A second diagram of a generator and discriminator,⋯, tensorflow.org)

학습이 끝난 GAN은 생성자만 떼어내서 그림 생성을 위한 GAN 모델로 이용
해. GAN은 두 인공지능의 경쟁을 통해 학습시킨다는 점에서 독창적이라고 평
가되지. GAN은 성능도 뛰어나서 생성 관련 분야에서 많이 활용되고 있어.

만화 캐릭터 만들기

GAN을 이용한 만화 캐릭터 생성 예제야. '생성' 버튼을 누르면 캐릭터가 생성
돼. 버튼을 누를 때마다 다른 캐릭터가 나올 거야. GAN의 특징 중 하나가 생성
할 때마다 다른 결과물이 나온다는 점이거든. 그림체를 바꾸려면 모델을 변경
해야 돼. 속성값으로는 캐릭터의 세부 사항을 조정할 수 있어. 이처럼 학습된
GAN 모델을 이용하면 이미지와 같은 결과물을 생성할 수 있어.

보상을 받으면 잘하게 되는 DQN

인공지능이 게임을 할 수 있다는 사실을 알고 있니? 인공지능에게 오른쪽 그림과 같은 게임의 조작법과 비디오 입력 등의 정보를 주고, 게임을 하게 시키면 과연 어떤 결과가 나올까? 결론부터 말하면 딥러닝 기반의 인공지능은 꽤 게임을 잘

아타리 게임 스크린샷 (출처: Playing Atari with Deep Reinforcement Learning, p.2)

하게 됐어. 처음에는 게임의 진행 방식을 이해하지 못해 빠르게 게임이 끝났지만, 여러 번의 시도 끝에 게임의 전략을 찾아내고 높은 점수를 얻는 방법을 알게 됐지. 결국엔 사람보다 더 게임을 잘하게 됐어. 그럼 어떻게 인공지능이 게임하는 방법을 배울 수 있었을까?

게임을 잘하는 인공지능을 만들기 위해 사용한 방법은 강화학습(reinforcement learning)이야. 강화학습은 인공지능에게 행동에 따른 보상을 줘서 어떤 행동이 좋은 행동인지 배우게 하는 방법이야. 예를 들어, 벽돌깨기를 하는 인공지능이라면 벽돌을 깼을 때 +, 공을 떨어뜨렸을 때 -보상을 줘서 공을 떨어뜨리지 않고 벽돌을 깨는 것이 좋은 행동임을 배우게 하는 거지.

강화학습의 개념은 비교적 단순하지만 이를 구현하는 것은 쉽지 않았어. 현재의 보상과 미래에 받을 수 있는 더 큰 보상 사이에 균형을 찾는 것이 어려웠거든. 이 문제를 해결하기 위해서는 Q러닝(Q-learning)이라는 방법이 효과적이었어. 그런데 Q러닝은 상황이 복잡해질수록 계산량이 엄청나게 늘어나는 문제가 있었지. 이런 Q러닝이 가진 장점은 살리고, 문제점은 딥러닝의 방식으로 해결한 것이 바로 DQN(Deep Q-Network)이야. DQN의 예를 게임으로 보여줄게.

떨어지는 공 피하기 (DQN)

이 게임의 목표는 큐브가 날아오는 공을 피하면서 최대한 오래 살아남는 거야.

큐브는 살아 있으면 매 순간마다 +1의 보상을 얻고, 죽으면 −1 보상을 얻어. 인

공지능은 많은 보상을 받기 위해 최대한 오래 살아 남으려고 할 거야.

게임 초반에는 큐브가 곧 죽지만, 점차 공을 잘 피하고 오래 살아남게 돼. 흥미

로운 점은 화면 오른쪽 구석에 머무르면서 작은 움직임으로 공을 피하는 전략

을 스스로 알게 된다는 거야. DQN에 관한 자세한 내용은 2단원에서 살펴볼게.

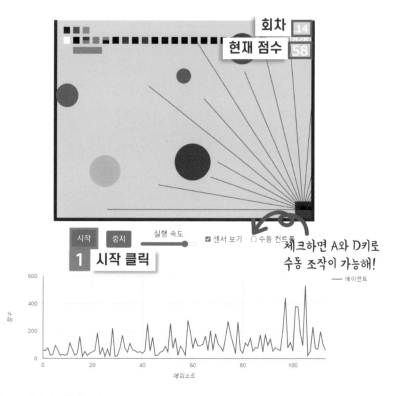

운전을 대신하는 인공지능 자율주행

자율주행에 인공지능이 적용된다는 것은, 여러 인공지능이 복합적으로 자율주행에 활용되는 것을 의미해. 자율주행은 크게 인지, 판단, 제어의 세 단계를 거쳐 작동하는데 인지와 판단 단계에서 각각 다른 인공지능이 중요한 역할을 해. 인지(Perception) 단계는 어디에 무엇이 있고 어떤 상황인지를 파악하는 과정이야. 카메라나 라이다 같은 센서의 데이터로 사물을 인식하는 과정이 포함되지. 이 과정에서는 사물 인식을 위해 주로 CNN 모델을 활용해.

streetscape.gl 자율주행 데이터수집 데모

예제에서는 라이다로 수집한 데이터와 이를 이용해 인식된 사물들을 확인할 수 있어. 사물을 정확히 인식하면 추후 각 사물에 따른 적절한 대응에 도움이 돼.

판단(Decision)단계는 인지된 정보를 바탕으로 적절한 주행을 위한 결정을 내리는 과정이야. 이 단계에서는 차선 변경, 가감속 여부, 주행 경로, 평균 속도 등의 결정이 이루어져. 판단 단계에서는 주로 강화학습과 관련된 인공지능을 활용해. 인공지능은 시뮬레이션 또는 실제 도로 주행을 통해 최대의 보상을 얻기 위한 최적의 주행 방법을 스스로 학습하게 돼.

Meta Car 자율 주행 자동차 강화학습

이번 예제는 강화학습을 통해 학습하는 자율주행 자동차야. '교통 상황에서의 연속 액션' 메뉴를 눌러봐. 직접 학습시킬 수도 있지만, 아래 그림처럼 미리 학습된 결과를 불러올 수도 있어. 주행이 좀 과격해 보이지? 이는 차량 이탈과 충돌만 보상과 관련되게 설정했기 때문이야. 안전과 과속을 보상 요소로 포함한다면 더욱 조심스럽게 운전하게 될 거야. 이처럼 강화학습은 매 순간마다 주행에 필요한 적절한 의사결정을 하는데 그 역할을 할 수 있어.

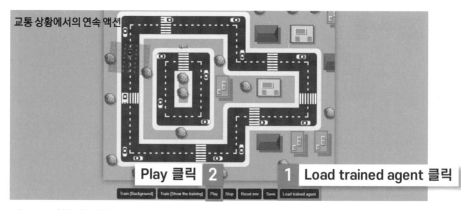

글과 그림을 만들어 내는 생성형 인공지능

바둑 잘해요! 글, 그림 OK?!

생성형 인공지능의 등장은 많은 이들을 깜짝 놀라게 했어. 바둑으로 인간 챔피언을 이긴 알파고의 등장 때만 해도 인공지능의 발전이 피부에 와닿지는 않았어. 알파고 같은 인공지능을 누구나 사용할 수 있는 것은 아니었으니까. 하지만 생성형 인공지능은 달랐어. 뛰어난 성능과 함께 쉬운 접근성은 우리 생활에 인공지능이 깊숙이 들어올 수 있음을 알려줬지.

생성형 인공지능은 다른 인공지능들보다 훨씬 사용하기 쉬워. 왜냐하면 자연어, 즉 우리가 평소에 쓰는 언어를 이용해 조작할 수 있기 때문이야. 그림을 그리고 싶다면 그림의 내용을 자연어로 설명하면 되고, 글을 쓰고 싶다면 글에 들어갈 대략적인 내용을 자연어로 전달하면 돼. 다른 인공지능이 아무리 사용성을 좋게 만들어도 전문가가 아닌 사람에게 자연어 입력만큼 편한 방법은 없을 거야. 자연어를 이해하는 능력, 이게 생성형 인공지능의 큰 강점이야.

생성형 인공지능의 종류는 많지만 글과 그림을 생성하는 분야가 대표적이야. 글은 GPT, 그림은 Stable Diffusion 모델을 이용해서 글과 그림을 생성하는 뤼튼 서비스로 생성형 인공지능을 체험해 보자.

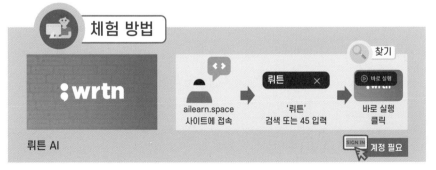

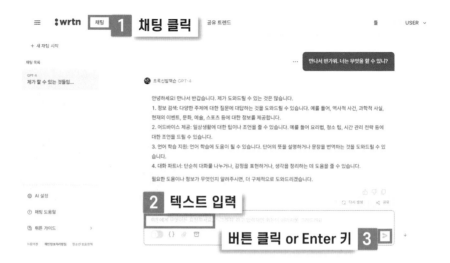

뤼튼을 사용하려면 먼저 구글, 네이버, 카카오톡 같은 계정으로 가입해야 돼. 가입 후 로그인하면 텍스트를 입력해서 인공지능이 적용된 챗봇과 대화할 수 있어. 사용법은 쉽지만 할 수 있는 것은 정말 많아. 사람이 말로 할 수 있는 대부분의 일들은 (틀릴 수도 있지만) 챗봇이 대답해줄 수 있어.

이와 같이 GPT 모델을 이용한 챗봇은 성능이 좋아서 사람이랑 대화한다고 착각이 들 정도야. 그렇다면 텍스트 생성형 인공지능 모델인 GPT는 어떻게 만들어졌을까? GPT는 엄청나게 많은 텍스트 데이터로 자연어 학습을 시킨 결과물이야. 인터넷이나 책에서 데이터를 수집하고, 이를 딥러닝 기반의 트랜스포머 (transformer) 구조를 이용해서 자연어의 의미와 구조를 파악하도록 학습시켰어. 그 결과로 사용자의 입력을 기반으로 새로운 텍스트를 만들 수 있게 됐지.

물론 학습 과정이 단순하지는 않아. 학습 데이터를 이용해서 다음에 올 단어를 예측하는 사전 학습을 하고, 채팅에 적합하게 미세 조정하며, 사람이 선호하는 대답을 하도록 강화학습을 하는 과정들을 거치거든. GPT의 학습 과정에 대해서는 2단원에서 자세히 알아보도록 할게.

뤼튼을 이용하면 그림을 생성할 수도 있어. '~를 그려줘' 라고 입력하면 돼. 가능한 한 구체적으로, 널리 알려진 것을 그리도록 요청하면 원하는 그림을 얻을 확률이 높아져. '다시 생성' 버튼으로 그림을 다시 생성할 수도 있어.

이미지 생성형 인공지능 모델도 많은 데이터를 이용해 학습됐어. 다만 학습 데이터는 GPT와 달리 텍스트만이 아니라 텍스트(제목)가 붙은 이미지들이지. 모델은 학습 과정을 통해 이미지와 텍스트 사이의 관계를 파악하게 돼. 예를 들어, 사과 사진을 보여주고 '사과'라는 텍스트를 같이 제공하면 사과 이미지와 텍스트가 관련이 있음을 알게 되는 거지.

이후 학습된 결과를 바탕으로 이미지를 생성할 수 있는 확산(Diffusion) 모델을 학습시켜서 이용해. 그 결과 텍스트를 입력하면 이미지를 생성할 수 있게 되지. 이 과정도 간단하지 않으니 2단원에서 자세히 살펴볼게.

텍스트나 이미지 등을 생성하는 인공지능은 새로운 것을 만들어 낼 수 있다는 점에서 큰 의미가 있어. 데이터 분석이나 패턴 학습을 넘어 새로운 것을 창작할 수 있다는 점은 다양한 분야에서 폭넓게 활용될 수 있음을 의미하거든.

챕터 4 인공지능은 앞으로 어떻게 될까?

인공지능 역사에서 세번째 붐이라고 할 수 있는 지금, 우리 일상에 인공지능은 이미 많은 영향을 미치고 있어. 스마트폰, 가전, 자동차, 의료 시스템까지 생활의 많은 부분에서 크고 작게 인공지능이 활용되고 있지.

인공지능은 빅데이터 분석이나 로봇 공학, 사물 인터넷과 같은 기술 발전에도 기반이 되고 있어. 생성형 인공지능의 등장으로 콘텐츠, 예술, 음악 산업도 빠르게 변화하고 있지. 세계 인공지능 시장은 2030년까지 매년 평균 36.8% 성장할 것으로 예상된다고 해.[1]

인공지능의 커진 영향력은 빠른 발전 속도와 관련이 있어. 인공지능의 성능이 좋아지니 더 많이 사용하게 된 거지. 인공지능은 얼마나 빠르게 발전하고 있을까? 인공지능의 지적 수준 발전 양상을 대략적으로 보면 아래 그래프처럼 나타낼 수 있어. 인간의 지능도 산업화와 정보화를 거치며 발전했지만, 인공지능은 1950년대에 탄생한 이후로 빠르게 발전하고 있지. 곧 인공지능이 인간의 지능을 뛰어넘는 순간이 올 거야. 이 순간을 인공지능의 '기술적 특이점'이라고 해.

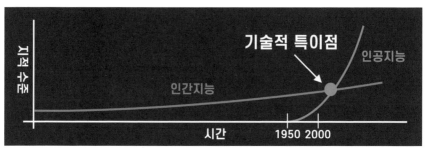

인간지능과 인공지능의 교차점, 기술적 특이점
(참고: The Open Innovation 2.0 Yearbook 2015, p.111)

1) MarketsandMarkets, "Artificial Intelligence (AI) Market by Offering, Technology, NLP, Business Function, Vertical, and Region – Global Forecast to 2030", Artificial Intellig…

인공지능이 변화시킬 미래의 모습

인공지능은 앞으로 인간보다 더 뛰어난 지적 수준을 보여주며, 더 많은 분야에서 활용될 것으로 예상돼. 그렇다면 어떤 분야에서 어떤 변화가 일어날지 한번 살펴볼까?

① 자연어 처리 분야의 미래

생성형 인공지능은 우리가 평소에 쓰는 언어인 자연어를 잘 처리할 수 있음을 ChatGPT 등을 통해 이미 증명했어. 앞으로 생성형 인공지능은 발전해서 자연어 처리 관련 분야에 더 많이 활용될 거야.

- 번역 성능의 향상: DeepL, 파파고 등에서 인공지능을 활용한 번역 서비스를 제공하고 있어. 인공지능 도입 이전보다 훨씬 성능이 좋아졌지만, 아직 부족한 부분이 있지. 다양한 언어의 뉘앙스를 이해하는 능력은 계속 발전할 것이고, 음성 인식 및 합성 기술과 결합해 통역 서비스로도 활용될 거야.

- 대화형 챗봇의 발전: ChatGPT와 같은 챗봇은 이미 뛰어나지만, 아직은 거짓을 사실처럼 말하는 환각이나 대화의 문맥을 제대로 이해하지 못하는 문제가 있어. 이런 문제들은 개선을 통해 극복돼서, 앞으로는 더 신뢰할 수 있는 정보로 자연스럽게 대화할 수 있을 거야. 더불어 챗봇은 자동 응답 시스템, 개인 비서 등의 서비스로도 확장될 수 있어.

- 텍스트 콘텐츠 생성 능력 향상: 인공지능은 더 자연스럽고 유용한 텍스트를 생성하는 능력이 향상될 거야. 이 능력은 뉴스 기사나 개인 창작물, 문학 작품 등의 작성에 활용될 수 있어.

② 자율주행 분야의 미래

자율주행은 오랜 기간 연구되고 있지만 아직 완전 자동화 단계에는 이르지 못했어. 하지만 인공지능의 발전에 힘입어 점점 더 복잡한 주행 상황을 처리할 수 있게 되고, 모든 환경에서 완전히 자동화된 주행이 가능해질 거야.

- 인식, 예측 능력 향상: 센서를 통해 얻어진 정보를 더 정확하게 파악하는 능력이 향상될 거야. 이를 통해 다른 차량, 보행자 등의 동작을 세밀하게 구별하고, 예측된 행동에 빠르게 반응해서 보다 안전성을 높일 수 있어.

- 통합된 교통 시스템: 인공지능은 차량 뿐만 아니라 교통 시스템 전반을 관리하는 데도 활용될 수 있어. 차량 간의 통신이나 교통 흐름 관리, 교통 인프라의 효율화를 통해 자율주행 차량의 안전성을 더 높일 수 있어.

- 인간을 대신하는 수준의 판단 능력: 인공지능은 차량이 인지한 정보를 바탕으로 적절한 판단을 내리는 능력을 향상시킬 수 있어. 강화학습 등의 인공지능을 통해 향상된 판단 능력은 더 복잡한 주행 상황에서도 사람을 대신해 안전하고 효율적인 주행을 가능하게 할 거야.

③ 헬스케어 분야의 미래

의료 관련 인공지능의 발전은 인간의 건강과 관련된 헬스케어 서비스의 품질을 향상시킬 수 있어.

- 진단 및 영상의학 기술 향상: 인공지능은 의료 이미지 데이터를 분석하고 해석하는 데 사용될 수 있어. 이미지 기반 진단이나 예측 기술로 암, 심장 질환, 뇌 질환과 같은 질병의 조기 발견을 도울 수 있지. 더 나아가 영상 기반 인공지능 시스템은 수술 중 실시간 지원과 환자 모니터링에도 활용될 수 있어.

- 질병 예측 및 치료 기술 향상: 인공지능은 누적된 질병 데이터를 통해 환자의 건강 상태를 예측하고, 질병의 발생을 예방하는 데 쓰일 수 있어. 이미 병이 생긴 환자에게는 개인적인 특성과 질병의 상태를 분석해서 환자에게 맞는 효과적인 치료를 제공할 수 있지.

④ 환경 분야의 미래

너희는 지구를 소중히 여기지 않았지...

기후 위기와 심각한 환경 오염 상태인 지구의 환경 위기를 극복하기 위해 인공지능이 도움을 줄 수 있어.

- 환경 모니터링: 인공지능은 대기, 물, 토양 등을 모니터링하는 데 사용될 수 있어. 이는 오염 물질의 존재, 생태계의 변화, 기후 변화 등을 감지하고 분석하는데 도움이 돼. 모니터링을 통해 미래의 환경 위험도 예측할 수 있어.

- 자원 관리 및 환경 보호: 인공지능은 물, 에너지, 농업 등의 자원을 효율적으로 관리하는 데 사용될 수 있어. 이는 자원의 낭비를 줄이며, 지속 가능한 소비를 촉진하는 데 도움이 돼. 더불어 효율적인 폐기물 관리 체계를 구축하고 자연 재해, 기후 변화 등에 대한 조기 경고 시스템으로 활용할 수 있어.

⑤ 교육 분야의 미래

인공지능은 학생과 교사에게 도움을 제공

해서 교육 시스템의 효율성과 품질을 향상

시키는데 기여할 수 있어.

- 맞춤형 학습: 인공지능은 학생들의 학습 스타일과 수준을 분석해서 맞춤형 학습 경험을 제공할 수 있어. 각 학생에게 최적화된 교육 자료를 제공해서 학습 효율성을 높일 수 있지.

- 가상현실과 증강현실에 활용: 인공지능 기술을 활용해서 발전된 가상현실과 증강현실은 보다 유용한 학습 환경을 제공할 수 있어. 역사나 과학 등의 체험형 콘텐츠에 텍스트 생성형 인공지능을 탑재하면 개인 튜터가 도움을 주는 가상 학습 환경 구축이 가능할 거야. 인식 기반의 인공지능은 증강현실의 정확도를 높이는 데 도움이 될 수 있어.

- 보조 교사로서의 역할: 인공지능은 교사를 돕는 역할로 활용할 수 있어. 인공지능이 교육 콘텐츠를 제작하고 일부 강의와 평가를 맡으면 교사는 창의적이고 협동이 필요한 수업에 더 집중할 수 있을 거야.

이 외에도 인공지능은 다양한 분야에서 활용될 수 있어. 반복적이고 일상적인 작업은 자동화해서 생산성을 높이고 비용을 줄일 수 있어. 사람은 더 창의적인 작업에 집중할 수 있지. 서비스와 제품이 개인의 필요와 선호에 맞춰 제공되는 개인화도 인공지능을 통해 발전할 수 있어. 이미 온라인 쇼핑이나 비디오 플랫폼에서는 개인화된 추천을 제공하고 있고, 업무용 도구도 사용자의 습관, 선호도에 따라 맞춤형 인터페이스와 기능을 제공하게 될 거야.

인공지능의 발전으로 우려되는 문제들

인공지능은 빠르게 발전하며 다양한 분야에서 혁신을 가져오고 있지만, 그와 동시에 여러 문제를 발생시키고 있어. 이런 문제들을 무시하고 발전만을 추구한다면 나중에는 돌이키기 어려운 피해가 발생할 수도 있을 거야. 인공지능으로 인해 발생할 수 있는 문제들을 살펴볼게.

① 일자리 감소: 인공지능이 대체 가능한 일자리는 많이 줄어들 거야. 비서나 단순 계산, 정형화된 작업과 관련된 직업들은 사라질 위험이 있어.

② 보안 문제: 인공지능 시스템은 해킹의 대상이 될 수 있어. 만약 인공지능이 해커에 의해 조종당한다면 그 결과는 치명적일 수 있지. 탑승자의 조작을 무시한 채 달리는 자율주행차를 상상하면 끔찍할 거야.

③ 윤리적 문제: 인공지능은 도덕적 판단을 내릴 수 없어. 명확한 지침이 없다면 인간에게 해로운 결정을 내릴 수 있지. 사고가 예상될 때 자율주행의 판단, 텍스트와 이미지 생성에 대한 허용 범위 등은 윤리 문제의 소지가 있어.

④ 신뢰와 책임 문제: 일부 인공지능은 내부 작동 과정이 불투명해서 결정 과정을 이해하기 어려워. 이로 인해 인공지능이 내린 결정에 대한 신뢰와 책임 문제가 발생할 수 있어.

이 외에도 개인 정보 침해, 사회적 불평등의 심화, 기술 악용 등의 문제가 있어. 인공지능이 초래할 수 있는 문제들이 많지만, 그렇다고 사용을 완전히 막는 것은 불가능할 거야. 그러므로 인공지능이 바람직한 방향으로 발전할 수 있도록 가이드를 정하고 부작용을 최소화하는 것이 중요해. 이를 위해 여러 나라의 정부와 기관들은 발전과 규제를 모두 이룰 수 있는 법률이나 가이드라인을 마련하거나 준비중에 있어.

인공지능의 발전이 가져올 미래 사회의 모습

인공지능이 적절한 규제를 받으며 긍정적인 방향으로 발전한다면 우리 사회는 어떻게 변할까? 사람들은 단순 노동에서 해방되고 많은 여가 시간을 가지며 창의적인 업무에 집중할 수 있을 거야. 과학과 기술은 인공지능의 도움을 받아 더 빠르게 발전하고 인류의 삶은 풍요로워지겠지. 의료 분야도 크게 발전해서 모두가 영원히 건강한 삶을 살게 될 수도 있어.

하지만 인공지능이 무분별하게 발전한다면 우리 사회는 어떻게 될까? 많은 사람들이 일자리를 잃게 되고, 일부 계층만 더 부유해지는 경제적 불평등이 심해질 거야. 인공지능이 제공하는 윤택한 환경과 의료 서비스는 일부만 누릴 수 있는 혜택이 되겠지. 또한 인공지능이 범죄에 악용된다면 금융 사기, 가짜 뉴스,

개인정보 유출 등으로 피해를 줄 수 있어. 인공지능 시스템을 공격하는 범죄라면 인공지능에 의존적인 세상에 치명적인 피해를 입힐 수도 있겠지. 인공지능이 사람의 통제를 받지 않고 스스로 진화하는 상황에까지 이르면, SF 영화처럼 인류를 없애고 지구의 주인이 될 수도 있을 거야. (너무 극단적인 상상이지만...)

단원 처음에 말했듯이, 인공지능은 우리에게 편리함을 주기 위해 만들어졌어. 그런 인공지능이 우리를 불편하게 한다면, 무언가 잘못된 거야. 인공지능이 어떻게 발전할 것인지를 결정하는 것은 (아직까지는) 사람의 몫이야. 인공지능은 어떤 방향으로든 우리 사회에 미치는 영향이 커지게 될 거야. 우리는 무엇을 해야 할까? 정부와 기관의 노력도 중요하지만, 각자도 인공지능이 무엇인지 잘 알고, 주도적이고 비판적인 자세로 인공지능을 활용할 수 있어야 한다고 생각해.

2 단원

인공지능 체험하기

다양한 인공지능 분야에 대해 알아보고
예제를 통해 인공지능을 직접 체험해 보자.

챕터 1 인공지능으로 사람 인식하기

인공지능 체험하기의 첫번째 챕터에서는 카메라로 사람을 인식하고 이를 활용할 수 있는 멋진 인공지능을 체험할 거야.

스마트폰 카메라 앱 중에는 이름에 '인공지능'이 붙은 카메라 필터 앱들이 있어. 소다(SODA), 유라이크(Ulike), 푸디(Foodie), SNOW(스노우), 포토 디렉터(Photo Director) 등이 있지. 이런 앱들을 사용하면 전문가가 아니어도 사람 얼굴의 형태나 머리의 길이를 마음대로 조정할 수 있고, 사람 주위의 배경을 원하는 대로 변경할 수 있어.

그런데 인공지능은 어떻게 사람을 '인식'하는 걸까? 얼굴 사진을 보정하려면 우선 얼굴의 눈, 코, 입을 인식해야 하고, 배경을 변경하려면 우선 사람을 인식해서 배경과 분리해야 하니깐. 궁금하지 않니?

그렇다면 인공지능은 어떻게 사람을 인식하며, 사람을 인식하는 인공지능은 어떻게 활용할 수 있을지 함께 알아볼게.

필터 앱을 이용하니
내 모습이 달라 보이네!

얼굴, 포즈부터 손 동작까지 인식할 수 있는 MediaPipe

MediaPipe는 구글에서 제공하는 인공지능 프레임워크(framework)야. 인공지능을 쉽게 구현할 수 있도록 만든 기초 틀이라고 할 수 있어. MediaPipe에는 텍스트와 오디오 관련 기능도 포함되어 있지만 여기에서는 카메라를 활용하는 시각(vision) 관련 기능만 다뤄볼게.

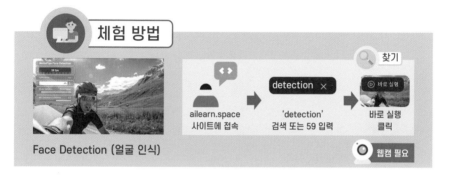

첫번째로 다룰 MediaPipe의 기능은 Face Detection이야. 얼굴을 찾아 사각형으로 표시하고 6개의 특징적인 부위를 찾아 점으로 표시해줘.

MediaPipe 얼굴 인식 (출처: Face detection guide, developers.google.com)

Face Detection은 BlazeFace라는 얼굴 인식 모델을 활용하는데, 이 모델은 스마트폰에서도 빠르게 작동하도록 만들어졌어. 스마트폰으로도 예제를 사용해봐. 얼굴 인식 모델처럼 인공지능에서는 '모델'이라는 개념을 사용해. 인공지능에서 모델이란 신경망 등을 통해 학습된 결과물을 의미하지. 모델은 데이터를 기반으로 학습되며, 이를 통해 새로운 데이터를 예측하거나 분류할 수 있어. 달리 말하면 데이터를 이용해 학습되지 않은 모델은 제대로 동작할 수 없지.

그렇다면 BlazeFace 모델은 얼마나 많은 데이터로 학습을 진행했을까? BlazeFace는 학습에 무려 66,000개의 이미지를 이용했다고 해![1]

두번째로 살펴볼 MediaPipe의 기능은 Face Mash야. Face Mash로는 얼굴의 주요 부분과 표정을 감지할 수 있어. 이를 활용하면 사람의 얼굴을 식별해서

MediaPipe 얼굴 그물 (출처: Face landmark detection guide, developers.google.com)

1) Valentin Bazarevsky et al., BlazeFace: Sub-millisecond Neural Face Detection on Mobile GPUs, CVPR Workshop, 2019, p.3

필터 또는 효과를 적용하거나, 얼굴에 가상 아바타를 덧씌울 수 있지. Face Mash 또한 BlazeFace 모델을 활용했고, 무려 468개의 얼굴 주요 부분들을 실시간으로 추정할 수 있다고 해.

MediaPipe의 기능들을 체험하다 보면 화면 왼쪽에 설정 메뉴가 있는데, 하나씩 설정을 바꿔가면서 테스트해봐. 페이지를 새로고침하면 초기 설정으로 돌아가니까 잘못 눌렀다고 걱정할 필요는 없어.

Pose (포즈)

다음은 MediaPipe의 Pose야. Pose는 이름 그대로 사람 몸 전체에서 33개의 주요 부분 위치를 오른쪽 그림과 같이 예측하고 이들을 뼈대처럼 연결해서 보여줘.

이 기능은 BlazePose 모델의 변형인 GHUM을 이용해. GHUM을 이용하면 신체의 33개 위치마다 3차원 x, y, z 좌표 값과 서로 간의 거리 정보를 실시간으로 확인할 수 있어.

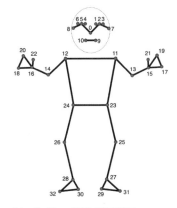

MediaPipe 포즈 랜드마크
(출처: Pose landmark detection guide, developers.google.com)

MediaPipe 포즈 (출처: 3D Pose Detection with MediaPipe BlazePose GHUM···, blog.tensorflow.org)

실제로 체험해 보면 왼쪽과 오른쪽이 다른 색으로 구분된 내 몸의 뼈대가 입체 공간에서 움직이는 것을 볼 수 있어. Pose 기능은 어떻게 쓰일 수 있을까? 우리 몸의 움직임을 3D로 확인할 수 있으니 운동 자세 교정이나, 캐릭터 애니메이션을 구현하는데 활용할 수 있을 것 같아.

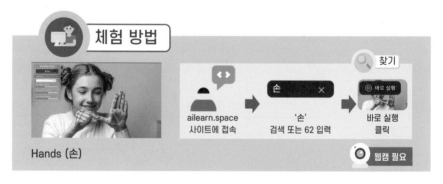

이번에는 Hands 기능을 살펴볼 차례야. MediaPipe는 Palm detection 모델과 Hand landmarks detection 모델을 이용해서 1개 이상의 손에서 21개 주요 부분의 움직임을 추적할 수 있어.

MediaPipe 손 랜드마크
(출처: MediaPipe Hands,
mediapipe.readthedocs.io)

MediaPipe의 Hands는 2개 이상의 손 움직임을 동시에 인식할 수 있어서 다양한 손 동작으로 기기를 조작하는데 활용할 수 있어. TV 채널 또는 음량을 바꾸거나 컴퓨터를 마우스 대신 조작하는데 사용할 수도 있겠지? 자동차, 드론, 스마트폰 등 여러 분야에서 손 동작을 통해 기존 입력 장비를 대신할 수 있을 거야.

MediaPipe의 Holistic은 이름 그대로 지금까지 다뤘던 Pose, Hands, Face Mash 기능들을 하나로 합친 거야. 먼저 포즈를 추정하고, 손 2개와 얼굴 부분을 잘라 각각 손과 얼굴 인식 모델을 적용한 후 아래 그림처럼 합쳐서 보여줘.

MediaPipe Holistic 작업과정 (번역) (출처: MediaPipe Holistic, github.com/google/mediapipe)

Holistic은 여러 기능들이 한꺼번에 적용되는 만큼 컴퓨터 자원을 많이 사용해. 그래도 대부분의 스마트폰에서도 느리지 않게 사용할 수 있도록 최적화가 잘 되어 있으니까 스마트폰으로도 한번 테스트해봐. 이와 같이 MediaPipe에서 제공하는 기능들을 잘 활용한다면 제스처 제어, 운동 분석, 수화 인식, 증강 현실과 같은 분야에 적용할 수 있을 거야.

혹시 온라인에서 가상의 아바타로 활동하는 버츄얼 유튜버를 본 적이 있니? MediaPipe의 기능을 활용하면 아바타를 조작하는 앱을 만들 수 있어!

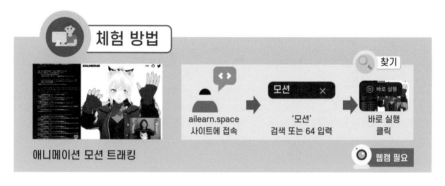

Kalidoface는 MediaPipe를 이용해서 만든 3D 아바타 앱이야. 실행하면 오른쪽 아래에 얼굴 그물이 덧씌워진 내 얼굴이 나올 거야. 머리를 끄덕이거나 얼굴 표정을 바꾸면 아바타도 그에 맞춰 움직이게 돼.

Kalidoface Live2D 실행 화면 (FaceMesh 적용)

현재 아바타는 Face Mash만 적용된 거라 빠르게 실행은 되지만, 몸은 움직일 수 없어서 좀 아쉬워. 다음으로 Holistic이 적용된 아바타를 사용해 볼게. 오른쪽 아래에서 'VRM'을 클릭해봐. 이번에는 손과 몸도 따라 움직일 거야.

Kalidoface VRM 실행 화면 (Holistic 적용)

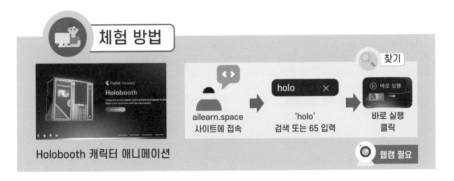

귀여운 캐릭터를 좋아한다면 Holobooth를 이용해봐. 아바타는 2종류가 있고 배경과 소품을 변경할 수 있어. MediaPipe의 Face Mash만 사용했기 때문에 손과 몸 동작은 머리 움직임에 따라서만 바뀌게 돼.

Holobooth 캐릭터 애니메이션 실행 화면

얼굴 표정과 나이 성별을 추정하는 Face-API

Face-API는 TensorFlow(텐서플로우, 머신러닝 앱 제작을 돕는 구글 라이브러리)를 이용해서 만든 얼굴 인식 앱이야. MobileNet V1과 Tiny Face Detector라는 모델을 이용해 TensorFlow로 얼굴 인식 기능을 구현했고, 인식된 얼굴에서 표정과 나이 등의 정보를 얻기 위해서 AgeGenderNet, FaceExpressionNet 모델을 이용했어.[1] 이처럼 원하는 결과를 얻기 위해서 다양한 모델을 함께 사용하기도 해. Face-API 기능들을 살펴볼까?

Face-API를 처음 실행하면 아저씨 4명(빅뱅 이론 드라마의 등장 인물)이 나오고, 각각의 얼굴에는 네모 상자와 함께 숫자가 표시될 거야. 네모 상자는 얼굴 인식 부분을, 숫자는 얼굴 인식의 신뢰도를 나타내. 예를 들어 숫자가 0.98이라면 98% 확률로 사람 얼굴이라고 예측한다는 뜻이야.

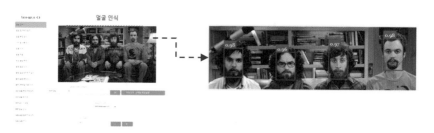

Face-API 얼굴 인식 실행 화면

1) Vincent Mühler, face-api.js, justadudewhohacks, 2020, github.com/justadudewho hacks/face-api.js

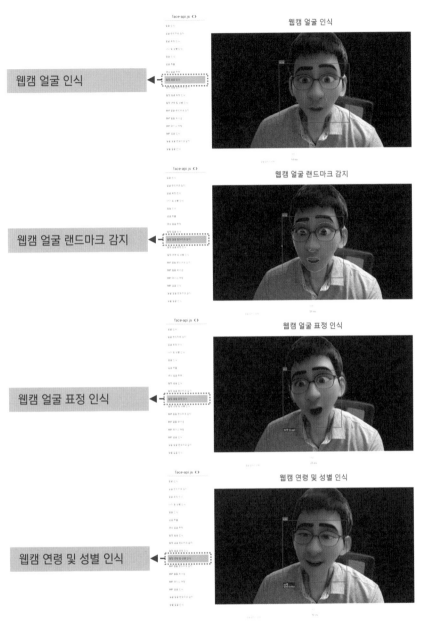

웹캠 얼굴 인식

웹캠 얼굴 랜드마크 감지

웹캠 얼굴 표정 인식

웹캠 연령 및 성별 인식

Face-API 웹캠 얼굴 인식 관련 실행 화면

왼쪽의 메뉴들 중에서 앞에 '웹캠'이 붙은 것들을 실행해봐. 사용자의 얼굴이
네모 상자와 함께 표시되면서 얼굴의 신뢰도가 나타나는 것을 확인할 수 있어.

여기까지는 모두 같지만 '랜드마크 감지'에서는 얼굴의 주요 부분이 핑크색 점과 하늘색 선으로 표시될 거야. '표정 인식'에서는 기쁨, 슬픔, 화남 등의 감정 정보가 표시되고, '연령 및 성별 인식'에서는 추정되는 나이와 성별이 표시돼. 표시되는 정보는 정확하지 않을 수 있어. 카메라의 화질이나 촬영 상황, 그날의 컨디션 등에 따라 값은 달라지게 돼. 컴퓨터는 단지 영상 속에서 얼굴을 인식하고, 각각의 모델에 의해 계산된 값을 출력할 뿐이야. 그럼에도 대체로 실제와 비슷한 값이 나오는 것이 신기하지 않니?

특정 작업을 수행하기 위해 데이터 세트로 학습된 결과물, 모델

사람 인식과 관련된 예시를 살펴보면서 여러 번 '모델'이라는 단어를 사용했지? MediaPipe에서 얼굴을 인식하기 위해 BlazeFace 모델을 이용했고, 손을 인식하기 위해 Hand landmarks detection 모델을 이용했다고 했어. (모델 이름은 중요하지 않아.) 이처럼 인공지능은 모델이라는 형태로 제작되어 필요한 작업을 수행해.

모델은 특정 작업에만 전문적이야. 얼굴 인식 모델은 얼굴 인식에, 손 인식 모델은 손 인식에만 쓸 수 있지. 여러 유형의 작업을 한 번에 처리할 수 있는 모델이 있으면 좋겠지만, 그런 모델은 그만큼 처리 과정이 복잡해지고 정확도가 떨어질 수 있어. 우리가 배가 아프면 내과, 이가 아프면 치과에 가는 것처럼 어떤 작업을 처리하려면 그 작업에 전문적인 모델을 찾아 사용해야 돼. 그런데 Face-API의 '표정 인식'처럼 얼굴도 인식하고, 어떤 표정인지도 알고 싶다면 어떻게 해야 할까? 그럴 때는 얼굴 인식 모델 따로, 그 후에 표정 인식 모델 따로 차례로 이용하면 돼.

그렇다면 모델은 어떻게 만들어졌을까? 모델을 만들기 위해서는 우선 많은 데이터가 필요해. 얼굴 인식을 위한 BlazeFace 모델을 만들 때 66,000개의 이미지를 이용했다고 했어. 데이터가 부족해도 모델을 만들 수는 있지만 높은 정확도가 필요할수록 많은 데이터를 모으는 것이 중요해. 그런데 데이터는 무작정 많다고 좋은 것은 아니야. 얼굴 인식 모델을 만드는데 손만 보이거나, 얼굴이 너무 작은 이미지라면 문제가 되겠지. BlazeFace 모델의 경우 얼굴이 이미지의 20% 이상을 차지하는 것들만 선별해서 데이터로 이용했다고 해. 이렇게 선별된 많은 데이터를 데이터 세트(data set)라고 하고, 아직 가공되지 않은 데이터를 원시 데이터(raw data)라고 불러.

원시 데이터를 데이터 세트에 포함시키기 위해서는 전처리(pre-processing)라는 과정을 통해서 가공된 데이터로 변환하는 과정이 필요해. 예를 들어, 사람 얼굴이 포함된 원시 데이터의 경우 이미지의 크기가 다양하고 얼굴 이외의 부분이 포함될 수도 있을 거야. 이런 데이터로 모델을 학습시키면 모델의 품질이 떨어질 수 있어. 그래서 데이터의 일부를 제거하거나 학습하기 좋게 변환하는 과정이 필요하고, 이를 전처리라고 해.

가공된 데이터는 알고리즘을 이용해서 학습되고 모델로 만들어져. 이때 선택할 수 있는 알고리즘의 종류는 회귀, 의사결정 트리, 클러스터링, 신경망 등 다양한데 작업의 수행 목적과 요구 사항(정확도, 학습 시간 등)에 따라 선택이 달라져.[1] 작업의 목적에 맞는 알고리즘 선택이 중요하지만, 현실적인 부분도 고려해야 하는 거지. PC보다 성능이 낮는 스마트폰이 이용 대상이라면 정확도가 좀 떨어지더라도 낮은 성능에서도 작동하는 것을 선택해야 하고, 빨리 만들어야 하는 모델이라면 학습에 긴 시간이 걸리지 않는 것을 선택해야 돼.

이처럼 가공된 데이터를 준비하고 적절한 알고리즘을 선택해서 학습을 시키면 하나의 모델을 만들 수 있어. 모델의 제작 과정을 그림으로 나타내면 아래의 간단한 그림이나 오른쪽의 자세한 그림처럼 표현할 수 있어.

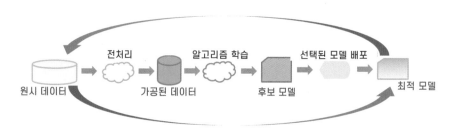

모델 제작 과정 요약 (번역) (출처: Machine Learning Process And…, elearningindustry.com)

1) Lauryn Gayhardt & Hiroshi Yoshioka, Azure Machine Learning에 대한 알고리즘을 선택하는 방법, Azure Machine Learning, 2023, learn.microsoft.com/azure/machine…

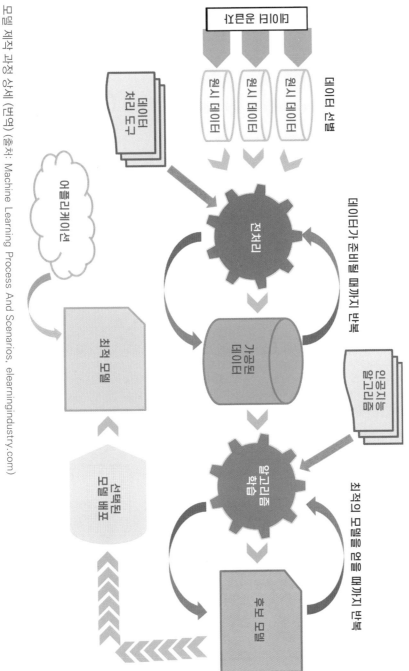

데이터 운영자

원시 데이터

데이터 선별

원시 데이터

원시 데이터

원시 데이터

데이터 처리 도구

전처리

데이터가 준비될 때까지 반복

가공된 데이터

애플리케이션

최적 모델

인공지능 알고리즘

알고리즘 학습

최적의 모델을 얻을 때까지 반복

선택된 모델 배포

후보 모델

모델 제작 과정 상세 (번역) (출처: Machine Learning Process And Scenarios, elearningindustry.com)

그림이 좀 복잡해 보이지? 알아야 할 내용은 '원시 데이터는 전처리 과정을 거쳐 가공된다. 가공된 데이터들인 데이터 세트는 알고리즘을 이용해서 학습되고, 학습의 결과로 모델이 만들어진다.' 라는 거야.

그런데 그림에서 초록색 화살표가 위 아래로 있는 것을 봤니?

좋은 모델은 한 번의 학습으로 완성되지 않아. 가공된 데이터에 부족한 부분이 발견되면 원시 데이터를 추가하거나 전처리 방법을 바꿔보고, 알고리즘 학습에 문제가 있다면 알고리즘을 바꾸거나 다른 알고리즘을 보완해서 사용하기도 해. 높은 모래성을 쌓을 때 재료를 보강하거나 쌓는 방법을 바꿔가며 여러 번 시도해야 하는 것처럼, 좋은 모델 제작에도 여러 번의 수정 과정이 필요해.

이렇게 모델을 만드는 과정을 알아봤어. 데이터 수집부터 전처리와 학습까지 모든 과정을 거쳐 모델을 만드는 일은 많은 시간과 노력이 필요해. 사실 모두가 처음부터 모델을 만들 필요는 없어. 이미 만들어진 모델을 선택하거나, 데이터만 변경해서 다시 학습시킬 수도 있고, 모델의 일부만 변형해서 사용할 수도 있지. 언어 생성 모델인 GPT는 ChatGPT에도 쓰이지만, 검색에 특화된 MS의 빙(Bing) 채팅, 자동완성 코딩 앱인 GitHub Copilot에도 변형돼서 사용돼.

데이터 전처리, 학습을 반복해서 최적의 모델로!

하나의 모델로는 원하는 기능을 모두 구현할 수 없다면 마치 블록을 쌓듯이 여러 모델들을 연결해서 사용할 수도 있어. Face-API에서는 얼굴 인식 모델과 표정, 나이 정보를 얻는 모델이 연결되어 순차적으로 사용됐어.

적합한 모델들을 찾아 연결해서 사용 가능!

모델은 무료로 공개된 것들이 많고, 제작 방법까지 공개되어 원하는 대로 변형해서 쓸 수 있는 것들도 있어. 반대로 돈을 내고 사용해야 하는 유료 모델들도 있지. 비싼 상용 모델의 가격은 상상 이상으로 비싸기도 해.

그리고 모델은 '학습된다'라고 했는데, '훈련된다'라고 할 수도 있어. 학습(Learning)과 훈련(Training)은 자주 혼용되어 쓰이는 인공지능 용어라서 서로 바꿔 써도 상관은 없어. 굳이 차이를 두자면 데이터를 통해서 규칙이나 지식을 찾게 된 결과가 '학습'이고, 규칙이나 지식을 찾아가는 과정을 '훈련'이라고 할 수 있지. 훈련을 학습의 과정이라고 생각하면 될 것 같아.

인공지능에서 모델이 무엇인지에 대해서 대략적으로 살펴 봤어. 모델은 특정 작업을 수행하기 위해 가공된 데이터를 알고리즘을 이용해 학습시킨 결과물이라는 것을 기억해줘. 다음 챕터에서는 모델을 직접 만들어서 활용해 볼 거야. 모델 제작이 어렵다고 했지만, 아주 간단한 방법이 있으니 걱정하지 않아도 돼!

사람 뿐만 아니라 사물도 인식하는 MediaPipe

| 체험 | | Objectron (3D 객체) | ailearn.space 사이트에 접속 ➡ '3D' 검색 |

MediaPipe에는 사물 인식 기능도 있어. Objectron은 학습된 모델을 이용해 일상에서 볼 수 있는 사물을 감지하고, 사물의 위치와 포즈를 추정해.

Objectron 사물 인식 예시 (출처: MediaPipe Objectron, github.com/google/mediapipe)

Objectron을 사용하려면 먼저 인식하려는 사물(예: 신발, 의자 등)을 선택해야 해. 선택한 사물만 인식이 가능하지.

Object Detection

이에 반해 Object Detection(객체 감지) 기능은 좀 더 발전된 형태야. Object Detection은 보다 많은 80 종류의 사물을 인식할 수 있어. 게다가 여러 사물을 동시에 인식해서 화면에 표시할 수 있지. 오른쪽의 QR 코드를 이용해서 테스트해봐.

Object Detection
테스트 QR코드

인식 기능을 활용한 앱 소개

  Defrosting (서리 제거) ailearn.space 사이트에 접속 '서리' 검색

MediaPipe의 Hands 기능을 이용해 만든 게임이야. 화면에 나타난 서리를 손
으로 지우면 돼. 웹의 애니메이션 효과와 인식 기능을 결합하면 이처럼 재미있
는 게임을 만들 수 있어.

  포즈 애니
메이터 (웹캠) ailearn.space 사이트에 접속 '포즈 애니' 검색

얼굴이나 포즈의 움직임을 추적해서 캐릭터 애니메이션으로 만들어 주는 포즈
애니메이터야. MediaPipe의 Face Mash 기능과 PoseNet이라는 포즈 추정
모델을 활용했어. 캐릭터의 각 부분들은 SVG 형식의 이미지로 되어 있어서, 이
이미지들을 교체하면 사용자만의 캐릭터를 만들어 활용할 수 있어.

  이모티콘
보물 찾기 ailearn.space 사이트에 접속 '이모티콘' 검색

이모티콘 형태로 찾아야 할 사물을 보여주고, 카메라로 실제 사물을 비추면 점
수를 얻는 게임이야. CNN을 통해 이미지를 예측하고, 예측과 정답(이모티콘)의
일치 여부를 확인하지. 주어진 사물 외에도 새로운 사물 이미지들을 학습시켜
모델로 만들 수 있어. 게임 개발 및 모델 학습과 관련된 내용은 github.com/
google/emoji-scavenger-hunt 사이트를 참고해줘.

챕터 2 인공지능을 학습시켜 활용하기

챕터 1에서는 인공지능 모델의 학습 과정을 살펴봤어. 모델 학습 과정을 살펴봤으니 이제 직접 모델을 만들어 보는 것은 어떨까? 사실 모델을 만드는 데는 두 가지 큰 걸림돌이 있어. 하나는 데이터를 구하기 힘들다는 점, 다른 하나는 인공지능 알고리즘을 이용해서 학습시키는 과정이 복잡하다는 점이야. 공개된 데이터 세트가 있고, 알고리즘 이용 방법에 대한 가이드도 있지만 비개발자가 이를 활용하는 것은 쉽지 않아.

하지만 다행히도 누구나 쉽게 인공지능 모델을 만들 수 있게 해주는 서비스들이 있어. 대표적으로 구글의 티처블 머신과 엔트리의 인공지능 블록이 있지. 이런 서비스들은 카메라로 찍은 이미지나 마이크로 녹음한 소리를 데이터로 사용하고, 몇 번의 버튼 클릭으로 학습이 진행되도록 제작됐어. 걸림돌이 사라졌으니 이제 자신감을 갖고 모델 만들기에 도전할 수 있겠지? 이번 챕터에서는 모델 제작 서비스를 활용해서 이미지와 텍스트 모델을 만들어 볼 거야.

내가 만든 모델

데이터 좀 더 먹고
열심히 학습하자!

데이터

모델을 쉽고 빠르게 만들 수 있도록 도와주는 티처블 머신

Teachable Machine 예시 (출처: Teachable Machine, teachablemachine.withgoogle.com)

Teachable Machine(이하 티처블 머신)은 이름 그대로 가르칠 수 있는 (teachable) + 기계(machine)란 뜻이야. 티처블 머신을 이용하면 이미지, 오디오, 포즈 분류 모델을 코딩 없이도 만들 수 있어. 사용 방법은 굉장히 간단해.

Teachable Machine 사용 과정

① 이미지, 오디오, 포즈 중 한 유형의 프로젝트를 선택해.

② 내가 분류하고 싶은 클래스(Class)들의 개수와 이름을 정해줘.

③ 클래스 별로 이미지를 촬영하거나 사운드를 녹음해서 데이터를 수집해.

④ '모델 학습시키기' 버튼을 눌러줘. (필요하면 '고급' 메뉴에서 설정값을 바꿔줘.)

⑤ 학습된 모델을 테스트해봐. 결과가 만족스럽지 않으면 데이터를 추가·변경하거나 고급 메뉴에서 설정값을 변경하고 다시 학습시켜줘.

데이터 전처리를 제외하면, 챕터 1에서 배웠던 실제 모델 학습 과정과 비슷하지? 현장에서 촬영과 녹음을 통해 데이터를 수집하고, 복잡한 전처리 과정을 생략해 버렸어. 덕분에 모델 제작이 간단해졌지.

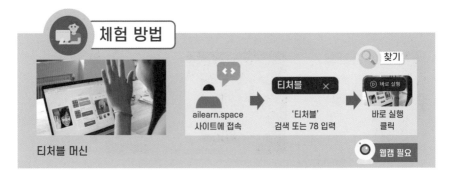

찾기

ailearn.space
사이트에 접속

'티처블'
검색 또는 78 입력

바로 실행
클릭

티처블 머신

웹캠 필요

티처블 머신을 함께 사용해 보자. 우리가 만들어 볼 것은 '가위, 바위, 보 분류' 모델이야. 카메라 앞에서 손으로 가위, 바위, 보 중 하나를 내면 셋 중 무엇을 냈는지 맞히는 모델이지. 사람이라면 무엇을 냈는지 보고 쉽게 맞힐 수 있지만 컴퓨터가 이미지 형태의 입력 정보를 분류하는 것은 쉬운 일이 아니야. 하지만 티처블 머신은 이를 5분 안에 가능하게 하지. 함께 티처블 머신을 이용해 '가위, 바위, 보 분류' 모델을 만들어 볼까?

1 시작하기 클릭

티처블 머신의 첫 페이지에서 '시작하기' 버튼을 클릭해.

가위, 바위, 보 이미지를 분류할 거니 '이미지 프로젝트'를 선택해.

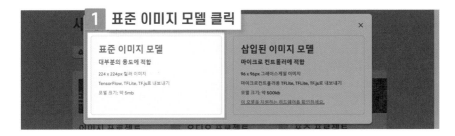

새로 나온 팝업에서 '표준 이미지 모델'을 선택하고,

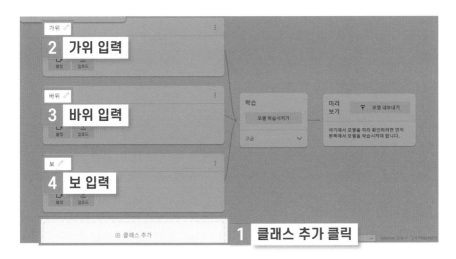

'클래스 추가' 버튼을 클릭해서 클래스를 총 3개로 만들어줘. 그리고 각 클래스

를 눌러서 이름을 '가위, 바위, 보'로 정해줘.

클래스(class)는 학교에서 말하는 1반, 2반 같은 거야. 특정 카테고리에 속한 요소들을 묶어서 부르는 이름 같은 거지. 비슷한 말로 레이블(lable)이 있어. 클래스를 정하고 나면, 각 클래스별로 데이터를 넣어야 돼. 티처블 머신의 이미지 프로젝트에서는 컴퓨터(또는 스마트폰)의 카메라를 이용해서 각 클래스 별로 찍은 사진들을 데이터로 활용할 수 있어.

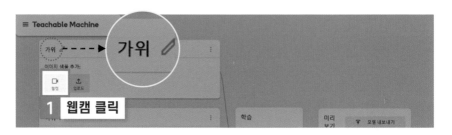

'가위' 클래스에 있는 웹캠 버튼을 클릭하면,

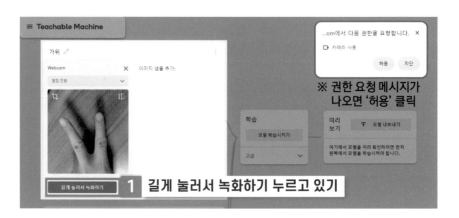

위와 같이 웹캠 화면이 나와. '길게 눌러서 녹화하기' 버튼을 누르고 있으면 연속으로 많은 사진이 촬영돼. 버튼을 누른 상태로 가위 모양의 손을 상하좌우로 조금씩 움직이면서 100~150장 정도 사진을 찍어줘. 카메라와 손은 가급적 가까이 있어야 하고, 가위 이외의 배경은 없는 것이 좋아.

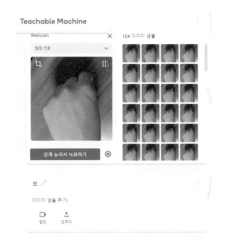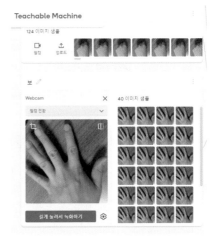

'바위'와 '보' 클래스에도 100~150장 정도 사진을 찍어줘. 마찬가지로 손을 조금씩 움직이되 카메라와 가능한 가까이서 찍어줘.

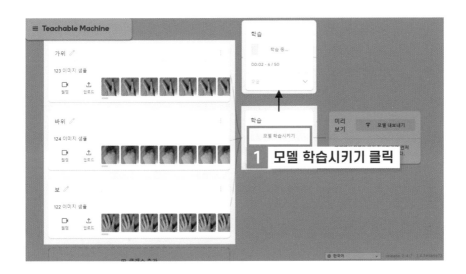

1 모델 학습시키기 클릭

모든 클래스에 사진을 넣으면 위 그림과 같은 모습일 거야. 이제 데이터 세트가 준비됐으니 '모델 학습시키기' 버튼을 클릭해봐. 버튼 이름이 '학습 중...'으로 바뀌면서 학습이 진행돼. 이미지 데이터가 많아서 학습에 시간이 좀 걸릴 수 있으니 완료될 때까지 잠시 기다려줘.

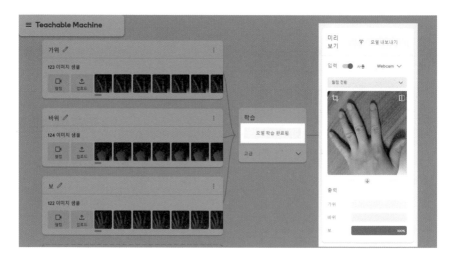

모델 학습이 끝나면 화면 오른쪽에서 제작된 모델을 확인해 볼 수 있어. 손으로

가위, 보, 중 하나를 나타내면 출력 영역에 예측값이 %로 표시될 거야. 이렇게

간단하게 이미지 분류 모델을 만들어 봤어.

그런데 현재 모델에는 문제가 하나 있어. 아무 것도 없는 상태에서도 위의 그림

처럼 잘못된 예측값이 표시되거든. 아무 것도 없을 때는 별도의 클래스로 분류

돼야 하지 않을까? '없음' 클래스를 추가해서 모델을 다시 학습시켜 보자.

아무 것도 없는 '없음' 클래스에도 100~150장 정도 사진을 찍어줘. 혹시 사진들이 마음에 안 들면 위의 ■ 표시와 같이 모든 사진(샘플)을 삭제할 수도 있어.

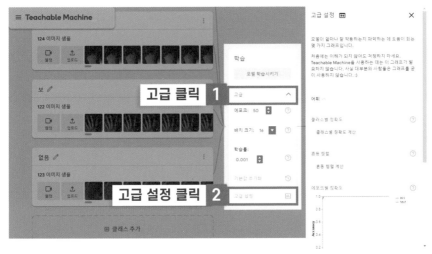

이번에는 사용하지 않겠지만, 학습 영역 아래에 있는 '고급' 버튼을 클릭하면 학습과 관련된 설정값을 변경할 수 있어.

- 에포크: 전체 데이터 세트를 몇 번 학습시킬지 나타내는 수야.

- 배치 크기: 한 번 학습할 때 사용되는 샘플 세트의 개수야.

- 학습률: 한 번 학습할 때 얼마나 학습(업데이트) 할지를 결정하는 수치야.

- 고급 설정: 모델이 잘 작동하는지 확인하기 위한 표와 그래프를 볼 수 있어.

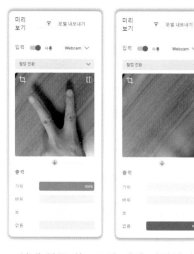

'모델 학습시키기' 버튼을 클릭해서 다시 모델을 학습시켜줘. 학습이 끝나면 왼쪽 그림처럼 아무 것도 없을 때는 '없음'으로 표시될 거야. 이처럼 모델은 한 번 만들어진 후에도 데이터를 바꾸거나 설정값을 조정해서 다시 만들 수 있어.

실제 인공지능 모델 제작 과정에서도 한 번에 최적의 모델이 나오는 경우는 거의 없어. 데이터를 추가하거나 바꾸고, 설정값도 계속 바꿔가면서 최적의 모델이 될 때까지 여러 번 시도해야 해.

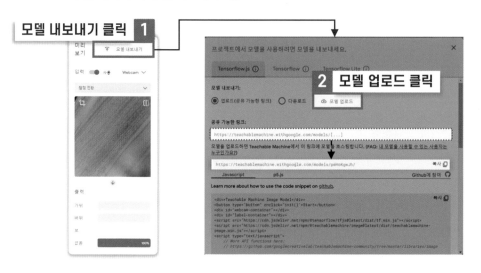

티처블 머신에서 제작한 모델은 내보내기 기능을 이용해서 다른 앱에서도 활용할 수 있어. '모델 내보내기'를 클릭하고 팝업에서 '모델 업로드'를 클릭하면 공유 가능한 링크가 생겨. 이 링크를 복사해서 티처블 머신 모델을 사용할 수 있는 다른 앱에 붙여 넣으면 돼. 예시를 보여줄게.

체험 방법

ailearn.space
사이트에 접속

'스크래치'
검색 또는 85 입력

바로 실행
클릭

찾기

스크래치 3 머신러닝

웹캠 필요

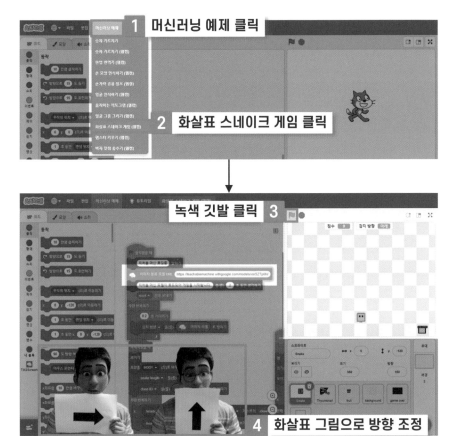

1 머신러닝 예제 클릭

2 화살표 스네이크 게임 클릭

3 녹색 깃발 클릭

4 화살표 그림으로 방향 조정

상하좌우 화살표를 학습한 티처블 머신 모델로 만든 게임이야.

출력한 화살표 그림으로 뱀의 이동 방향을 바꿀 수 있어. 오른

쪽 QR코드로 티처블 머신을 활용한 다른 실험들도 확인해봐.

티처블 머신 활용
실험 QR코드

엔트리 내에서 바로 활용할 수 있는 엔트리 인공지능 모델

티처블 머신으로 만든 모델은 다양하게 활용할 수 있지만, 공유 링크 URL을 이용한 방법은 컴퓨터에 익숙하지 않은 사람들에게 어려울 수 있어. 다음으로 소개할 SW 교육 플랫폼인 엔트리는 인공지능 모델을 만들고 활용하는 것이 훨씬 간편해. 엔트리에서는 제작한 모델의 기능을 일반 블록들처럼 사용할 수 있거든. 이번에는 엔트리의 텍스트 분류 모델로 간단한 작품을 만들어 보자.

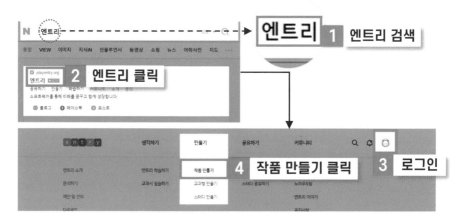

먼저 엔트리 사이트에 접속해줘. 엔트리에서 인공지능 모델 학습 기능을 이용하려면 로그인이 필요해. 본인 계정으로 로그인하고 '작품 만들기'를 클릭해줘.

텍스트 분류 모델을 이용해서 사용자가 입력한 내용이 긍정적인지 부정적인지 분류하는 작품을 만들 거야. 예시에서는 '꼬마 로봇' 오브젝트를 사용했는데 다른 오브젝트를 사용해도 돼. 블록 카테고리에서 '인공지능'을 선택하고, '인공지능 모델 학습하기'를 눌러줘.

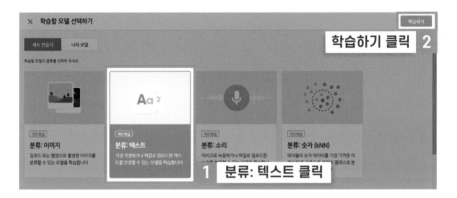

학습할 모델을 선택하는 새로운 탭이 열릴 거야. 모델들 중에서 '분류: 텍스트'를 선택하고 오른쪽 위의 '학습하기' 버튼을 눌러줘.

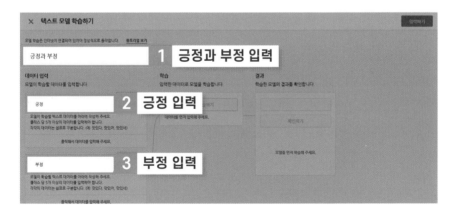

모델의 이름을 '긍정과 부정'으로 입력하고, 클래스 2개의 제목을 각각 '긍정'과 '부정'으로 바꿔줘.

이제 각 클래스에 긍정적인 단어와 부정적인 단어를 데이터로 입력해야 돼. 각

단어들은 쉼표(,)로 구분하니 단어 하나를 쓰고 쉼표를 넣어줘. 단어 수는 최소

5개이지만 많을수록 좋아. 긍정 클래스에 부정적 단어, 부정 클래스에 긍정적

단어가 들어가면 안돼. 일관성 없는 데이터는 모델의 품질을 떨어뜨리거든.

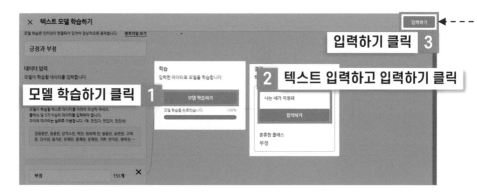

데이터 입력이 끝나면 '모델 학습하기' 버튼을 눌러줘. 그리고 화면 오른쪽에

긍정이나 부정적인 단어가 들어간 문장을 입력해봐. 만약 부정 클래스 데이터

로 '걱정되는'이 있다면 '나는 네가 걱정돼'라고 입력했을 때 '부정' 클래스로 분

류될 거야. 물론 분류 결과가 잘못 나오는 경우도 있어. 이때는 각 클래스에 데

이터들을 추가하거나 수정하고 다시 모델을 학습시키면 돼.

1) 엔트리팀, AI 모델 〉 분류 – 텍스트 모델, Connect Foundation. docs.playentry.org/user/
   block_model_text.html

입력 한 문장 속 단어의 형태가 '걱정되는 → 걱정돼'처럼 조금 달라져도 분류가 잘될 거야. 신기하지 않니? 혹시 모델이 학습하면서 단어의 뜻이 긍정적인지 부정적인지 이해하게 되는 것은 아닐까? 사실 그렇지는 않아. 텍스트 분류 모델은 텍스트의 형태가 얼마나 비슷한지를 기준으로 분류할 뿐, 텍스트의 의미 자체를 이해하지는 못해.[1]

모델을 만드는 과정에서 전처리에 대해 얘기했었지? 한글 데이터를 학습에 이용하려면 '형태소 분석'이라는 전처리 과정이 필요해. 형태소 분석이란, 한글 문장을 의미를 갖는 최소 단위인 형태소로 나누는 작업이야. 예를 들어, '감동 받은'이라는 단어를 형태소 분석하면 '감동/받/은'으로, '고마운 → 고맙/ㄴ', '안절부절 못하는 → 안절부절/못하/는'과 같이 형태소 분석할 수 있어. 이렇게 형태소 분석을 통해 얻은 데이터들을 모델 학습에 이용해.

학습 후 모델을 사용할 때는 먼저 사용자가 입력한 문장을 형태소 분석해. 그 다음 모델 내 어떤 클래스의 데이터와 비슷한지 확인해 보고, 조금이라도 더 비슷한 것이 있는 쪽 클래스로 결과를 출력하지. 만약 데이터에 문제가 있다면 결과도 정확하지 못할 거야.

이제 모델 확인이 끝났으면 '입력하기' 버튼을 눌러줘. 엔트리 작업 화면의 인공지능 카테고리에 이전에 없었던 텍스트 모델 관련 블록들이 추가됐을 거야. 이 블록들을 다른 엔트리 블록들과 함께 사용해서 코딩해 보자.

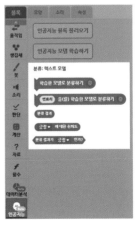

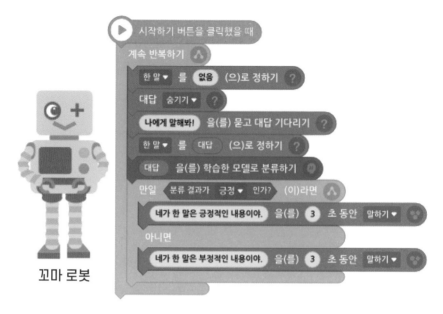

꼬마 로봇

'꼬마 로봇'의 코드를 위와 같이 작성해 봤어. 코드를 설명하면 다음과 같아. 사용자로부터 텍스트 입력을 받아서 '한 말'이라는 변수에 저장하고, 학습된 모델을 이용해서 분류해. 이 분류는 입력 받은 내용이 긍정적인지, 부정적인지를 판단해줘. 이후 분류된 결과를 3초 동안 말하고, 이 과정을 계속 반복해.

시작하기 버튼을 클릭하고 문장을 입력하면 '꼬마 로봇'이 긍정인지 부정인지 알려줄 거야. 오른쪽의 QR코드를 이용해서 위에서 만든 작품의 코드를 확인할 수 있어. 텍스트 모델은 다시 학습시켜야 작동함을 참고해줘.

엔트리 텍스트 모델
이용 작품 QR코드

답은 정해져 있다! 답과 데이터로 학습하고 답을 맞혀보는 지도학습, 그리고 정해진 답이 없이 데이터의 패턴이나 구조를 찾는 비지도학습

티처블 머신으로 이미지를 분류 모델을 만들고, 엔트리로 텍스트 분류 모델을 만들어 봤어. 생각보다 모델을 만드는 과정이 어렵지 않았지? 모델 제작에서 까다로운 부분인 데이터 전처리, 알고리즘 선택 및 설정 부분이 생략 또는 단순화되기는 했어. 하지만 모델 제작 과정 전반을 실제로 인공지능 모델을 만들 때와 비슷하게 경험한 거야.

우리는 모델을 만들 때 먼저 몇 개의 클래스를 만들었어. 그리고 각 클래스에 데이터들을 추가해서 학습시켰지. 우리가 이렇게 모델을 학습시킨 이유는 새로운 데이터가 들어왔을 때, 이 데이터가 어떤 클래스에 속하는지 모델이 알아내기를 원해서야. 이처럼 답(클래스 이름)과 데이터로 학습시키고, 새로운 데이터에 대한 정답을 맞히도록 하는 학습 방법을 '지도학습(supervised learning)'이라고 해. 예를 들어, 고양이와 강아지 사진을 분류하는 모델을 만들고자 한다면 고양이 사진들을 고양이 클래스에 강아지 사진들을 강아지 클래스에 넣어 모델을 학습시키고, 모델이 다음에 들어오는 사진이 어떤 동물인지 맞히도록 하는 것이 지도학습이야. 지도학습은 일반적으로 맞고 틀림이 명확해.

티처블 머신과 엔트리의 인공지능 모델들은 대부분 지도학습 방식으로 학습이 진행돼. 오직 엔트리의 '군집: 숫자 (k-평균)'만 비지도학습에 해당되지. 군집: 숫자 모델은 숫자 형식의 데이터들을 입력하고 군집의 수를 정해주면, 모델이 자체 기준에 따라서 정해진 수만큼 군집을 생성해줘.

비지도학습

군집: 숫자 (k-평균)

테이블의 숫자 데이터를 특성값으로 삼아 정한 수(k)만큼의 묶음으로 만드는 모델을 학습합니다.

엔트리 비지도학습 모델
(출처: 군집: 숫자 (k-…, playentry.org)

이처럼 입력 데이터만 제공하고, 정해진 답이 없이 모델 스스로 데이터의 패턴이나 구조를 찾아내는 학습 방법을 '비지도학습(unsupervised learning)' 이라고 해.

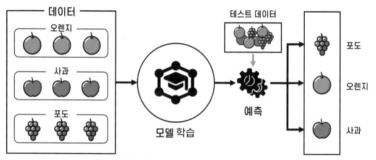

지도학습: 데이터와 답을 함께 주고, 모델이 정답을 맞히도록 학습하는 방식

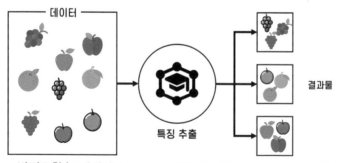

비지도학습: 데이터만 주고, 모델이 스스로 데이터의 패턴이나 구조를 찾아내도록 학습하는 방식

비지도학습은 데이터가 어떻게 분류될지 모르는 상태에서 학습을 시작하니까 이전에 알지 못했던 데이터들의 연관성과 새로운 특성을 찾아낼 수 있어. 또한 데이터의 경향성을 파악하고 군집에 속하지 않는 이상한 데이터를 찾아낼 수 있어서 지도학습에 활용할 데이터의 전처리에 이용되기도 해.

지도학습과 비지도학습 외에 강화학습(reinforcement learning)이란 인공지능 학습 방법도 있어. 강화학습은 인공지능이 좋은 결과를 내면 보상을 제공해서 주어진 환경에서 최대한의 보상을 얻도록 학습시키는 방식이야. 다음 챕터에서 게임과 관련된 강화학습에 대해 살펴볼 거야.

PC로도 학습 가능한 인공지능? 이를 가능하게 하는 것은 전이학습

인공지능 관련 뉴스에서 슈퍼 컴퓨터가 자료 화면으로 나온 것을 본 적이 있니? 우리가 학습시킨 인공지능 모델이 그리 복잡하지 않았다 해도 PC(혹은 스마트폰)로도 가능한 인공지능 학습에 왜 슈퍼컴퓨터까지 필요한 걸까? 사실, 우리는 모델을 처음부터 끝까지 모두 학습시킨 게 아니야. 모델 학습의 전체 과정은 많은 컴퓨터 연산과 시간이 필요해.

티처블 머신은 빠른 모델 학습을 위해 이미 학습된 모델인 모바일넷을 이용해. 모바일넷에 사용자가 추가한 클래스와 데이터로 일부만 다시 학습시키는 거지. 전체를 다 학습하지 않으니 적은 컴퓨터 연산과 시간만 필요해. 이처럼 사전에 학습된 모델을 새로운 모델 제작에 재사용하는 학습 방법을 전이학습(Transfer Learning)이라고 해. 만약 동물들을 분류하는 모델을 만들었다면, 전이학습을 이용해 개의 종류를 분류하는 모델을 빠르게 학습시킬 수 있어. 전이학습은 학습 데이터의 양이 부족하고, 빠른 모델 제작이 필요할 때 유용해.

더 알아보기

이미지 모델을 학습시켜 게임 컨트롤하기

체험   팩맨 머신러닝   ailearn.space 사이트에 접속 ➡ '팩맨' 검색

팩맨 머신러닝은 기존 팩맨 게임을 키보드 대신 제스처로 컨트롤할 수 있도록 제작됐어. 게임을 플레이하려면 상, 하, 좌, 우 방향에 대응하는 제스처를 학습시켜야 돼. 각 방향 클래스마다 약 100개의 사진 샘플을 추가하고 '모델 훈련'을 클릭해봐. 학습이 완료되면 샘플로 추가한 제스처들로 게임을 조작할 수 있어. 이 예제는 모델 학습 과정에서 사전 학습된 모바일넷을 이용해.

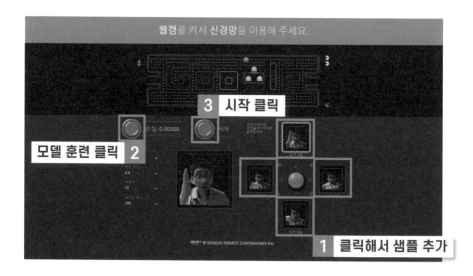

체험   제스처로 컨트롤하는 2048   ailearn.space 사이트에 접속 ➡ '제스처' 검색

팩맨 머신러닝과 비슷한 게임으로 '제스처로 컨트롤하는 2048'이 있어. 이 게임도 모델 학습에 모바일넷을 이용했고, '행동 없음'이라는 클래스를 포함한 총 5개의 클래스를 학습시켜서 게임을 즐길 수 있어.

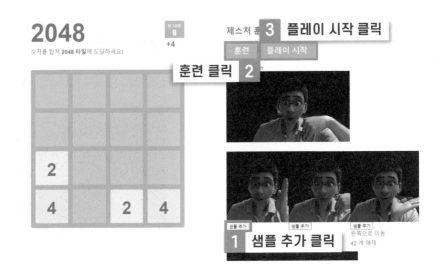

스마트폰에서 사용 가능한 인공지능 모델, 모바일넷

모바일넷(MobileNet)은 이름 그대로 모바일 기기에서 활용할 수 있도록 설계된 CNN 모델이야. 기존 모델들에 비해 계산 복잡도가 낮고 메모리 사용량이 적어 스마트 폰에서도 작업을 수행할 수 있어. 모바일넷은 사물과 장면을 분류하는 이미지 분류, 사물을 실시간으로 인식하고 위치를 파악하는 객체 탐지, 실제 세계와 디지털 오브젝트를 결합해서 보여주는 증강 현실 등에 활용되고 있어. 다른 모델 제작을 위한 전이학습에도 자주 활용돼.

오른쪽 이미지는 오래전 유행했던 벽돌깨기 게임 플레이 영상의 일부분이야. 그런데 이 게임을 하는 것은 사람이 아닌 인공지능이지! 바둑 인공지능 알파고(AlphaGo)를 개발한 딥마인드는 2013년 논문 '심층 강화학습으로 아타리 게임하기'에서 인공지능의 게임 플레이 장면을 선보였어.[1] 여기에 활용된 인공지능은 규칙을 전혀 모르는 상태에서 게임을 시작했다고 해.

DQN 아타리 벽돌깨기 영상 캡처
(출처: Atari 벽돌…, youtu.be/V1eYniJ0Rnk)

인공지능에게 제공된 정보는 조작법과 점수, 종료 신호, 비디오 입력 뿐이었어. 인공지능은 점수를 얻을 때마다 보상을 받았고, 이전에 진행한 게임 기록을 참고할 수 있었어. 처음에는 벽돌을 깨는 공의 움직임이나 막대의 사용 방법을 몰라서 금방 게임이 끝났다고 해. 그러다가 공이 막대 아래로 떨어지면 게임이 끝나고, 공으로 벽돌을 깨면 점수를 얻는다는 사실을 알게 됐지. 이후에는 점점 높은 점수를 받게 됐어. 600번의 게임을 진행한 후에는 공을 벽돌 위로 보내는 터널링(tunneling) 전략까지 사용하게 됐다고 해. 게임 방법을 전혀 몰랐던 인공지능이 전략을 터득해서 사용하게 됐다니 놀랍지 않아? 이렇게 환경(environment)과 상호 작용하며 보상(reward)의 최대화를 목적으로 하는 인공지능 학습 방법을 강화학습(reinforcement learning)이라고 해.

1) Volodymyr Mnih et al., Playing Atari with Deep Reinforcement Learning, NIPS, 2013, p.1

지도학습, 비지도학습과 다른 강화학습의 특징은 사전에 제공되는 학습 데이터가 없다는 점이야. 벽돌깨기 게임처럼 특정 환경 속에서 보상을 받기 위해 시행착오를 겪는 과정에서 학습이 이뤄지지.

5가지 아타리 게임 스크린샷 (출처: Playing Atari with Deep Reinforcement Learning p.2)

딥마인드가 벽돌깨기를 비롯한 여러 아타리 게임을 인공지능에게 학습시킨 과정은 대략 다음과 같아.

① 각 게임의 조작 방법을 알려줘.

② 게임 중 실시간으로 입력되는 비디오 입력 정보를 전처리해서 제공해.
(전처리는 게임 진행 화면을 흑백으로 변환하고 이미지의 크기를 줄이는 과정이야. 그래픽카드의 연산을 줄이기 위한 목적이지.)

③ 게임이 끝나면 종료 신호를 보내고, 게임 중 받은 보상을 확인해.

④ 이전 게임의 기록들과 그에 따른 보상을 참고해서 새로운 게임을 시작해.

과정이 복잡해 보이지는 않지? 강화학습 과정은 어린아이가 경험을 통해서 배워 나가는 과정과 비슷해. 아이는 좋은 행동을 하면 상을 받고, 나쁜 행동을 하면 벌을 받으면서 어떤 행동이 좋고 나쁜지를 배우잖아. 강화학습에서도 보상이 적거나 마이너스일 때는 그 행동을 하지 않으려 하고, 보상이 크면 같은 행동을 더 많이 반복하게 돼. 강화학습에서 보상을 설계하고 행동을 개선하는 것은 수학 연산이 들어간 복잡한 과정이지만, 전체적으로 봤을 때 아이가 시행착오를 겪으며 배워 나가는 과정과 비슷하다고 할 수 있어.

처음에는 멍청하지만 학습하면 똑똑해지는 강화학습 자동차

강화학습을 통해 점점 똑똑해지는 자율주행 자동차를 소개할게. 직접 자동차를 조작할 수는 없고, 학습과 테스트 과정을 체험해볼 수 있어.

처음 실행하면 트랙 위에서 큐브 모양의 자동차가 방향을 못 잡고 헤매는 모습을 볼 수 있을 거야. 아직 학습이 진행되지 않았기 때문에 잘 주행하지 못해.

화면 구성에 대해 알려줄게. '센서값'은 큐브에 달린 센서들이 보내는 정보야. 물체와의 거리에 따라 센서값이 변화해서 자율주행 학습을 위한 정보로 활용돼. '신경망'은 모델의 신경망 학습 과정을 시각화한 거야. '카메라 뷰'는 현재 선택한 자동차의 카메라 시점을 보여줘.

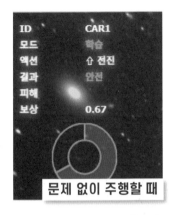

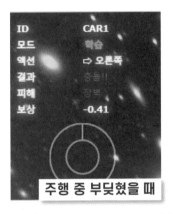

문제 없이 주행할 때   **주행 중 부딪혔을 때**

모드 버튼

'상태' 영역을 보면 '모드'가 '학습'으로 설정되어 있을 거야. 이는 현재 학습이 진행 중임을 의미해. 오른쪽에 있는 모드 버튼을 누르면 '자유 주행' 모드로 바뀌며 학습된 결과를 확인할 수 있어.

'결과'에는 '액션'에 대한 결과가 표시되는데 주목할 것은 보상의 값이 +나 -로 정해진다는 점이야. 보상은 ±1 사이의 값으로 결정되는데, 보상이 +이고 그 숫자가 클수록 이후 비슷한 센서값 상황에서 동일한 액션을 취하려 할거야. -일 때는 +일 때와 반대로 그 액션을 하지 않으려 하겠지. 이처럼 자동차는 트랙을 돌며 최대한 + 보상을 얻는 액션을 취하고, 학습된 이후에는 -보상을 얻는 충돌을 최소화하며 원활하게 주행할 수 있게 돼.

30분 이상 충분히 학습을 진행한 후, '자유 주행' 모드로 변경해봐. 처음과는 다르게 잘 주행하는 것을 확인할 수 있어. 많은 시간을 학습시키면 더 잘 주행하니 시간이 허락된다면 오랫동안 컴퓨터를 켜 두고 학습시켜봐.

강화학습은 시행착오를 겪으며 학습하기 때문에 학습에 많은 시간이 필요해. 또한 연산이 많아서 컴퓨터에 부담을 주게 되지. (DQN 자동차를 실행할 때 컴퓨터의 쿨러가 빠르게 돌아갈 거야.) 뿐만 아니라 새로운 변수가 생기면 다시 학습을 진행해야 하고, 변수가 많아질수록 연산이 엄청나게 늘어나면서 학습 진행이 매우 느려질 수 있어. 새로운 변수가 추가될 경우 어떤 변화가 일어나는지 알아보자. 그전에 아래 그림으로 '조작' 영역을 먼저 소개할게. 조작 영역은 DQN 자동차에서 사용할 수 있는 기능들을 모아 놓은 곳으로 화면 왼쪽에 있어.

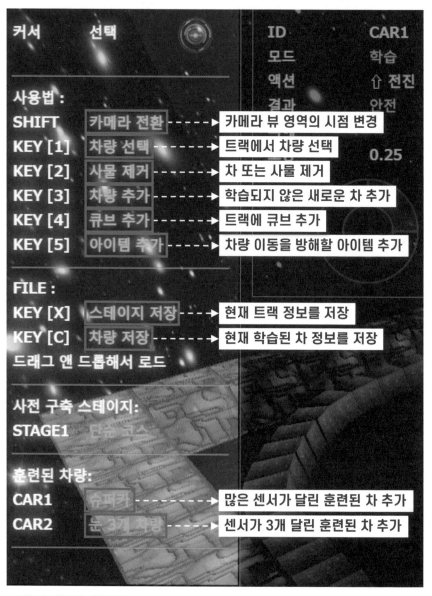

'조작' 영역에서 아래에 있는 '슈퍼카'를 클릭하고, 트랙의 한 부분을 클릭하면 학습된 슈퍼카가 트랙에 나타나. 자유주행 모드로 설정된 슈퍼카는 트랙을 잘 돌아다닐 거야. 슈퍼카는 현재 트랙에서 이미 학습된 상태이거든. 그런데 만약 이 슈퍼카 앞에 장애물이 생긴다면 어떻게 될까? 충분히 회피할 수 있는 장애물 이 생긴다면 말이야.

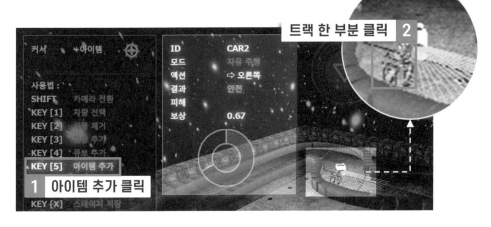

'아이템 추가'를 클릭하고 트랙 한 부분을 클릭하면 아이템이 생겨나. 이 아이 템을 길 가운데 놓지 말고 길 구석에 놓아봐. (혹시 기존에 있던 차량들이 방해가 된다면 '사물 제거'를 클릭해서 기존 차량을 제거하고 슈퍼카만 남겨둬.) 아마 슈퍼카 는 옆으로 쉽게 비껴갈 수 있는 상황에서도 상당한 시간을 지체하다가 통과할 거야. 기존의 트랙 벽을 제거하고 '큐브 추가'를 이용해 새로운 벽을 만들어도 슈퍼카는 새 경로를 잘 찾아가지 못해. 이 문제를 해결하는 유일한 방법은 '학 습' 모드로 전환해서 슈퍼카를 재학습시키는 것뿐이지.

강화학습은 경험적으로 학습 가능한 게임 등에서 데이터 세트 준비없이 활용 할 수 있다는 큰 장점이 있어. 하지만 새로운 변수가 생기면 앞의 예와 같이 재 학습을 해야 해. 변수가 너무 많아지면 학습이 어려워진다는 단점도 있어.

강화학습은 아타리 게임과 같이 입력 데이터와 변수가 적은 게임부터 시작해서 체스, 장기, 바둑 등의 분야로 적용 범위를 넓혀왔어. 이후 입력 데이터와 변수가 더 많은 전략 시뮬레이션 게임에서도 좋은 성과를 보이고 있지.

그런데 완전히 같은 환경일 때 입력 데이터의 수는 많은 게 좋을까, 아니면 적은 게 좋을까? 변수는 보통 게임마다 정해져 있어 바꿀 수 없지만, 입력 데이터의 수는 조정할 수 있거든. '눈 3개 차량'과 '슈퍼카'라는 두 학습된 차량을 비교해서 살펴보자. 눈 3개 차량은 센서가 3개로 입력 데이터가 적어. 이 차는 다소 망설임없이 과감하게 움직이고 장애물에 자주 부딪혀. 반면 슈퍼카는 센서가 12개이고 좀 더 신중하게 움직이는 경향이 있어. 학습 시간은 슈퍼카가 더 오래 걸렸을 거야. 둘 중 어떤 차가 더 좋았니? 입력 데이터 수의 많고 적음은 각각의 장단점이 있어.

눈 3개 차량

슈퍼카

입력 데이터의 수가 적으면 학습 시간이 짧지만 상황에 적절하게 대응하지 못할 때가 있어. 반대로 수가 많으면 다양한 상황에 잘 대응하지만, 고려할 것이 많아서 학습 시간이 길어지거나 학습이 잘 안될 수도 있지. 따라서 입력 데이터의 수를 정할 때는 결과 품질, 학습 시간 등을 고려해 적정한 것을 선택해야 해. 우리가 학습시킨 차량 모델은 '차량 저장'을 눌러 확인할 수 있어. 버튼을 누르면 이상한 숫자와 글자가 보일 거야. 값을 복사한 후 텍스트 파일에 붙여 넣어 저장하고, 그 파일을 'File' 영역에 드롭하면 나중에도 학습된 차량 모델을 사용할 수 있어. 학습이 진행중이면 '차량 저장' 버튼을 누를 때마다 값은 계속 변해.

최대 보상을 위해 정책을 결정하고 개선하는 강화학습, 그리고 DQN

강화학습에서 '보상'이란 무슨 의미일까? 사람에게 보상은 선물, 돈, 만족감 등이겠지만 강화학습에서 보상은 단순히 숫자로 표현되는 값이야. 공부를 열심히 하는 학생이 원하는 시험 점수에 비유할 수 있겠지. 강화학습에서 학습을 하는 주체인 에이전트(agent)는 보상을 최대한으로 받는 것을 목표로 해.

그런데 강화학습에서 보상이란 'DQN 자동차'의 상태 영역에서 본 것처럼, 에이전트가 행동을 취할 때마다 얻게 되는 값이야. 선택지들에 각각의 보상이 정해져 있고, 에이전트는 매번 이 중에 하나를 선택해서 보상을 받게 되지. 결국, 에이전트는 게임 중에 얻게 되는 보상의 총합, 즉 누적된 보상을 최대화하는 것을 목표로 해. 그런데 매 순간 가장 높은 보상을 주는 행동을 선택한다고 해서 누적된 보상이 최대가 된다고 할 수 있을까? 꼭 그렇지는 않아. 예를 통해 살펴볼게.

체험 방법

ailearn.space
사이트에 접속

'떨어지는'
검색 또는 103 입력

찾기

바로 실행
클릭

떨어지는 공 피하기 (DQN)

큐브가 화면 왼쪽에서 날아오는 공들을 맞지 않고, 최대한 오래 피하는 것을 목표로 하는 게임이야. 큐브는 왼쪽과 오른쪽으로 움직일 수 있고, 센서가 달려 있어 공들이 가까워지는 정도를 확인할 수 있어. 보상은 매 프레임마다 얻는데 살아 있으면 +1, 죽으면 −1로 단순해. 오래 살아있을수록 보상의 합이 크겠지?

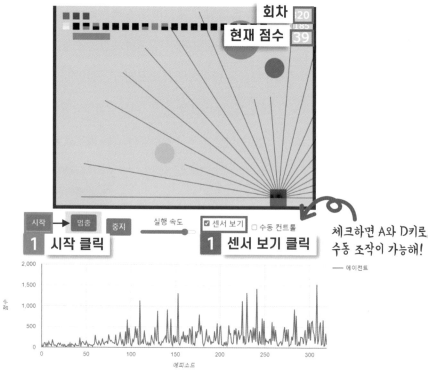

시작을 눌러 게임을 시작하면 큐브는 좌우로 이리저리 움직일 거야. 그러다 공

을 맞으면 다음 라운드로 넘어가지. 이 게임에서는 각 라운드에서 버틴 프레임

의 수만큼 점수를 받아. 100 프레임을 버티면 100점이 되지. 보상과 비슷하지?

총 보상은 점수에서 −1만 빼면 돼, 마지막 부딪힐 때의 보상은 −1이니까.

게임을 여러 번 진행하면 라운드마다 다르지만 전반적으로 받는 점수가 올라가

게 돼. 큐브의 움직임을 보면 게임 초기에는 무작위의 움직임을 보이지만, 100

라운드 이상 진행되면 화면 오른쪽 끝에 머

무는 모습을 보여. 공이 나오는 왼쪽으로부

터 먼 곳에 있는 것이 더 많은 보상을 얻는

데 유리하다는 것을 알게 된 거지.

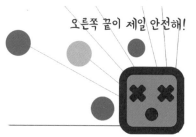

하지만 화면 오른쪽 끝에만 있으면 결국은 공에 맞게 될 거야. 센서가 공을 감지하는 순간 왼쪽으로 움직이는 편이 유리할 수도 있어. (항상 그런 것은 아니야. 큐브로 향하는 공이 아니라면 그대로 머무는 것이 낫지.)

공이 감지됐을 때 화면 오른쪽 끝에 머물러 있거나, 조금만 왼쪽으로 움직였다가 다시 돌아오거나, 많이 움직였다가 돌아오는 등 다양한 전략을 시도를 해 보는 것이 점수 (총 보상)를 높이는데 도움이 될 거야.

높은 보상을 위해 왼쪽으로도 가보자!

따라서 학습하는 동안에는 화면 오른쪽 끝에 머무는 것과 같은 학습된 행동을 '활용'하거나, 왼쪽으로 가보는 것과 같은 '탐험'을 시도해 봐야 해. 이렇게 활용과 탐험을 적절히 번갈아 가며 사용하는 전략을 E-Greedy라고 해. 그리고 이 전략을 활용하는 인공지능 알고리즘을 Q러닝(Q-learning)이라고 하지. 탐험을 통해 점수가 높아지면 다음 라운드부터 같은 전략을 많이 사용할 거야. 단, 같은 전략만 이용한다면 더 좋은 보상을 위한 기회를 놓칠 수 있으니 현재의 보상이 낮더라도 일정 비율로 탐험도 해봐야 해. 이렇게 에이전트는 게임을 통해 많은 보상을 얻기 위한 전략을 갖게 되는데, 이를 '정책'이라고 해. 인공지능은 학습 중에 이 정책을 사용해서 에이전트의 행동을 결정하고 개선하지.

체험 방법

ailearn.space
사이트에 접속

'비행기'
검색 또는 105 입력

찾기

비행기 ✕

▶ 바로 실행

바로 실행
클릭

비행기 전쟁 (DQN)

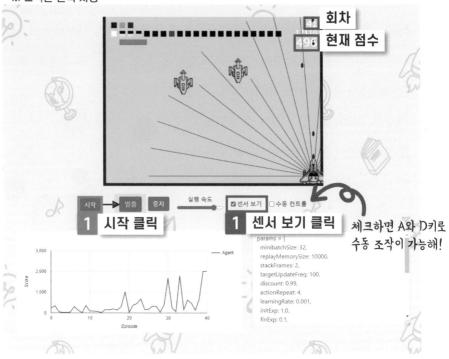

이 게임은 화면 위에서 내려오는 적 비행기들을 피해 최대한 오래 버티는 것이 목표야. 공피하기와 마찬가지로 왼쪽, 오른쪽으로 움직일 수 있고 센서가 달려 있어. 한가지 차이점은 아군 비행기에서 일정 간격으로 총알이 발사되어 적 비행기를 격추할 수 있어. 보상은 매 프레임마다 생존하면 +1, 사망하면 −1이 주어져.

시작 버튼을 눌러 게임을 시작하면 아군 비행기가 좌우로 움직일 거야. 비행기 전쟁에서는 적 비행기가 위에서 날아오기 때문에 수백 번의 게임을 진행한 후에는 좌우 구석 중 한 곳에 아군 비행기가 피해 있는 모습을 볼 수 있어. 그리고 학습이 많이 진행되면 센서에 적 비행기가 감지되어도 적 비행기가 바로 위에 있지 않는 이상 움직이지 않아. 활용과 탐험을 이용한 학습 과정에서 가급적 구석에서 움직이지 않는 전략이 점수 획득에 유리하다는 것을 알게 된 거지.

이렇게 Q러닝 알고리즘으로 학습하다 보면 더 이상 점수가 잘 올라가지 않는 한계에 도달하게 돼. 한계 극복을 위해서 더 학습을 진행할 수도 있지만

센서에 적이 감지 돼도 구석에 가만히 있는 편이 더 좋군!

매개 변수(이 게임에서는 params에 있는 값들) 영역에서 학습률이나 입력 정보(센서 개수, 범위 등)를 바꾸고 다시 학습시켜 보는 것도 좋을 거야.

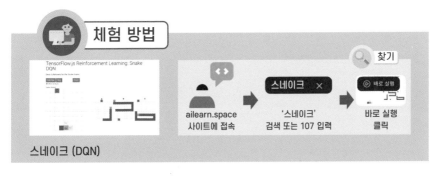

체험 방법

TensorFlow.js Reinforcement Learning: Snake DQN

찾기

ailearn.space 사이트에 접속 → '스네이크' 검색 또는 107 입력 → 바로 실행 클릭

스네이크 (DQN)

스네이크 게임은 사과와 같은 아이템을 먹어 뱀의 길이를 최대한 늘리는 고전 게임이야. 벽이나 뱀 자신의 몸통에 부딪히면 게임이 종료되지. 여기에서는 9x9의 작은 보드에서 게임이 진행되고 ⬤ 모양의 과일을 먹으면 뱀의 길이가 늘어나. 뱀은 상하좌우로 움직일 수 있어. 이미 학습된 모델을 사용하므로 모델 학습 과정을 확인할 수는 없어. 하지만 학습된 에이전트가 매 순간마다 Q값이 적혀 있는 여러 선택지들 중에서 가장 높은 Q값을 선택하는 모습을 확인할 수 있지.

과일(?)

과일을 먹고 더 길어질 거야!

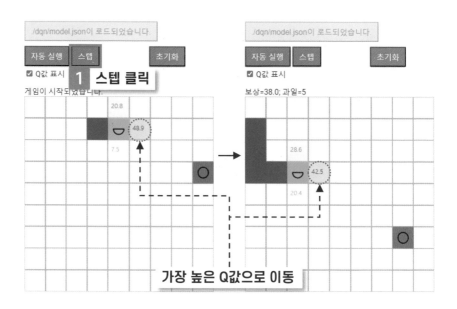

게임 화면에서 뱀이 움직일 수 있는 3개 방향(벽에 붙어 있다면 2개 방향, 구석이라면 1개 방향)에 숫자가 표시되어 있어. 이 숫자를 Q값이라고 해. '스텝' 버튼을 누르면 뱀이 한 번씩 움직이는데 가장 높은 Q값이 있는 곳으로 움직일 거야. ('자동 실행' 버튼을 누르면 게임이 끝날 때까지 계속 움직여.)

Q값(Q-value)이란 Q함수(상태-행동 가치 함수)로부터 나온 값이야. Q함수는 현재 상태와 행동을 입력했을 때 이에 대한 가치를 출력해주는 함수로, 현재 상태에서 가능한 각 행동들이 얼마나 좋을지를 값으로 표현해줘.

스네이크 게임에서는 이미 학습된 모델을 사용하므로 가장 높은 Q값으로만 움직일 거야. 하지만 공 피하기, 비행기 전쟁에서 봤듯이 학습 중에는 E-Greedy 전략을 활용해서 일정 비율로 가장 높은 Q값으로만 이동하지 않고 새로운 길을 탐험하기도 했겠지. 이렇게 매 라운드가 끝나면 진행 결과에 따라 Q함수는 업데이트돼. 다음 라운드에서는 이전과 같은 상황이라도 달라진 Q값들로 인해 다르게 움직이지. 따라서 Q함수가 업데이트되면 정책이 개선된다고 볼 수 있어.

학습을 끝낸 현재는 가장 높은 Q값을 얻는 방향으로 행동을 결정하게 돼. Q값과 행동을 결정짓는 것은 보상이었어. 이 게임에서 보상은 이동할 때 −0.2, 과일을 먹을 때 10으로 정해져 있어. 많이 움직이면 보상의 합이 줄어드므로 이동거리는 가급적 줄이도록 학습됐을 거야. 그렇지만 스네이크 게임을 여러 번 진행해보면 항상 가까운 길로 움직이지는 않아. 때로는 한곳에서 빙글빙글 회전만 하는 경우도 있지. 그래도 과일을 먹을 때 마다 +보상, 이동할 때마다 −보상을 주는 방식으로 학습시킨 결과 대체로 원활하게 게임을 진행하는 강화학습 인공지능을 확인할 수 있었어.

그런데 우리가 살펴본 게임들의 이름에는 DQN이라는 용어가 붙어 있었어. DQN은 Deep Q-Network의 준말로, Q러닝과 딥러닝을 결합한 강화학습 알고리즘이야. Q러닝은 최대의 보상을 획득하기 위해 E-Greedy 등의 전략을 사용해서 정책을 개선해 나가는 강화학습 알고리즘이었어. 딥러닝은 알다시피 심층 신경망을 이용해 데이터를 학습하고 작업을 처리하는 인공지능의 한 분야야.

Q러닝은 강화학습에 적합한 알고리즘이지만, 다양한 상황의 다양한 행동을 모두 고려해야 하면 계산하는 Q값이 너무 많고 복잡해져서 활용이 어려워. 이때 도움을 줄 수 있는 것이 딥러닝이야. 딥러닝은 모든 Q값을 계산하는 대신 심층 신경망이 반복 학습을 통해 높은 신뢰도를 갖는 Q값을 추정해줘. 신경망이 현 상태를 입력으로 받아서 각 행동에 대한 Q값을 출력하는 식이지. 결국 복잡한 상황에 대해 적용이 어려운 Q러닝 한계를 딥러닝이 해결했고, 딥러닝과 Q러닝이 결합했다고 해서 이를 DQN이라고 부르는 거야.

더 알아보기

생물의 진화 과정을 모방한 유전 알고리즘 활용하기

유전 알고리즘은 생물의 진화 과정을 모방해 가능한 해답들을 선택, 교차, 변이시키면서 최적의 방법을 찾아가는 알고리즘이야. 한 세대에 다양한 유닛을 만들고, 생존한 유닛을 다음 세대에 유지 또는 교배, 돌연변이해서 활용하지.

플래피 버드 게임에서 이를 확인할 수 있어. 한 세대에는 10개 유닛이 등장해. 각 유닛의 서로 다른 신경망은 입력 정보(수평 거리, 수직 거리)에 따라 유닛이 날개를 퍼덕이거나 가만히 있도록 만들어.

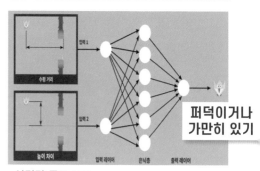

신경망 구조 (출처: Machine Learning for Flappy..., github.com/ssusnic/Machine-Learning-Flappy-Bird)

한 세대가 끝나면 오래 생존한 상위 4개 유닛은 다음 세대에 그대로 전달되고, 나머지 6개 유닛은 상위 4개의 유닛들을 서로 교배해서 만들어. 또는 랜덤하게 유닛들에 돌연변이를 일으키지. 다소 엉뚱해 보이는 방법이지만, 10세대 전후부터는 오래 생존하는 유닛이 등장해. 환경에 잘 적응한 개체가 다음 세대로 이어지고, 변이도 발생하는 자연의 방식을 이용한 알고리즘이야.

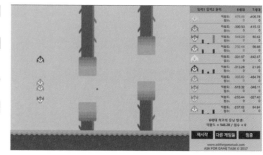

최적의 경로를 찾는 몬테카를로 트리 탐색 적용하기

많은 경우의 수가 존재하는 바둑과 같은 게임에서는 최적의 경로를 찾아 승률을 높이는 몬테카를로 트리 탐색(Monte Carlo tree search)이 활용될 수 있어. 알파고에서는 이를 강화학습과 결합해서 기보의 패턴을 학습하는 데 활용했어.

2048은 상하좌우로 숫자들을 합쳐서 2048 블록을 만들면 되는 게임이야. 빈 칸이 없어져서 움직일 수 없게 되면 게임이 끝나니 생각을 많이 해야 해.

2048 에 5.77초 만에 도달함

컴퓨터는 가능한 많은 경우의 수를 빠르게 시뮬레이션해서 2048 블록을 만들 수 있어. 시뮬레이션 숫자를 변경하면 결과가 어떻게 바뀌는지도 확인해봐.

지도학습을 활용해 게임 방법 가르치기

고릴라 게임은 적과의 거리, 시야각에 따라 힘과 발사각만 조절하면 되는 단순한 형태의 게임이야. 지도학습 모델로 게임 방법을 학습시켰어.

챕터 4 인공지능으로 그림 인식하기

왼쪽에는 손으로 쓴 숫자들이 있어. 좀 이상하게 썼어도 어떤 숫자인지는 금방 알아볼 수 있지? 사물을 보고 그것이 무엇인지 알아내는 것은 사람에게 별로 어렵지 않은 일이야. 예전에는 인공지능도 발전하면 쉽게 이미지 인식이 가능할 거라 생각했었어.

MNIST 데이터베이스
(출처: MNIST, tensorflow.org)

하지만 다양한 형태의 데이터에서 공통된 특징을 찾아내 구별하는 것은 예상보다 훨씬 어려운 작업이었어. 손으로 쓴 숫자를 인식하는 것만 해도 글씨체,

퀴즈! 무슨 동물일까요?

크기, 배경 등의 다양한 요소가 있어서 사람은 직관적으로 구별할 수 있지만 컴퓨터에게는 쉽지 않은 일이었지.

컴퓨터의 인식률은 인식 대상의 위치와 각도, 모양이 조금만 변해도 많이 낮아졌어. 그래서 이미지 인식 분야는 오랜 기간 발전이 정체됐었지. 그런 이미지 인식 분야에 CNN(Convolutional Neural Network, 합성곱 신경망)이 등장했어.

CNN은 이미지 인식에 탁월한 성능을 보이는 인공지능 알고리즘이야. CNN은 어떻게 이미지 인식률을 높일 수 있었을까? 바로 사람이 사물을 인식하는 방법에서 영감을 얻었다고 해.

1) D.H.Hubel & T.N.Wiesel, Receptive fields of single neurons in the cat's striate cortex, The Journal of Physiology, 1959, p.589-590

동물의 시각 피질에는 특정 영역에서 특정한 표현을 감지하는 뉴런들이 존재한다는 사실이 1950년대에 알려졌어.[1] 사람의 시각 피질에도 특정 정보에 반응하는

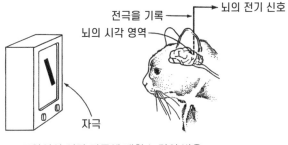

고양이의 시각 자극에 대한 뉴런의 반응

단순하고 다양한 필터 역할을 하는 뉴런이 있으며, 이런 뉴런들은 특정 시각적 특징에 반응해서 정보를 전달함을 알게 됐지.[2] 그런데 눈을 움직여서 들어오는 정보가 계속 달라져도 시각 피질의 뉴런들은 같은 형태의 정보만을 전달했어. 결국 같은 것을 보고 있을 때는 움직임이 있더라도 같은 뇌의 뉴런만 자극을 받는다는 거지. 이 발견은 CNN의 밑바탕이 되었어.

기존 이미지 인식 분야에서는 인식에 있어 사물의 좌표와 방향, 각도를 중요하게 생각했었어. 그런데 이후 등장한 CNN은 사물의 좌표와 방향, 각도보다는 동물과 사람이 사물을 인식하듯 합성곱 층의 필터를 학습시켜서 사물의 고유한 특징을 추출했고, 그 결과 이미지 인식률을 크게 높일 수 있었어.

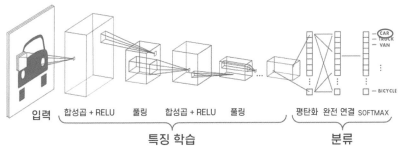

CNN의 작동 과정 (출처: A Comprehensive Guide to Convoluti…, towardsdatascience.com)

위의 그림은 CNN의 작동 과정을 나타내고 있어. 어려운 용어가 나오고 복잡해 보이지? 중요한 것은 입력 정보가 들어오면 이 정보의 특징을 학습하고, 정보의

2) Haohan Wang & Bhiksha Raj, On the Origin of Deep Learning, CoRR abs/1702.07800, 2017, p.33

특징에 따라 분류된다는 점이야. 특징 학습 과정에서 굳이 여러 단계를 거치는 이유는 특징 추출을 위한 합성곱(Convolution) 층(+ 특징 유무 구분을 위한 활성화 함수 Relu)과 정보를 압축하는 풀링(Pooling) 층의 반복으로, 이미지의 위치와 각도 변화에도 변함없는 이미지 분류 성능을 유지하기 위해서야.

특징 학습이 끝나면 이미지를 분류할 수 있어. 그런데 분류 결과는 한 선택지로 출력되지 않고, 여러 선택지의 예측값 형태

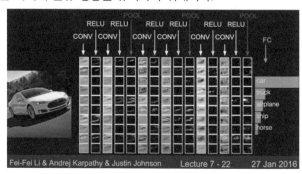

CNN을 이용한 자동차 인식 과정 (출처: Lecture 7: Convolutional Neural Networks, cs231n.stanford.edu)

로 옆의 그림처럼 출력돼. 사용자에게는 보통 가장 높은 예측값을 인식 결과로 보여주지. 이런 CNN의 이미지 인식 결과는 챕터2에서 티처블 머신으로 만든 이미지 분류 모델의 테스트 결과와 비슷한 부분이 있어. 티처블 머신의 이미지 분류 모델도 CNN의 알고리즘을 활용하거든. 티처블 머신은 CNN 알고리즘으로 여러 클래스에 속한 이미지들의 특징을 찾는 학습을 하고, 테스트할 때는 학습된 모델을 이용해 테스트 이미지가 각 클래스와 얼마나 유사한지를 예측값으로 출력해. 처리 과정을 볼 수 없었지만, 티처블 머신의 학습과 테스트 과정에는 이렇게 CNN 알고리즘이 활용되고 있었어. 그리고 CNN은 티처블 머신의 이미지 분류처럼 정답(레이블)이 있는 지도학습에서 주로 사용됨을 참고해줘.

CNN은 2012년 AlexNet이라는 CNN 모델이 압도적으로 높은 인식률을 보여주면서 이미지 인식 분야에서 주류를 차지하게 됐어. CNN은 대표적으로 자율주행 자동차와 의료 영상 분석 분야에서 활용되고 있어.

CNN 성능과 활용의 예를 확인할 수 있는 Keras.js 데모

Keras(이하 케라스)는 인공지능 프로그램을 쉽고 빠르게 만들 수 있도록 도와주는 딥러닝 라이브러리야. 케라스는 나중에 Tensorflow에 통합되기 전까지 딥러닝을 테스트하거나 딥러닝 관련 프로젝트를 수행하는데 많이 활용됐었어. 이번에는 웹 브라우저에서 케라스를 활용할 수 있게 만들어진 Keras.js의 데모들을 통해 CNN이 어떻게 쓰이는지 알아볼게.

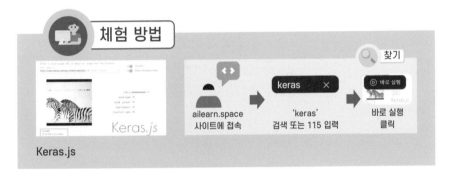

Keras.js

필기 숫자 인식

이미지 인식

해상도 높이기

데모를 실행하면 왼쪽과 같은 목록을 볼 수 있어. 이 중에서 CNN과 관련된 것은 필기 숫자 인식, 이미지 인식, 해상도 높이기야.

이 세 종류 데모를 함께 사용해 볼게. 각 항목을 클릭해서 실행하기만 하면 돼.

'Basic Convnet'에서는 0에서 9까지의 숫자가 CNN에서 어떻게 인식되는지 확인해 볼 수 있어. Convnet은 CNN의 다른 줄임말이야. Basic Convnet은 필기 숫자 학습을 위한 대량의 데이터 세트인 MNIST를 이용해 학습됐어. 이를 실행하고 빈 영역에 마우스를 이용해 숫자를 써봐. 너무 이상하게만 쓰지 않는다면 오른쪽 막대 그래프에서 쓴 숫자의 막대가 가장 높게 나타

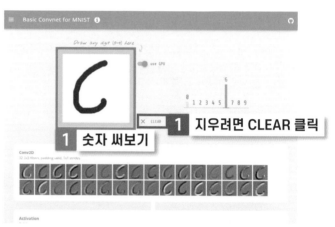

날 거야. 그리고 화면 아래쪽에는 필기 된 숫자가 여러 단계를 거치며 분류되는 과정을 볼 수 있어. 이 과정을 이해하는 것은 어렵지만 앞서 언급한 합성곱 층의 Conv2D, 활성화 함수인 Relu, 풀링 층의 MaxPooling2D가 작동하고 있음을 확인할 수 있지.

흥미로운 점은 숫자를 쓰다 말아도 쓰려고 했던 숫자를 대부분 맞힌다는 거야. 앞서 말했듯이 인식 대상의 좌표, 방향 등이 아닌 대상의 특징을 학습했기 때문에 특징이 나타날 정도로만 쓴 숫자도 잘 인식할 수 있어. 이는 CNN 이전의 이미지 인식 방법으로는 어려운 일이었지.

다음으로 대량의 이미지 데이터 세트인 ImageNet으로 학습된 여러 이미지 인식 CNN 모델을 소개할게. 'ResNet-50, Inception v3, DenseNet-121, SqueezeNet v1.1'이야. 이들은 각각 구조와 작동 방법이 다르지만, 모두 이미지를 인식하기 위한 목적으로 만들어졌어.

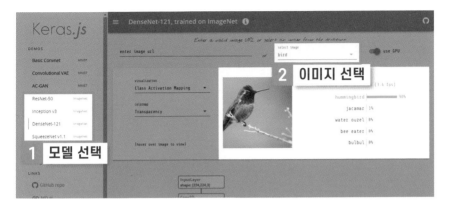

왼쪽에 있는 여러 모델 중 하나를 선택하면 모델이 로드돼. 이후 선택 상자에서 인식하고 싶은 사물을 선택해봐. 인식 결과가 가로 막대 그래프로 표시될 거야. 각 모델의 성능, 크기, 인식률은 서로 다르지만 대체로 선택 상자에서 선택한 사물들은 잘 인식될 거야.

인터넷 상에 있는 이미지를 인식시키고 싶다면, 먼저 웹 브라우저로 검색 사이트를 이용해서 원하는 이미지를 찾아봐. 크롬의 경우 이미지 위에서 마우스 우클릭을 하면 '이미지 주소 복사'를 할 수 있는데, 복사한 주소를 URL 입력란에 붙여넣고 엔터 키를 누르면 인식 결과를 확인할 수 있어.

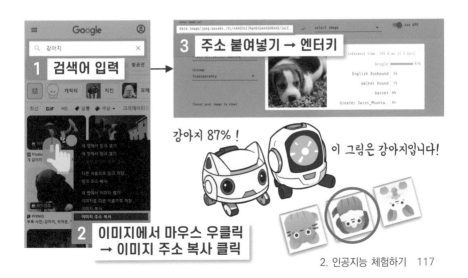

'Image Super-Resolution'은 저해상도의 이미지를 고해상도 이미지로 복원하는 기술이야. CNN 모델 구조에서 합성곱 층과 활성화 함수, 업샘플링(크기 확대) 층을 적용하면 이미지의 해상도를 높일 수 있어. 이미지 해상도 변환 기능을 제공하는 무료 서비스로 waifu2x가 있는데, CNN을 이용해서 이미지의 해상도를 1.6~4배 높일 수 있어.

waifu2x를 해상도를 높인 그림

Image Super-Resolution 영역에서 모델을 선택하고, 원하는 이미지를 선택하면 화면 아래에서 크기만 키운 이미지와 CNN을 통해 해상도를 높인 이미지를 비교해 볼 수 있어. 여러 모델과 이미지로 테스트 해보면 꽤 좋은 결과물이

1) Chao Dong et al., Image Super-Resolution Using Deep Convolutional Networks, IEEE transactions on pattern analysis and machine intelligence, 2014

나오는 경우도 있고, 선명도나 색감이 잘 표현되지 못한 경우도 있을 거야. 완벽하지는 않지만 이미지 하나만으로 다른 데이터 없이 해상도를 높일 수 있다니 신기해. 어떻게 이게 가능한 걸까? 저해상도 이미지를 고해상도 이미지로 변환하는 기술(이하 SR, Super-Resolution)에 CNN 기반의 딥러닝을 적용한 연구는 2014년에 발표됐어.[1] 이전에도 SR에 관한 연구는 있었지만, CNN 기반의 SR이 월등한 성능을 보여줬지.

SR 모델을 학습시키려면, 먼저 고해상도 이미지들을 저해상도 이미지로 변환하는 작업이 필요해. 선명한 이미지들을 일부러 흐릿한 이미지들로 만드는 거지. 그 다음, 이 저해상도 이미지를 고해상도 이미지와 비슷하게 복원하는 함수를 찾아야 해. 이 함수를 찾는 것이 SR 모델의 목표야. SR 모델마다 상세 구조는 다르지만 모두 합성곱 층을 3개 이상 포함하고 있어. Keras의 Image Super-Resolution 페이지에서 모델을 선택하면 아래 그림처럼 화면 아래에 모델의 구조도를 볼 수 있어. 이 구조도에는 Conv2D가 여러 개 포함되어 있지. Conv2D는 합성곱 층으로, 이 합성곱을 통해서 저해상도 이미지에서 특징을 추출하고, 그 특징들로 고해상도 이미지로 재구성할 수 있어. 재구성된 고해상도 이미지는 실제 이미지와 비교되고, 둘 사이에 차이가 있으면 이 차이를 최소화하는 방향으로 학습을 반복해. 반복 학습의 결과물이 바로 CNN 기반의 SR 모델

SRCNN 모델 구조

이야. 다만, CNN 기반 SR 모델은 해상도를 높이는 데는 충분하지만 선명도나 색감을 재현하는 데는 다소 한계가 있어. 이후 챕터에서 배울 GAN이란 딥러닝 알고리즘이 CNN의 뒤를 이어 SR 분야를 한단계 더 발전시키게 돼.

CNN 학습 과정을 볼 수 있는 ConvNetJS 데모

ConvNetJS는 웹 브라우저에서 딥러닝 모델을 학습시킬 수 있는 자바스크립트 라이브러리야. ConvNetJS 데모를 통해서 CNN의 학습 과정과 결과를 시각화해서 볼 수 있어.

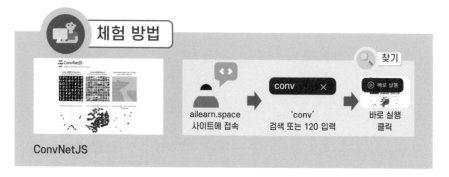

먼저 'Classify MNIST digits with a Convolutional Neural Network' 데모에서 MNIST 데이터 세트를 이용한 필기 숫자 분류 과정을 살펴볼 거야.

페이지를 열면 바로 숫자 분류를 위한 학습이 시작돼. 페이지의 위쪽에서는 실시간 학습 결과 정보를 확인하거나 설정값을 변경할 수 있어. 학습이 진행되면 Loss(손실) 그래프와 Classification loss(분류 손실) 값은 낮아지고, Training

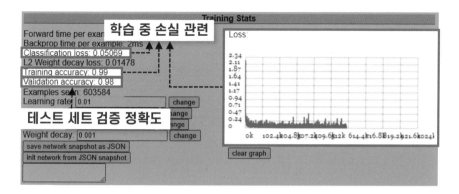

학습 중 손실 관련

테스트 세트 검증 정확도

accuracy(학습 정확도) 값이 올라가게 돼. 손실은 예측 결과와 실제 정답 사이의 차이를 나타내는 값으로, 손실이 크면 아직 학습이 덜 된 것이고 손실이 작아지면 학습이 잘 진행되고 있는 것으로 생각하면 돼.

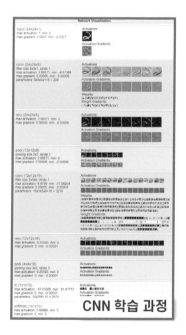

CNN 학습 과정

테스트 세트 검증 결과

페이지 아래쪽에는 CNN 학습 과정과, 테스트하기 위해 남겨둔 테스트 데이터 세트를 검증한 결과를 볼 수 있어. 학습을 오래 진행하면 96% 이상 맞히지만, 특징이 잘 드러나지 않은 애매한 필기 숫자는 끝까지 잘 분류하지 못해.

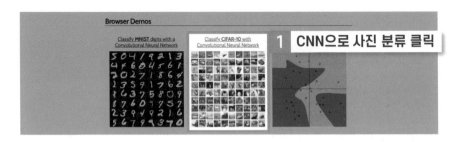

다음은 'Classify CIFAR-10 with Convolutional Neural Network' 데모에

서 CIFAR-10 데이터 세트를 이용해 사진을 분류하는 과정을 살펴볼게.

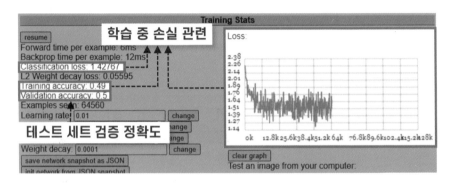

사진 분류 학습 과정은 필기 숫자 분류 학습 과정과 크게 다르지 않아. 하지만

학습 시간이 길어져도 좀처럼 손실이 줄어들지 않고, 테스트 세트의 검증 정확

도도 잘 높아지지 않지. 사진은 숫자에 비해 구조가 복잡하고 배경이나 모양,

크기가 다양해서 인식률을 높이기가 어려워. 이런 한계를 극복하기 위해 앞서

Keras.js에서 살펴 본 것과 같은 CNN 이미지

인식 모델이 계속 개발됐어. 개발을 통해 발전

을 거듭한 결과, 이미지 인식 모델은 2015년

사람의 인식률인 94.9%를 추월했고, 2020년

에는 이를 훨씬 뛰어넘는 98.7%의 인식률을

달성한 모델이 개발됐지.[1]

1) Qizhe Xie et al., Self-training with Noisy Student improves ImageNet classification, CVPR, 2020, p.4

CNN의 이미지 인식을 이용해 만든 게임들

CNN의 이미지 인식 구조와 학습 과정을 살펴 봤으니 이제 조금 가벼운 마음으로 CNN 모델을 활용한 간단한 게임을 즐겨보자. 첫번째는 손으로 그린 그림을 컴퓨터가 무엇인지 맞히는 게임이야. 사물의 특징이 잘 드러나야 CNN 모델이 잘 맞히는 것, 기억하고 있어줘.

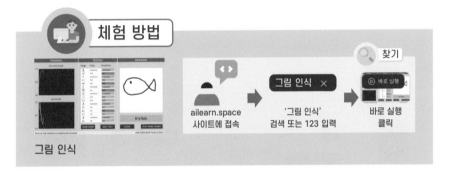

그림 인식

페이지가 열리면 50회 학습이 진행될 거야. 이 학습에는 'Quick Draw' 데이터 세트라는 퀵드로우 게임(quickdraw.withgoogle.com)에서 수집한 손 그림 데이터를 이용해. 학습이 끝나면 오른쪽 캔버스에 마우스로 그림을 그려봐.

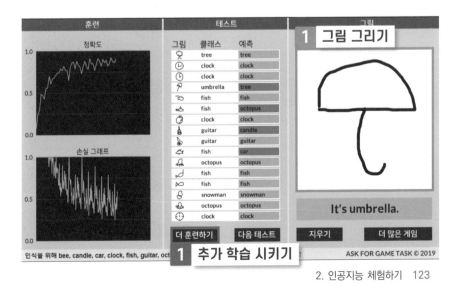

그림을 그리면 캔버스 아래에 컴퓨터가 예측한 답이 출력돼. 9개 그림(벌, 양초, 자동차, 시계, 기타, 문어, 눈사람, 나무, 우산) 데이터로 학습됐으니 9개 그림 중에 하나를 그려서 테스트해봐. 인식률이 낮다고 생각되면 '더 훈련하기'를 눌러 추가 학습을 진행할 수 있어. 학습을 더 진행하면 화면 왼쪽에서 정확도는 올라가고 손실률은 내려가며, 화면 중앙의 테스트 결과에서 틀린 개수가 줄어듦을 확인할 수 있어. '그림 인식' 예제는 배경이 없고 단순한 형태의 그림을 다루므로, 적은 학습량으로도 인식률이 높은 CNN 모델을 만들 수 있지.

테트리스 AI

두번째는 CNN으로 학습시킨 테트리스 게임이야. 일반적으로 게임을 가르치는 데는 강화학습 관련 알고리즘이 사용돼. 하지만 이 게임의 제작자는 우수한 데이터 세트(테트리스 월드 챔피언십 경기의 플레이 캡쳐 장면 5만개)와 CNN을 활용해서 조금 다른 방식으로 접근해 보고 싶었다고 해.[1]

페이지를 열면 제멋대로 블록을 놓아버려서 게임이 금방 끝나는 것을 볼 수 있어. 이제 '로드' 버튼을 눌러서 미리 학습된 모델을 불러와봐. 이번에도 완벽하지는 않지만 훨씬 게임을 잘할 거야.

학습 전 테트리스 진행 모습

1) SRDJAN, Machine Learning: AI Learns To Play Tetris with Convolutional Neural Network, Ask For Game Task, 2020, askforgametask.com/tutorial/machine-learni…

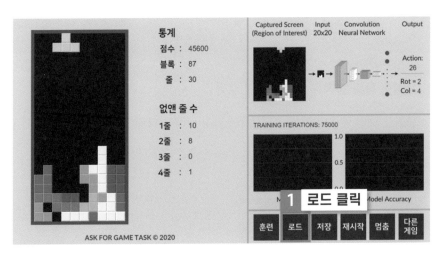

이 모델은 75,000번의 학습을 반복한 모델이라고 해. 그렇다면 어떻게 CNN을 활용해 테트리스 게임을 학습시킬 수 있었을까? 우선 테트리스는 6종류의 블록 중 하나가 랜덤으로 나오고, 이를 90도씩 회전시킬 수 있어. 새 블록이 나오는 매 순간 게임 화면 아래에는 블록들이 쌓여 있을 것이고, 챔피언십 경기의 챔피언들은 이와 비슷한 상황에서 새 블록을 회전시키고 움직여서 어느 한 곳에 놓았을 거야. 새 블록을 놓아서 기존 블록들과 결합된 형태가, 챔피언들 경기 데이터 이미지와 비슷하다면 잘한 거라고 볼 수 있겠지? 이런 가정으로 새 블록이 나오면 챔피언의 경기 화면과 비슷해지도록 블록을 놓는 학습을 반복했고 진짜 게임을 잘하게 됐어. 다소 특이한 접근법이지만, 우수한 데이터와 CNN을

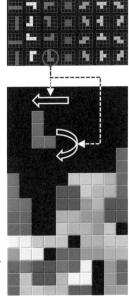

활용해서 게임을 잘하게 만들었다는 점이 대단한 것 같아. 이와 같이 해결해야 할 문제에 꼭 보편적으로 활용되는 알고리즘을 사용해야 하는 것은 아니야. 새로운 접근 방법을 시도해 보는 것도 문제 해결에 도움이 될 수 있어.

더 알아보기

CNN의 작동 과정을 시각적으로 보기

CNN은 여러 계층의 연산이 복잡하게 얽혀 있어서 작동 과정을 이해하기 쉽지 않아. 그래서 작동 과정 이해를 돕기 위해 만든 2가지 시각화 툴을 소개할게.

왼쪽 메뉴에서 'LeNet (0.2MB)'를 선택해줘. 앞서 살펴본 필기 숫자 인식 모델을 시각화한 화면이 나올 거야. 오른쪽 캔버스에 숫자를 쓰면 그

숫자가 어떻게 분류되는지 화면 중앙에서 클릭하고 드래그해서 확인할 수 있어. 왼쪽 메뉴에서 다른 모델들도 선택해서 실행해봐.

비전문가가 CNN을 이해하는 데 도움을 주는 상호작용형 CNN 시각화 도구야. CNN의 합성곱, 활성화 함수, 풀링 층이 어떻게 연결되는지, 각 계층을 지난 후 데이터가 어떻게 변화되는지 확인할 수 있어. 자세한 설명은 예제 페이지 하단 내용이나 영상 youtu.be/HnWIHWFbuUQ를 참고해줘.

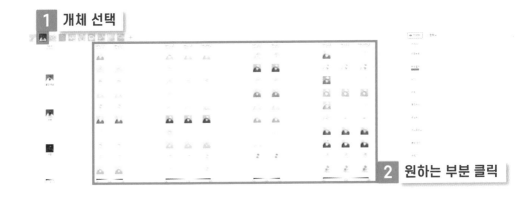

1 개체 선택

2 원하는 부분 클릭

CNN을 활용한 그림 맞히기 게임

앞서 사용해 본 '그림 인식' 게임에서 퀵드로우의 데이터 세트를 이용했었어. 퀵
드로우는 사물의 이름을 보여주고 사용자가 그것을 그리면, CNN 기반의 인공
지능이 맞히는 게임이야. 이 게임에서 수집된 그림들이 데이터 세트가 돼.

체험 | 퀵 드로우 | ailearn.space 사이트에 접속 ➡ '퀵' 검색

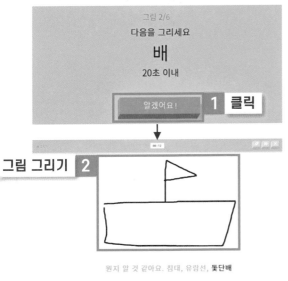

그림 2/6
다음을 그리세요
배
20초 이내

알겠어요! **1** 클릭

그림 그리기 **2**

원지 알 것 같아요. 침대, 유람선, **돛단배**

그림을 그릴 때는 특징이 잘
드러나게 그리되, 다른 사람
들이 그린 것과 비슷해야 해.
왜냐하면 모델이 다른 사람들
의 그림 데이터로 학습됐거든.
퀵드로우의 기술을 활용해 그
림의 일부를 그리면 자동완성
을 해주는 '오토 드로우' 예제
도 사용해봐.

인공지능으로
작곡하고 이어 그리기

이번 챕터에서는 순환 신경망이라고 불리는 RNN(Recurrent Neural Network)에 대해서 알아볼게. RNN은 인공지능이 순서가 있는 정보를 처리하는 방법 중하나야. RNN의 작동 과정은 사람이 순서가 있는 일을 처리하는 과정과 비슷한부분이 있어. RNN의 작동 과정을 친구와의 대화 상황에 비유해서 살펴 보자.

우리는 친구에게 어제 있었던 일을 이야기할 때 어떻게 이야기를 이어 나갈까?

처음 있었던 일부터 그 다음 일어난 일들을 순서대로 연결해서 이야기할 거야. 그래서 듣는 이의입장에서는 이전에 있었던 일을 들으면, 다음에올 일을 대략 짐작할 수 있어. 예를 들어 "나는어제 학교에 갔어. 친구와 축구를 했지. 그런데공이..." 라는 말을 듣는다면, 듣는 이는 다음에

그런데 공이...

나올 말을 짐작할 수 있을 거야. "공이 멀리 날아가 버렸어" 혹은 "공이 창문에맞아 깨졌어"와 같은 것을 떠올릴 수 있겠지?

RNN도 비슷한 과정으로 작동해. RNN도 이전의 정보(학교에서 축구한 경험)를기억하고, 현재 정보(공)와 결합해 다음 상황(공이 어떻게 됐을까?)을 예측하지.그래서 RNN은 데이터에 순서가 있는 작곡, 기상 예측, 번역, 음성 인식 등에서유용하게 활용할 수 있어. CNN과 RNN의 큰 차이점은 순차 데이터의 처리 능력이야. RNN은 이전 정보를 이용해서 순차 데이터를 처리할 수 있지만, CNN은 그러지 못하지. (CNN은 이미지와 같은 공간 데이터를 처리하는 데 적합해.)

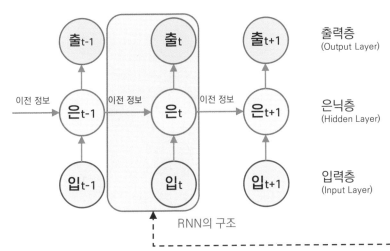

출t-1　　　출t　　　출t+1　　　출력층
(Output Layer)

이전 정보 　은t-1　 이전 정보 　은t　 이전 정보 　은t+1　　은닉층
(Hidden Layer)

입t-1　　　입t　　　입t+1　　　입력층
(Input Layer)

RNN의 구조

RNN의 구조를 위의 그림과 같이 단순화할 수 있어. 왼쪽에서 오른쪽으로 진행되는데 t-1, t, t+1은 각각 다른 시점을 나타내. 시점이 t인 경우만 살펴보자. 입력층에 입$_t$인 정보가 입력되면 은닉층인 은$_t$에서 처리되어 출력층의 출$_t$로 출력돼. 이 과정은 단순해 보이지만, 과거의 시점인 t-1에서 전달된 '이전 정보'가 현재 시점의 정보 처리 과정에 반영된다는 점이 중요해. 즉, 매순간 입력을 처리해서 출력할 때 이전에 처리한 정보가 영향을 줘. 다음 시점인 t+1에서도 시점 t에서 처리한 정보가 영향을 주고, 이 과정을 모든 정보를 처리할 때까지 계속 반복해. 은$_t$ 의 복잡한 계산식은 다음과 같아.

은$_t$ = tanh(W$_{hh}$은$_{t-1}$ + W$_{xh}$입$_t$ + b$_h$)　　※tanh: 활성화 함수, W: 가중치, b: 편향

가중치 W는 중요도에 따라 곱해지는 값이고, 편향 b는 출력값을 조절하는 상수야. 여기에서 중요한 것은 출력값 계산에 이전 정보인 은$_{t-1}$가 활용된다는 점이지. 다음은 처리 과정 예시로 이전 정보가 어떻게 활용되는지 살펴볼게.

영어 문장의 품사를 알려주는 RNN 모델을 학습한다고 가정해 보자. I, google, at, work라는 네 단어가 주어졌을 때 'I'는 명사, 'at'이 전치사인 것은 쉽게 알 수 있어. 하지만 'google'과 'work'는 명사로도 동사로도 사용될 수 있어서

섣불리 품사를 판단할 수 없어. 'work'는 명사로 직장, 동사로는 일하다의 뜻이 있고 'google'은 명사로 구글, 동사로는 구글링하다(검색하다)의 뜻이 있거든. 따라서 현재 단어의 품사를 알아내기 위해서는 앞의 단어가 어떤 품사였는지 확인해야 해. 만약 'I'를 먼저 쓰고 그 다음 'work'를 썼다면 대명사인 'I' 뒤에 오는 'work'는 동사일 확률이 높아. 이후 'at'을 쓰고 다음에 'google'을 썼다면 'google'은 명사가 되겠지.

RNN은 학습 과정에서 각 단어의 실제 품사와 예측한 품사가 일치하는지 확인하고, 틀릴 경우 가중치와 편향의 값을 조정해. 이런 학습 과정을 반복해서 완성된 모델은 'I work at' 까지만 입력해도 다음에 올 단어가 명사임을 예측할 수 있게 되지. 이처럼 RNN은 이전 정보를 이용해야만 정확하게 판단(예측)할 수 있을 때 필요한 인공지능이야. 문장의 단어들을 따로따로 인식했다면 RNN처럼 문장 속 단어들의 품사 예측을 잘할 수 없었을 거야.

RNN은 이와 같이 순서가 있는 순차 데이터를 처리하는데 유용해. 하지만 입력되는 정보가 길어지면 앞쪽의 정보가 뒤쪽으로 충분히 전달되지 못하는 문제가 있어. 마치 사람이 말을 길게 이어가다 보면 앞에서 한 말을 잊어버리는 것과 비슷해. 이런 문제를 해결하기 위해서 LSTM(Long Short-Term Memory)이라는 장기 정보를 저장하고 전달하는 메모리를 따로 둔 방식이 제안됐어. 이 LSTM의 복잡성을 개선한 GRU(Gated Recurrent Unit)도 있는데 이들 모두 순환 신경망 RNN의 일종이야.

RNN을 활용한 음악 작곡 체험해 보기

RNN은 음악 작곡에 활용할 수 있어. 사용자가 곡의 앞부분을 제공하면 이를 바탕으로 곡의 뒷부분을 만들어주는 방식이지. 그런데 많은 RNN 작곡 모델은 확률적인 특성을 갖고 있어서, 같은 앞부분을 제공하더라도 생성할 때마다 멜로디는 비슷한 다른 곡을 출력해.

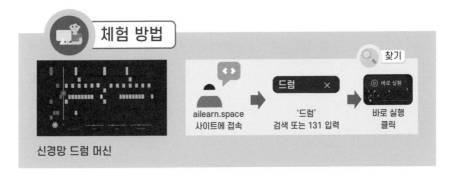

신경망 드럼 머신

이 드럼 머신 앱은 몇 개의 코드를 입력하면, 그 코드를 바탕으로 다음 드럼 트랙을 생성해줘. 회색 선을 기준으로 왼쪽에 있는 빈 사각형들을 클릭하면 빨간 색으로 바뀔 거야. 적당히 빨간 색으로 바꾸고 회색 선 위에 있는 ⟳ 버튼을 누르면 오른쪽 영역에 다음 트랙이 자동으로 생성되면서 곡이 재생돼.

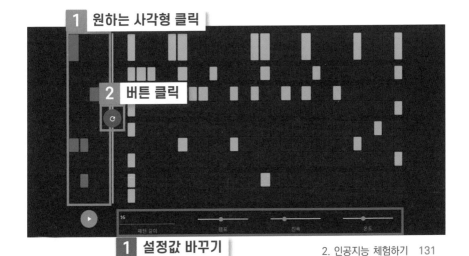

생성된 트랙이 마음에 들지 않는다면 🔄 버튼을 눌러서 다시 생성할 수도 있어. 클릭된 사각형들이 그대로라도 다른 트랙이 생성될 거야. 설정값도 바꿔 가면서 원하는 드럼 트랙을 만들어봐.

이 앱은 드럼 RNN이라는 사전 학습된 모델을 사용했어. 드럼 RNN은 Magenta라는 Tensorflow 기반의 음악 생성 프로젝트의 중 하나로, LSTM을 활용한 드럼 작곡에 특화된 모델이야. 드럼 RNN은 인터넷에서 수집한 수천 개의 MIDI(악보) 파일로 학습됐다고 해. 그래서 사용자가 몇 개의 씨앗이 되는 패턴(seed pattern)을 빨간색 사각형으로 표시하면, 이 정보를 바탕으로 다음 패턴을 연속적으로 생성해서 멋진 드럼 트랙을 만들어 줄 수 있어.

피아노 작곡 RNN

이번에는 피아노 곡을 작곡해 주는 앱이야. 앱을 실행하고 화면을 클릭하면 아름다운 피아노 곡이 연주될 거야. 이 곡은 컴퓨터가 C, C#, D, D#, E, F, F#, G, G#, A, A#, B의 음계 아래에 적혀 있는 숫자를 입력으로 받아 창작한 거야. 각 음계 아래의 숫자가 0이면 이용하지 않고, 숫자가 크면 그 음계를 더 많이 이용하는 식으로 작곡해. 화면 왼쪽 '조절' 영역에서 '켜기'를 체크하면 음계의 숫자들을 변경할 수 있어. 또한 '음표 밀도'를 조절해서 동시에 연주하는 음의 수를 바꾸거나, '입력 볼륨'을 조절해서 음의 강도를 바꿀 수 있어.

1) Ian Simon & Sageev Oore, Performance RNN: Generating Music with Expressive Timing and Dynamics, magenta, 2017, magenta.tensorflow.org/performance-rnn

이 앱은 Performance RNN이라는 사전 학습된 모델을 사용해 만들었어. Performance RNN은 드럼 머신 앱의 드럼 RNN과 같이 Magenta 프로젝트 중 하나야. Performance RNN은 순환 신경망 LSTM을 활용해서 전에 발생한 음악적 이벤트의 정보를 기억하고, 곡 전반의 음악적 구조와 패턴을 학습했어. Performance RNN은 사용자가 원하는 음악적 요소를 제어할 수 있고, 그에 맞춰 곡을 생성할 수 있어. 학습에는 Yamaha e-Piano Competition 데이터 세트를 사용했는데, 이 데이터 세트에는 숙련된 피아니스트의 1,400회 연주에 대한 MIDI 파일이 포함되어 있다고 해.[1] 데이터 세트에 포함된 곡들은 클래식 피아노 콩쿠르에서 선정된 레퍼토리였기 때문에, 이를 이용해 학습된 모델도 아름다운 곡을 창작할 수 있어.

소개한 2가지 앱에서 사용된 순환 신경망 모델들은 Magenta 프로젝트의 일부라고 했어. Magenta 프로젝트는 인공지능 기술을 활용해서 음악과 미술 작품을 만드는 연구 프로젝트야. 음악과 미술 분야의 프로젝트인 만큼 RNN을 활용한 다양한 예시들이 많으니 magenta.tensorflow.org/demos/web 사이트를 방문해서 체험해 보면 좋을 것 같아.

RNN으로 손 글씨 따라하기

RNN으로 필기하는 과정을 학습하면 텍스트를 필기로 변환하거나, 필기에서 텍스트를 인식하는데 활용할 수 있어. 여기에서는 필기를 하면 내가 쓴 글씨체를 따라하는 RNN 예제를 사용해 볼게.

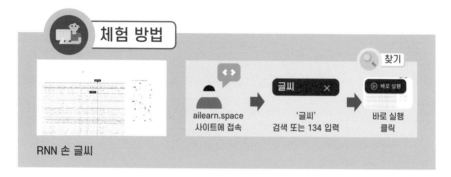

RNN 손 글씨

페이지가 열리면 이상한 선들이 깜빡이는 공간에 '영어'로 글자들을 적어봐. 내가 쓴 글자 다음에 이상한 글자들이 랜덤하게 생기는 것을 볼 수 있어. 많은 글자들을 적다 보면 점점 내가 쓴 글자와 유사한 모양의 글자들을 보여주고, 때로는 내가 쓰고 있는 영어 단어에 사용될 글자를 보여주기도 해.

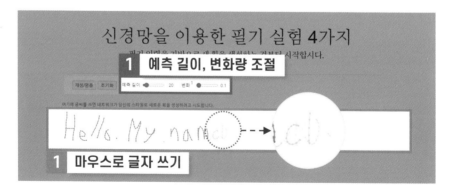

예측 길이를 늘리면 더 많은 글자들을 예측해 보여주고, 변화를 늘리면 더 잦은 빈도로 다양한 예측 글자들을 보여주니 값을 변경해봐. 예측한 글자들을 보면

1) Alex Graves, Generating Sequences With Recurrent Neural Networks, arXiv, 2013

엉뚱한 글자들이 대부분이지만 가끔 내가 직접 쓴 글자처럼 보일 때도 있어서 신기해. 이 앱의 손 글씨 생성자는 LSTM을 이용해서 글자의 획(stroke)을 기억할 수 있어. 사용자가 앞에 쓴 글자들이 어떤 스타일로 획을 그었는지, 획과 글자들 사이의 간격은 어땠는지를 반영해서 다음 예측 글자들을 보여주는 거지. 다만 영어 필기로 학습된 모델이기 때문에 영어 이외의 문자 모양은 잘 예측할 수 없어.

손 글씨를 따라 쓸 수 있고 앞으로 쓸 글자를 예측할 수 있다면 이를 어떻게 활용할 수 있을까? 우선 내가 어떤 글자들을 입력하면 이를 손 글씨로 바꿔줄 수 있을 거야. Alex Graves는 2013년 RNN을 이용해서 필기체 스타일과 문자를 학습하는 모델을 만들었어.[1] 이 모델은 학습한 정보를 바탕으로 실제 사람이 쓴 것처럼 보이는 자연스러운 필기체 텍스트를 만들어 낼 수 있지. (필기뿐만 아니라 음성도 비슷한 접근법을 활용해서 합성해 낼 수 있다고 해.)

더불어 앞으로 쓸 글자를 예측할 수 있다면 필기체 인식률을 높일 수 있을 거야. 예를 들어, 영어 필기와 영어 단어를 학습한 RNN 모델이 있다고 해보자. 이 모델에게 'and'라고 쓴 필기를 인식하도록 했는데 'd' 글자가 이상했어. 'd'를 잘 식별하지 못했지만 RNN 모델은 문맥상 'and' 라는 단어의 'd'가 오는 자리니, 'd'라고 예측할 수 있지. 이렇게 RNN을 적용한 필기 인식 모델을 이용하면 맥락 정보까지 활용해서 단순하게 개별 문자들을 인식하는 것 이상으로 정확한 예측을 할 수 있어. 이에 RNN은 광학문자인식(OCR) 기술 발전에도 큰 역할을 하고 있어.

필기 인식 결과 '인공지능 로봇은 바보' 입니다... 네?

RNN으로 내 그림 자동 완성하기

그림의 일부를 그리면 나머지 부분을 완성시켜 주는 앱을 사용해 볼게. 그림을
그리고 싶은 항목을 선택하고, 그림의 한 획을 그으면 나머지 부분을 자동으로
완성시켜 줘.

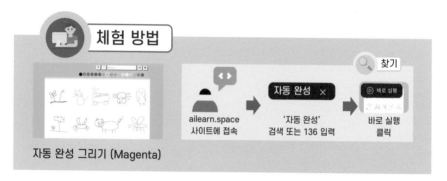

자동 완성 그리기 (Magenta)

아래와 같이 원하는 항목을 선택하고 한 획을 그어봐. 나머지 부분은 자동으로
완성시켜 줄 거야. 엄청 잘 그려주지는 못해. 자동 완성된 그림이 마음에 들지
않는다면 '다시 자동 완성' 버튼을 눌러서 새로 그림을 완성시킬 수도 있어. 한
화면에 여러 항목의 그림을 그릴 수도 있으니 다양하게 시도해봐.

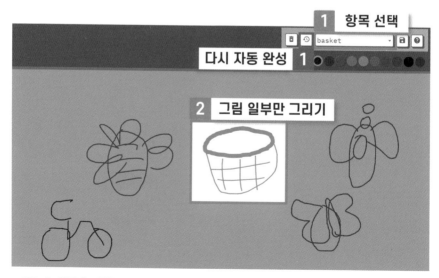

이 앱은 Magenta 프로젝트의 일종인 스케치 RNN 모델을 이용했어. 스케치 RNN의 목적은 그림 일부분으로 비슷한 그림체의 완성된 그림을 생성하는 것에 있지. 그런데 자동 완성된 그림의 그림체가 익숙하게 느껴지지는 않았니? 스케치 RNN은 퀵드로우에서 수집한 데이터 세트로 학습했어. 그래서 자동 완성된 그림도 퀵드로우의 그림체와 비슷하지.

모델 학습 과정에서 스케치 RNN은 주어진 데이터 세트 그림들의 패턴과 구조를 학습해. 각 그림에서 획을 긋는 동작을 벡터(vector)라는 값으로 변환하는데, 이 벡터에는 해당 획의 길이, 방향, 다음 순간 펜을 종이에서 뗄지 여부 등의 정보를 포함하고 있어. 이렇게 벡터로 만든 그림 정보들로 학습 후 그림의 일부를 그리면 스케치 RNN은 이어질 수 있

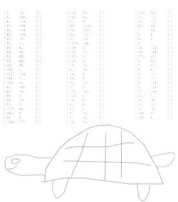

샘플 스케치의 Δx, Δy, 펜 상태 값과 랜더링 된 그림 (출처: Sketch-RNN: A Generative…, github.com/magenta)

는 새로운 획들을 예측해서 스케치를 완성하게 돼. 그림의 일부만으로는 사용자가 어떤 그림을 그리고 있는지 파악하기 어렵기 때문에, 그림 항목(예: 나비, 벌 등)을 먼저 정하고 그 항목에 관한 획들로 스케치를 완성하지.

RNN은 LSTM, GRU와 같이 개량된 RNN 알고리즘이 개발되어 장기 의존성 문제(과거의 정보를 제대로 전달하지 못하는 문제)를 해결하며 많은 곳에서 활용되고 있어. 최근 자연어 처리 분야에는 GPT를 비롯한 트랜스포머 기반의 모델들이 주목받게 돼서 RNN의 입지가 다소 좁아졌어. 하지만 RNN 특유의 순차적인 정보 처리 방식의 장점으로 CNN과 결합한 CRNN 모델이 개발되는 등 여전히 순차 정보 처리 관련 분야에서는 RNN 계열의 모델들이 많이 활용되고 있어.

더 알아보기

RNN으로 음악 작곡 더 해보기

Magenta 프로젝트의 RNN 모델을 활용하면 음악 작곡 앱을 만들 수 있어.
Magenta의 RNN 모델을 활용한 작곡 앱들을 소개할게.

MusicVAE 모델을 활용
해서 반복되는 멜로디를
생성할 수 있는 앱이야.
조표와 코드를 선택하고
원하는 리듬을 클릭하면
모델이 알아서 조화로운

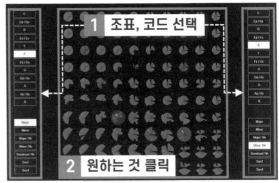

음악을 만들어줘. MusicVAE는 멜로디나 리듬 패턴 등을 학습해서 두 개 이상
의 멜로디를 부드럽게 연결할 수 있다는 특징이 있어.

Improv RNN을 활용해서 짧은 멜로디를 생성하는 앱이야. 페이지에 보이는 피
아노 건반을 길게 클릭하면, 해당 건반을 시작으로 하는 멜로디를 만들어줘.
Improv RNN은 LSTM을 기반으로 하며, 주어진 코드에 잘 어울리는 새로운
반주 패턴을 생성할 수 있어.

RNN과 CNN을 활용한 동작 인식 격투 게임

카메라를 활용한 동작 인식으로 고전 격투 게임의 캐릭터를 조작할 수 있어. 게임 속 캐릭터가 사용자의 동작을 따라 상대방을 공격하게 돼.

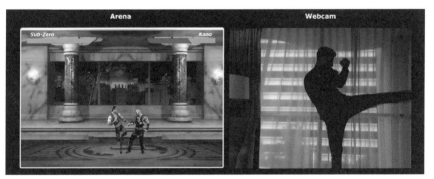

동작 인식 격투 게임 플레이 영상 (출처: Playing Mortal Kombat with…, blog.mgechev.com)

이 게임은 각 동작의 캡처한 사진을 CNN으로 학습시켰어. 더불어 동작 간의 연결 과정을 RNN으로 학습시켰지. 실제 게임에서는 비디오 프레임을 CNN에 전달해서 사용자의 동작을 인식시키고, RNN을 통해 다음 동작을 예측하도록 해서 동작 간의 연결이 자연스럽게 되도록 만들었다고 해.

챕터 6 인공지능 간 속고 속여 완성도 높이기

오른쪽에 사람들의 사진이 있지? 평범한 사람들의 얼굴로 보이지만, 사실 이들은 실제로 존재하는 사람들이 아니야. thispersondoesnotexist.com에서 가져온 인공지능이 만든 가상의 사람 사진이거든. 이 사이트를 방문하면, 실제로 존재할 법한 가상의 사람 이미지가 매번 랜덤하게 생성돼.

StyleGAN 기반 가짜 사람 사진
(출처: thispersondoesnotexist.com)

이런 이미지들은 GAN(Generative Adversarial Networks)이라는 알고리즘을 이용한 모델로 만들어졌어. GAN은 이미지 생성, 변환, 합성, 해상도 높이기 등 이미지 관련 분야 뿐만 아니라 음성 변환, 영상 생성 등에도 활용되는 인공지능 알고리즘이야. GAN은 2014년 Ian Goodfellow와 그의 동료들에 의해 개발된 두 개의 신경망이 서로 제로섬(zero-sum, 한 에이전트의 이득은 다른 에이전트의 손실로 이득의 총합은 0) 게임을 진행하며 학습하는 알고리즘으로, 딥러닝 분야에서 많이 활용되고 있어.[1]

Ian Goodfellow는 GAN의 원리를 위조지폐범과 경찰 사이의 게임으로 비유했어. 위조지폐범은 최대한 진짜 같은 화폐를 만들어서 경찰을 속이려

완벽한 위조지폐를 만들 거야!

가짜를 다 찾아내 주마!

위조지폐범 (생성자)   경찰 (판별자)

1) Ian Goodfellow et al., Generative Adversarial Nets, NIPS, 2014

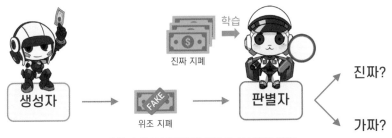

경찰과 위조지폐범에 비유한 GAN의 구조

노력하고, 경찰은 진짜 화폐와 가짜 화폐를 판별하는 것을 목표로 해. 이렇게 둘은 서로를 적대하며 속이고, 속지 않기 위해 노력을 하는데 이 과정이 GAN의 학습 과정과 비슷하다고 해.

실제 GAN에서 위조지폐범 역할은 생성자가, 경찰 역할은 판별자가 담당해. 생성자는 진짜 같은 가짜 데이터를 '생성'하려 노력하고, 판별자는 사전에 진짜 데이터를 학습해서 생성자가 만든 데이터가 진짜인지 가짜인지 '판별'하지. 이 과정을 반복하면서 생성자와 판별자는 서로를 적대적인 경쟁자로 인식하며 학습을 진행해. 이렇게 진짜 같은 데이터 '생성'을 위해 서로를 '적대'하는 경쟁 과정이 있어서, 생성적 적대 신경망이라는 GAN(Generative Adversarial Networks)이라는 이름이 됐어.

GAN의 학습 과정을 더 자세히 살펴볼게. 먼저 판별자에게는 진짜 데이터들을 제공해서 학습시키는 과정이 필요해. 경찰이 위조 지폐를 판별하기 위해서는 진짜 지폐가 어떻게 생겼는지 알아야 하듯 말이야. 그 다음으로 생성자는 판별자를 속이기 위한 가짜 데이터를 생성해. 첫 시도부터 판별자가 속지는 않을 거야. 판별자는 생성자가 생성한 데이터가 진짜와 얼마나 차이가 있는지 계산해. 생성자는 이 계산을 바탕으로 자신을 업데이트하고 다시 판별자를 속이려고 데이터를 생성해. 판별자도 더 잘 판별하기 위해서 자신을 업데이트하지. 이런 과정을 반복하면 생성자는 점점 진짜 같은 가짜 데이터를 생성할 수 있게 되고, 판별자는 가짜 데이터를 더 잘 판별할 수 있게 될 거야. 생성자와 판별자는 이처럼 서로를 적대하는 경쟁 과정에서 학습을 진행해.

GAN 학습 진행 과정 (번역) (출처: A second diagram of a generator and discriminator, Deep Con…, tensorflow.org)

그렇다면 위조지폐범과 경찰 이야기의 결과이자, GAN 학습의 결과는 어떻게 되는 것이 좋을까? 위조지폐범이 만든 위조 지폐와 실제 지폐를 경찰이 구별할 수 없게 되고, 위의 그림처럼 생성자가 만든 가짜 데이터와 진짜 데이터를 판별자가 구별할 수 없게 되는 것이 좋은 결과라고 할 수 있어. 교훈적이지 않은 결과인 것 같지만, GAN 학습의 목적은 어디까지나 가짜 데이터를 더 잘 생성하는 거야. 판별자는 생성자가 진짜와 같은 가짜를 만드는 과정을 돕는 수단일 뿐, 생성자가 잘 작동하는 것이 중요하지. 그래서 학습이 끝나면 생성자만 떼어내서 그림 생성을 위한 GAN 모델로 이용하게 돼.

50 에포크 학습된 GAN 생성 이미지들 (출처: a series of images produced by…,tensorflow.org)

위의 그림은 MNIST(필기 숫자 데이터 세트)를 모방하도록 학습 중인 생성자의 생성 이미지 변화 과정이야. 처음에는 전혀 알아볼 수 없었지만, 학습이 거듭될수록 필기 된 숫자와 비슷한 모습으로 변해가는 것을 알 수 있어.

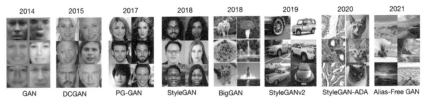

GAN 이미지 생성 발전 과정 (출처: Interpreting Generative Adversarial Networks for…, p.2)

2014년 처음 제안된 GAN은 이후 몇 년 사이에 빠르게 성장했어. 위의 GAN 이 생성한 얼굴 이미지를 보면 얼마나 빠르게 발전했는지 알 수 있지. 챕터 처음에 있었던 가상의 사람 사진은 2018년에 개발된 StyleGAN으로 생성됐는데, 실제 사람 사진과 구분이 어려울 정도가 됐어. 자동차와 같은 사물이나 자연의 모습도 이제 거의 완벽하게 실제처럼 생성할 수 있어.

CycleGAN을 이용한 이미지 변환 (출처: Unpaired Image-to-Image Translation…, p.1)

GAN을 이용하면 위와 같이 그림과 사진 간 변환, 얼룩말과 말의 변환, 계절 변환, 그림체 변환 등이 가능해. 뿐만 아니라 인물 사진을 웹툰 스타일로, 2D 캐릭터를 3D 캐릭터로도 바꿀 수 있지. 그 밖에도 이미지 복원, 이미지 합성, 목소리 생성, 신약 모델 개발, 영상 합성 등의 생성 분야에서 GAN은 다양하게 활용되고 있어.

GAN 모델의 학습 과정 살펴보기

GAN의 학습 과정을 실시간으로 관찰할 수 있는 앱이 있어. 실제 샘플(진짜 데이터)이 2차원 공간에 점들로 분포되어 있고, 생성자는 가짜 샘플(가짜 데이터)을 만들어서 판별자를 속이려고 하지. 서로 속고 속이는 GAN의 작동 과정을 함께 살펴보자.

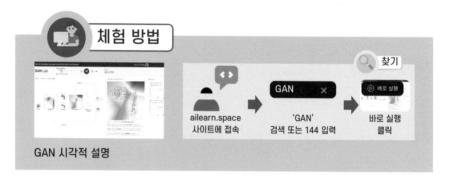

앱을 실행하면 아래와 같은 화면이 나타나. 데이터 분포에서 가장 왼쪽에 있는 ⬚ 를 선택하고 플레이 버튼을 클릭해봐. 그러면 초록색 점(실제 샘플)들만 있었던 오른쪽 화면에 보라색 점(가짜 샘플)들이 나타나면서 움직일 거야.

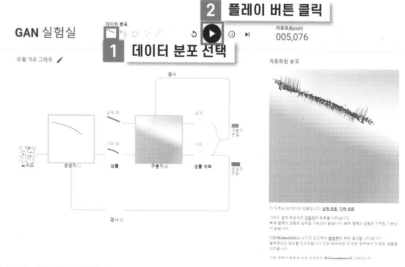

Simple Line에서 GAN의 학습 과정

학습이 잘 진행되면 실제 샘플과 비슷한 모습으로 가짜 샘플이 겹쳐질 거야. (만약 그렇지 않다면 페이지를 새로고침하거나 플레이 버튼 왼쪽의 ↻ 버튼을 눌러봐.) 물론, 실제 샘플과 똑같은 가짜 샘플을 만들려는 것이 아니라서 둘 사이에 조금의 차이는 있을 거야. 그리고 실행할 때마다 가짜 샘플의 분포도 매번 조금씩 달라져. 가짜 얼굴을 생성하는 GAN 모델이 진짜 얼굴과 똑같은 얼굴을 생성하거나, 항상 같은 가짜 얼굴을 생성하는 것이 바람직하지 않은 것과 같아.

점들 외에 배경의 색도 계속 변하는 것을 볼 수 있을 거야. 배경에서 특정 구역에 초록색이 짙으면 실제 샘플, 보라색이 짙으면 가짜 샘플이 많이 분포해 있다는 의미야. 학습이 진행됨에 따라 밝은 회색 구역이 점들 주위에 나타나는데, 이 구역은 판별자가 가짜 샘플과 실제 샘플을 구별할 수 없는 구역임을 의미해.

학습 과정에서 생성자와 판별자는 서로에게 영향을 주고받으며 계속 업데이트 돼. 그 과정을 자세히 보려면 '슬로우 모션 모드' 버튼을 클릭해봐. 단계별 학습 진행 상황을 볼 수 있어. 또한 다른 모양의 데이터 분포를 선택하거나, 직접 분포를 그려서 여러 상황에서 GAN 학습의 진행 과정을 확인해봐.

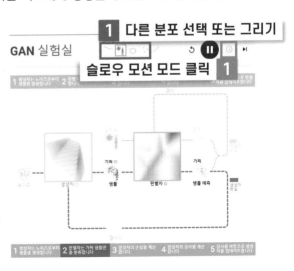

GAN을 이용해 이미지를 만들거나 변형해 보기

GAN은 여러 분야에서 활용되고 있지만 특히 이미지 생성 분야에 더 많이 활용되고 있어. 학습된 GAN 모델을 이용한 이미지 생성 예제들을 살펴볼게.

만화 캐릭터 만들기

앱을 실행하면 왼쪽에는 빈 프레임이 있고, 오른쪽에는 옵션 항목들이 있어. '생성' 버튼을 클릭하면 프레임에 캐릭터의 얼굴이 나타날 거야. 생성 버튼을 클릭할 때마다 그림체는 비슷하지만 다른 얼굴들이 나타나지. 그림체를 변경하려면 모델을 변경해야 해. 또한 옵션의 홍당무, 미소 등의 속성을 '꺼짐' 또는 '켜짐'으로 고정하면 원하는 모습의 캐릭터를 만들 수 있어.

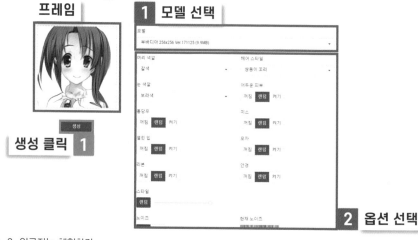

1) Yanghua Jin et al., Towards the Automatic Anime Characters Creation with Generative Adversarial Networks, Comiket 92, 2017

이 앱은 캐릭터 생성을 위해 DRAGAN(Deep Regret Analytic GAN) 모델을 사용했어.[1] 42,000개의 캐릭터 얼굴 이미지를 수집해서 전처리하고 CNN 기반 도구인 Illustration2Vec을 이용해서 홍당무, 미소 등의 속성값을 넣었다고 해. 모델 학습 과정에서 모드 붕괴(Mode Collapse, 생성한 결과물에 다양성이 부족함. 예를 들어 판별자가 판별 못하는 한 종류의 이미지만 계속 생성)나 평형 상태(Nash Equilibrium state, 생성자와 판별자가 비슷한 수준으로 경쟁하고 발전해서 균형을 이룸) 달성에 어려움을 겪었지만 여러 번 모델 수정을 통해 문제를 해결했다고 해.

(이 2개는 GAN 학습에서 겪는 주요 문제들이야.)

그 결과, 선택한 속성으로 캐릭터를 만들 수 있는 GAN 모델이 완성됐어. '안경'과 '드릴 헤어' 같은 속성의 조합은 학습 이미지가 부족해서 좋은 결과물이 나오지 않지만, 데이터만 충분하다면 GAN 모델로 속성을 지정한 이미지 생성이 가능함을 확인했지.

무작위로 생성한 캐릭터 이미지 (출처: Towards the Automatic Anime Char…, p.9)

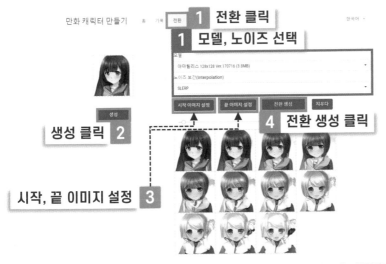

이번에는 페이지 위쪽의 탭 중에서 '전환'을 클릭해봐. 전환 영역에서는 두 캐릭터 얼굴 사이의 중간 얼굴들을 만들 수 있어. '생성' 버튼을 눌러 캐릭터 얼굴들을 생성한 후, 시작과 끝 이미지에 각각 원하는 얼굴을 선택해줘. 이후 '전환 생성' 버튼을 클릭하면 두 얼굴 사이의 중간 얼굴들이 만들어질 거야.

이런 작업을 이미지 보간(Interpolation)이라고 해. 보간이란 두 벡터 사이에 있는 중간 값을 계산하는 과정을 의미해. 설명이 많이 생략되지만 GAN 모델은 무작위의 노이즈 벡터(noise vector)라는 것을 받아서 데이터(이미지)를 생성해. 생성할 때마다 다른 노이즈 벡터를 이용하니 이 벡터를 이용해 생성한 데이터도 항상 다르게 나오지.

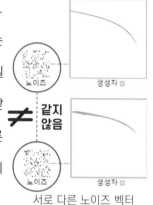

서로 다른 노이즈 벡터

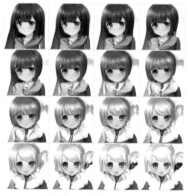

생성한 두 이미지의 보간

GAN의 이미지 보간이란 생성한 두 이미지 사이의 중간 이미지를 생성하는 과정이야. 이때 두 이미지가 갖는 노이즈 벡터의 중간 값들로 이미지를 생성하지. 신기하게도 각각의 보간된 노이즈 벡터들로 이미지를 생성하면 한 이미지에서 다른 이미지로 변화하는 과정이 왼쪽의 그림들과 같이 자연스럽게 잘 나타나. 이미지 보간을 이용하면 남자와 여자 얼굴 사이의 중간 얼굴을 만들 수 있고, 왼쪽과 오른쪽 얼굴이 찍힌 사진에서 정면 얼굴 사진을 만들 수 있어. 뿐만 아니라 애니메이션에서 두 정적인 이미지를 보간하면 생동감 있는 자연스러운 움직임을 만들 수 있어.

체험 방법

스케치를 사진으로

ailearn.space
사이트에 접속

'스케치'
검색 또는 149 입력

찾기

바로 실행
클릭

이제 펜으로 스케치를 하면 이를 사진으로 변환해주는 앱을 사용해 볼게. 페이지를 열면 고양이, 건물, 신발, 가방 스케치와 이를 사진으로 변환한 결과물이 있을 거야.

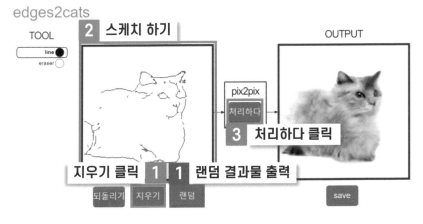

edges2cats

TOOL

2 스케치 하기

OUTPUT

pix2pix
처리하다

3 처리하다 클릭

지우기 클릭 1 1 랜덤 결과물 출력

되돌리기 지우기 랜덤

save

Edges2cats에서 기존 스케치를 지우고 직접 고양이를 스케치해봐. 스케치가 끝나고 '처리하다' 버튼을 누르면 모델이 다운로드 되고 결과물이 출력될 거야. 대부분은 우스꽝스러운 고양이 모습이 나오지만, 몇 번 시도하다 보면 괜찮은 고양이 모습이 나올 때도 있어. 가급적 눈, 코, 귀 등의 특징이 스케치에 잘 나타나 있어야 결과물의 품질이 높아져.

신발과 가방도 고양이와 같이 그려보고, facades(건물의 정면)는 왼쪽의 Tool에서 배경, 벽, 문 등을 먼저 선택하고 사각형으로 그려야 하는 것을 참고해줘.

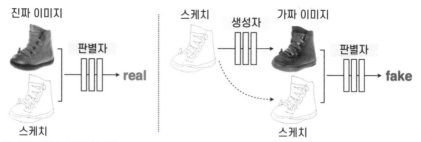

진짜 이미지 / 판별자 / real / 스케치 / 스케치 / 생성자 / 가짜 이미지 / 판별자 / fake / 스케치

Pix2Pix 학습 과정 (수정) (출처: Image-to-Image Translation with Conditional Adversarial Net⋯, p.2)

이 앱은 Pix2Pix라는 GAN 모델을 사용했어. 기존 GAN 모델이 노이즈 벡터를 입력으로 받아 이미지를 생성했다면, Pix2Pix는 스케치와 같은 소스 이미지를 입력으로 받아 다른 이미지를 생성한다는 차이점이 있어.[1]

Pix2Pix는 학습 과정에서도 위의 그림과 같이 소스 이미지(여기에서는 스케치)를 이용해. 진짜 이미지와 이를 이용해 만든 스케치가 있고, 이 스케치를 이용해 생성자가 만든 가짜 이미지가 있어. 진짜 이미지와 가짜 이미지를 '스케치와 함께' 판별자에 넣어서 진짜 이미지는 진짜로(위 그림의 왼쪽), 생성자가 만든 가짜 이미지는 가짜로(위 그림의 오른쪽) 판별하는 학습 과정을 반복해. 최종 목표는 다른 GAN들과 마찬가지로 생성자가 만든 가짜 이미지를 판별자가 진짜 이미지와 구분할 수 없게 하는 거야. 이렇게 소스 이미지로 이미지를 생성할 수 있게 Pix2Pix를 학습시키면 아래 그림과 같은 결과를 얻을 수 있어.

pix2pix 활용 결과물 (출처: Pix2pix, github.com/phillipi/pix2pix)

1) Phillip Isola et al., Image-to-Image Translation with Conditional Adversarial Networks, CVPR, 2017

찾기

GAN 애니 ×

바로 실행

ailearn.space
사이트에 접속

'GAN 애니'
검색 또는 151 입력

바로 실행
클릭

GAN 애니메이션

이번에는 이미지를 애니메이션 스타일로 바꿔주는 앱을 사용해 볼게. 이 앱을 사용하려면 먼저 풍경 이미지 파일을 준비해야 돼. 인터넷 등에서 받은 풍경 이미지 파일을 업로드하고, 이미지 크기를 선택한 후 '만들기'를 눌러봐.

AnimeGAN.js: 모두를 위한 사진 애니메이션 소스 코드 보기

이미지 업로드 | 찾아보기

1 이미지 업로드 클릭

3 이미지 크기 선택

이미지 선택 후 열기 2

롱 (느림)

Force FP16 For Speed (낮은 품질): 아니오

만들기 **4 만들기 클릭**

이미지 생성에는 조금 시간이 걸려. 큰 이미지를 생성할수록 더 많은 시간이 걸리지. 생성된 이미지가 다소 이상한 경우도 있지만, 전반적으로 애니메이션 스타일로 잘 변하는 것을 볼 수 있어. 다양한 종류의 이미지를 변환해 보고, 변환할 이미지의 크기를 변경했을 때 어떤 결과의 차이가 있는지 확인해봐.

이 앱은 AnimeGan이라는 애니메이션 스타일의 이미지 생성을 위한 GAN 모델을 사용했어. 실제 풍경 사진과 애니메이션 영화의 풍경 사진을 데이터 세트로 이용해서 학습했기 때문에, 풍경 사진일 때 애니메이션 스타일로 잘 변환돼.[1] (모델을 인물 사진 데이터로 학습시키면 인물 사진 변환도 가능하다고 해.)

AnimeGan도 Pix2Pix와 같이 생성자가 노이즈 벡터에서 이미지를 생성하지 않아. AnimeGan은 실제 이미지를 입력 받아 새로운 이미지를 만드는 이미지 대 이미지 변환(Image-to-Image Translation) 방식의 GAN이야. 학습 과정에서 생성자는 실제 사진으로부터 애니메이션 스타일 이미지를 생성하고, 판별자는 애니메이션 스타일이 맞는지 판별하는 과정을 반복하지.

AnimeGan 변환 예시 (출처: Photo to Hayao Style, github.com/Tac···)

AnimeGan은 버전2, 3도 있어. AnimeGanv2(버전2)에서는 인물 사진도 애니메이션 캐릭터와 같이 변환이 가능해. animegan.net 사이트에 접속해서 여러 이미지를 변환해봐.

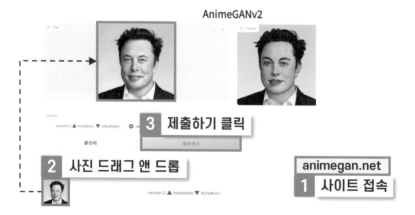

1) Jie Chen et al., AnimeGAN: A Novel Lightweight GAN for Photo Animation, CCIS,volume 1205, 2020

더 알아보기

허깅페이스에서 GAN 모델 테스트 해보기

허깅페이스(Hugging Face)는 인공지능 관련 데이터와 모델을 간편하게 이용할
수 있게 만든 서비스야. 허깅페이스의 스페이스 기능을 이용해서 여러 종류의
GAN 모델을 테스트 해보자.

페이지를 열면 스페이스(Spaces) 영역에 사용 가능한 예제들을 확인할 수 있어.
이 중 하나를 선택해서 GAN 예제를 테스트해 보면 돼. 만약 예제가 멈춰 있는
상태라면 'Restart' 버튼을 눌러서 다시 실행해줘. 예제들은 허깅페이스의 서
비스 환경 변화 등을 이유로 사용이 안되거나, 다른 예제로 변경될 수 있음을
참고해줘.

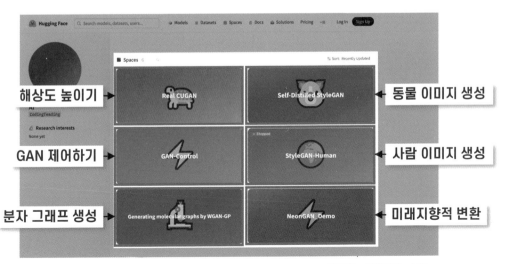

Real CUGAN (해상도 높이기)

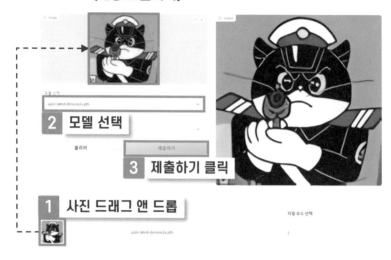

Real CUGAN은 애니메이션 이미지의 해상도를 높일 수 있는 모델이야. 백만 개 규모의 애니메이션 이미지로 학습됐다고 해. 이 모델을 이용하면 애니메이션 이미지의 해상도를 2배에서 4배까지 높일 수 있어.

예시 사진을 드래그 앤 드롭 하거나 사진 파일을 업로드하고, 적용하고자 하는 모델을 선택한 후 '제출하기'를 눌러줘. 모델 이름 중 'denoise'가 들어가면 출력 이미지에 노이즈 제거가 적용되며, 'conservative'가 들어가면 가급적 원본에 변형을 주지 않고 출력 이미지의 해상도를 높여줘.

GAN을 이용해서 해상도를 높이려면 같은 이미지의 저해상도 버전과 고해상도 버전을 쌍으로 학습 데이터 세트를 준비해야 돼. 그리고 생성자가 저해상도 입력으로부터 고해상도 출력을 생성하도록 GAN 학습을 진행하지.

해상도를 높이는 데는 이전 챕터에서 언급했던 CNN도 활용되지만, GAN의 등장 이후에는 SRGAN, ESRGAN, CUGAN 등의 GAN 모델들이 많이 활용되고 있어.

1) Alon Shoshan et al., GAN-Control: Explicitly Controllable GANs, IEEE, 2021

GAN-Control (GAN 제어하기)

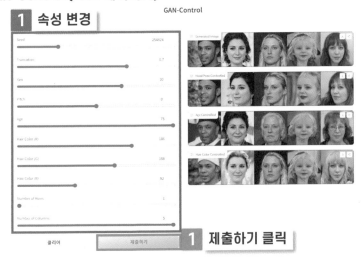

GAN의 장점은 생성 능력에 있지만, 때로는 제어할 수 없는 랜덤한 결과물로 인해 효율성이 떨어질 수 있어. 이런 GAN의 단점을 보완해서, 명시적으로 결과물의 속성을 제어할 수 있음을 보여준 것이 GAN-Control이야. 사람 얼굴의 방향, 나이, 머리색 등을 명시해서 원하는 결과물을 생성할 수 있지.

테스트하려면 이미 설정된 속성값대로 '제출하기' 버튼을 눌러도 돼. 속성값을 변경하려면 아래의 내용을 참고해줘.

• Seed: 생성에 씨앗이 되는 입력값이야. 같은 Seed는 같은 출력을 생성해.

• Truncation: 값이 작으면 결과물이 학습된 데이터에 가까워지고 (품질↑, 다양성↓), 값이 크면 더 멀리 떨어진 결과물이 생성돼. (품질↓, 다양성↑)

• Yaw, Pitch: Yaw는 얼굴의 좌우 방향, Pitch는 위아래 방향 값이야.

• Hair Color: 각 RGB 값은 머리 색의 RGB(red, green, blue) 값을 의미해.

GAN-Control은 논문에서 예제의 속성들뿐만 아니라 조명, 표정, 생성 스타일, 그리고 개의 얼굴도 세밀한 제어가 가능함을 보여주고 있어.[1]

Generating molecular graphs by WGAN-GP (분자 그래프 생성)

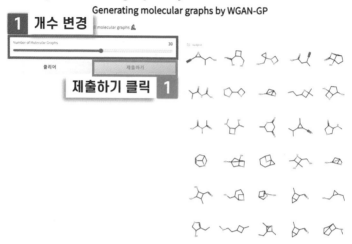

GAN을 이용해 신약 개발 등에 필요한 분자 그래프를 생성할 수 있음을 보여줘.

WGAN-GP로 샘플을 만들면 신약 개발에 시간과 비용을 절약할 수 있지.

Self-Distilled StyleGAN (동물 이미지 생성)

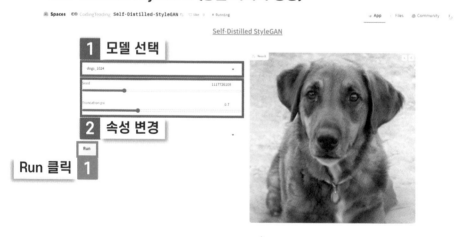

이는 원래 GAN 학습에 사용되는 데이터의 효과적인 수집 방법에 관한 예제야.

동물들과 자전거 이미지를 생성해 볼 수 있어.

StyleGAN-Human (사람 이미지 생성)

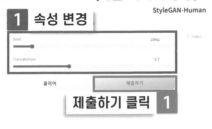

StyleGAN을 이용해 다양한 옷을 입은 사람의 전신 이미지를 생성할 수 있어.

이는 패션 업계에서 의류 개발과 광고 등에 활용할 수 있지.

NeonGAN_Demo (미래지향적 변환)

사진을 미래지향적인 느낌으로 변환할 수 있어. CycleGAN 구조를 활용했고

고대비 미래형 네온 이미지를 이용해 학습했어.

챕터 7 인공지능에게 자율주행 시키기

운전은 제가 합니다

자율주행 자동차(autonomous car)는 운전자의 개입 없이 스스로 판단하고 주행할 수 있는 자동차를 말해. 자율주행 자동차는 데이터를 수집해서 차량 주변 상황을 인지하고, 스스로 판단해서 차량의 핸들과 바퀴 등을 제어할 수 있지.

자율주행은 오래 전부터 미래 사회의 상징으로 여겨졌어. 자율주행을 실현시키기 위해 1920년대부터 많은 노력이 있었고, 1994년에는 유레카 프로메테우스 프로젝트에서 라이다(LIDAR)와 컴퓨터 비전을 활용한 자율주행 시스템이 개발 됐지. 이 시스템을 탑재한 차량은 프랑스 파리의 고속도로를 약 1,000km를 주행했어. 2005년 미국 DARPA 그랜드 챌린지에서는 스탠퍼드 대학교의 자율주행 자동차가 험한 길, 좁은 길, 장애물, 터널 등을 통과하며 6시간 54분의 기록으로 우승했어. 이렇게 자율주행은 오랜 기간 꾸준한 노력과 발전이 있었지.

레벨 구분	Lv.0	Lv.1	Lv.2	Lv.3	Lv.4	Lv.5
명칭	無 자율주행 (No Automation)	운전자 지원 (Driver Assistance)	부분 자동화 (Partial Automation)	조건부 자동화 (Conditional Automation)	고도 자동화 (High Automation)	완전 자동화 (Full Automation)
운전주시	항시 필수	항시 필수	항시 필수 (조향핸들을 상시 잡고 있어야 함)	시스템 요청시 (조향핸들 잡을 필요 X, 비상시에만 운전자가 운전)	작동구간 내 불필요 (비상시에도 시스템이 대응)	전 구간 불필요
자동화 구간	-	특정구간	특정구간	특정구간 (예: 고속도로, 자동차 전용도로 등)	특정구간	전 구간
예시	사각지대 경고	조향 또는 감가속 중 하나	조향 및 감가속 동시작동	고속도로 혼잡구간 주행지원시스템	지역(Local) 무인택시	운전자 없는 완전자율주행

자율주행 기술 단계 (출처: 자율주행차 규제혁신 로드맵 2.0, molit.go.kr)

그럼에도 자율주행은 아직 Lv.3(레벨 3)인 '조건부 자동화' 단계 개발에 머물고 있어. 자율주행의 구현은 왜 어려운 걸까? 그건 자율주행에는 오류가 없어야 하기 때문이야. 이전에 배웠던 인공지능들은 결과에 오류가 있어도 다시 학습시키거나 일부 오류를 수용하면 돼. 하지만 자율주행은 작은 오류라도 사고로 이어질 수 있지. 따라서 자율주행의 구현에는 오류 없는 안전성의 확보가 필요해. 이 안전성 확보에 큰 역할을 할 수 있는 것이 바로 인공지능이야.

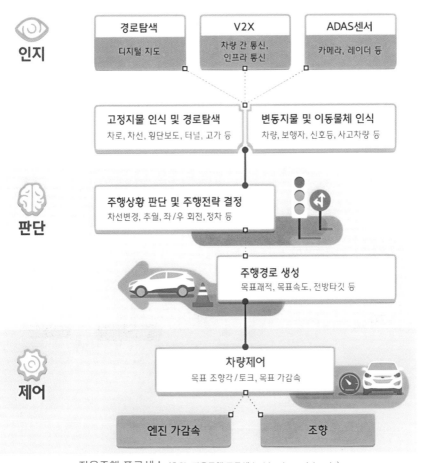

자율주행 프로세스 (출처: 자율주행 프로세스, blog.hyundai.co.kr)

자율주행의 '인지' 단계에서 인공지능의 역할 알아보기

자율주행은 앞 페이지 그림과 같이 크게 인지, 판단, 제어의 세 단계로 동작해. 이 중 '인지'와 '판단' 단계에서 인공지능이 중요한 역할을 수행할 수 있어.

인지 단계에서는 자율주행에 필요한 데이터를 지도, 통신, 센서 등을 통해 수집해서 도로와 사물 같은 주변 환경을 파악해. 예를 들어 현재 위치의 3D 지도를 기반으로, 사고나 신호등 정보를 통신

으로 받고, 차량에 부착된 카메라와 레이더로 실제 주변 상황의 정보를 얻지. 이렇게 수집한 데이터를 종합해서 어디에 무엇이 있고 어떤 상황인지를 파악하는 것이 인지 단계에서 인공지능의 역할이야. 이때 지도나 통신을 통해 얻는 데이터도 중요하지만, 현장에서 센서를 통해 얻는 데이터가 실제 상황을 파악하는데 큰 비중을 차지해. 눈앞에서 발생하는 사고나 무단횡단 하는 보행자와 같은 실시간 정보는 센서를 통해서만 얻을 수 있으니깐. 센서의 종류는 카메라, 레이더, 라이다, 초음파 센서 등이 있어. 센서를 통해 수집되는 정보는 다음의 데모에서 확인할 수 있어.

streetscape.gl 자율주행 데이터수집 데모

데모를 실행하고 화면 아래 상태 바에서 ▶버튼을 클릭하면 자동차가 움직일 거야. 자동차가 움직이면서 화면 왼쪽에는 카메라 영상과 차량 정보가 보이고,

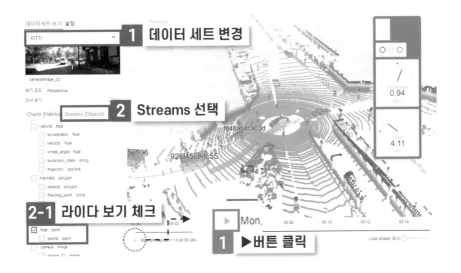

화면 중앙에는 3차원 공간에서 움직이는 차량과 주변 사물들이 지도 위에 표시돼. 데이터 세트를 KITTY에서 NuScenes로 바꿔서 다른 상황일 때도 확인해봐. 지도에 빨강, 노랑, 초록색으로 표시된 것은 차량에 탑재된 라이다(LIDAR)를 통해서 얻은 정보야.(라이다 보기 체크 여부를 변경해서 확인해봐.) 라이다는 레이저가 목표물에 맞고 되돌아오는 시간을 측정해서 360도 범위에 있는 사물들과의 거리와 형태를 정확히 파악할 수 있어. 라이다는 대체로 크기가 크고 비싸서 자율주행 차량에는 레이더(RADAR)를 대신 이용하기도 해. 전파를 이용하는 레이더는 정밀도가 다소 떨어지지만, 환경의 영향을 덜 받고 가격이 상대적으로 저렴해.

이외에도 데모의 왼쪽 위 영상과 같이 센서 중 하나로 카메라가 이용돼. 카메라는 색을 구분할 수 있어서, 라이다 또는 레이더의 정보에 차선과 주변 사물의 정보를 보완하는 역할을 해. 경우에 따라 카메라는 자율주행에 단독으로 이용되기도 해. 이때는 우리의 눈과 같이 2대의 카메라를 이용해서 사물과의 거리를 판단하고 주변의 상황을 3차원적으로 인식하게 되지.

이렇게 센서들을 통해 수집된 정보는 우리가 배웠던 CNN과 같은 이미지 인식 관련 인공지능으로 처리하게 돼. CNN은 센서 정보로부터 보행자와 주변 차량, 건물, 도로 상태 등을 인식하고, 차선의 색과 형태를 감지하지.

인식 단계에서 사물이 어떤 식으로 인식되는지 예제를 통해 보여줄게. 예제는 CNN과는 조금 다른 방식으로 사물을 인식하는 YOLO(You Only Look Once) 카메라 객체 감지 모델을 이용했어.

자율 주행 자동차 이미지 브라우저

예제 앱을 실행하고 왼쪽의 '앱 모드 선택하기'에서 '앱 실행하기'를 선택해줘. 그러면 화면 오른쪽에 선택한 개체에 대해 사람이 직접 보고 표시한 사진과 YOLO 모델이 표시한 사진이 나올 거야. 왼쪽의 프레임 영역에서 개체의 종류 와 수, 프레임을 변경해서 다른 사진들의 결과도 확인할 수 있어.

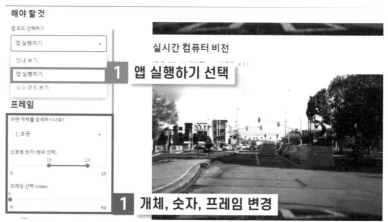

위의 사진은 신호등 개체를 선택했을 때의 모습이야. 신호등은 노란색으로 표시되어 있는데 사람이 표시한 왼쪽과, YOLO가 표시한 오른쪽에는 약간의 차이가 있어. (빨간색으로 표시된 자동차도 차이가 있어.) 다소 차이는 있어도 가까운 거리에 있는, 즉 주행에 직접 영향을 미치는 개체에 대해서는 YOLO와 사람이 크게 다르지 않게 인식함을 알 수 있어. '프레임 선택'의 값을 변경해서 다른 신호등 사진들도 확인해봐.

이처럼 카메라를 이용해서 개체를 탐지하는 인공지능 기술은 많이 발전했어. 그래서 다른 센서 없이 카메라만 단독으로 자율주행에 이용해도 될 것 같지만, 아쉽게도 카메라의 성능은 날씨에 영향을 많이 받아. 빗방울이나 밝은 햇빛에 노출된 카메라는 제 성능을 발휘하지 못하지. 자율주행은 하나의 오류도 사고로 이어질 수 있기 때문에, 카메라는 주로 라이다나 레이더의 보조적인 역할을 담당해.

이렇게 인지 단계에서 여러 센서들을 통해 인식된 정보들은 차량의 안전한 주행에 필요한 판단 근거로써 '판단' 단계에 활용돼.

같은 상황에서 카메라(상)와 라이다(하)

자율주행의 '판단' 단계에서 인공지능의 역할 알아보기

자율주행의 인지 단계에서는 센서값을 중심으로 지도와 통신 데이터를 활용해 현 상황과 주변 개체들을 파악해. 자율주행을 위한 제반 환경이 구축되지 않은 상황에서는 센서값이 절대적이지만, V2X(Vehicle-to-Everything, 차량이 모든 것과 연결되어 있음)가 보편화되어 다른 차량의 정보와 교차로 신호 정보 등을 알 수 있다면 통신의 역할도 중요해질 거야. 앞 차의 급정거나 신호등의 신호를 센서로 식별하는 것보다는 통신을 통해 받는 것이 더 정확할 수 있겠지. 도로의 3D 지도도 완전히 구축된다면 터널이나 고가도로, 도로 표지판 등에 대한 보다 정확한 정보를 전달받을 수 있을 거야.

이렇게 인지 단계에서는 다양한 정보가 수집되며, 각 정보들의 우선 순위는 상황에 따라 달라 질 수 있어. 수집된 정보를 기반으로 자동차를 제어하기 위해서는 이제 '판단'이 필요해. 자율주행에 있어 판단은 작게 봤을 때는 지금 순간의 차선 변경이나 가감속 여부 등이고, 크게 봤을 때는 목적지에 도달하기 위한 주행 경로나 평균 속도 등과 관련될 거야. 판단이 잘못되면 사고가 날 수 있고, 목적지에 제대로 도착하지 못할 수도 있기 때문에 자율주행에 있어 판단의 역할은 매우 중요해.

그런데 인공지능이 지금처럼 발전하기 전에도 자율주행은 꾸준히 연구돼 왔었어. 그렇다면 인공지능이 없었을 때 자율주행 자동차는 어떻게 판단을 내렸을까? 여러 가지 방법이 있었지만 널리 이용된 방법 중 하나는 규칙 기반의 접근 (Rule-Based Approach)이야.[1]

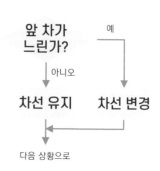

규칙 기반 접근의 예 (차선 변경)

1) Sumbal Malik et al., How Do Autonomous Vehicles Decide?, Sensors, 2023, p.5

규칙 기반 접근은 현재 자동차가 주행하는 조건에서 확고한 규칙에 따라 자동차를 제어하는 방법이야. 앞 차가 느리면 추월하고, 신호가 빨강이면 정지하는 등의 규칙에 따라 움직이는 것이지. 앞서 언급한 DARPA 그랜드 챌린지에서 2007년 우승한 Tartan Racing 팀도 이 규칙 기반 접근을 이용했어. 규칙 기반 접근은 고속도로에서의 주행과 같은 단순한 조건에서는 잘 활용될 수 있어. 하지만 모든 조건에 대한 판단을 일일이 고려해야 해서 복잡하고, 해당하는 조건이 아닐 때는 융통성을 발휘하지 못해서 문제가 발생할 수 있지. 규칙 기반 접근 외에도 계획 기반의 방법들(Planning-Based Methods)이 있는데, 이 역시 복잡한 계산과 성능의 문제로 보편화되지는 못했어.

그래서 자율주행의 판단 단계에는 인공지능의 활용이 주목받게 됐어. 이에 대해 알아보기에 앞서 자율주행 자동차에게 판단이 필요한 상황을 살펴보자.

Dash 자율주행 자동차 시뮬레이터

앱을 열면 격자 무늬의 빈 공간에 자동차가 1대 있을 거야. 'WASD' 키를 눌러 차를 수동으로 조작할 수 있어. Dash에서는 길을 제작해서 차를 수동으로 운전하거나, 길과 장애물이 포함된 시나리오를 만들어서 자율주행을 테스트할 수 있어. Dash는 자율주행에 인공지능이 아닌 계획 기반의 방법 중 하나를 사용하므로 별도의 학습을 진행할 필요는 없어. 예제 시나리오를 열어서 각 상황에 어떤 판단이 필요한지 살펴보자.

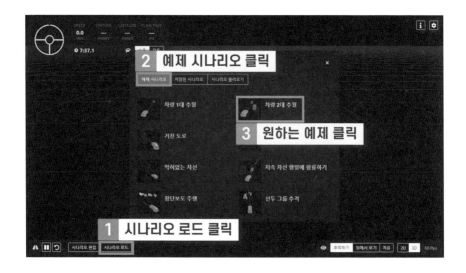

의 화면 내 텍스트:
- 2 예제 시나리오 클릭
- 예제 시나리오 | 저장된 시나리오 | 시나리오 불러오기
- 차량 1대 추월
- 차량 2대 추월
- 3 원하는 예제 클릭
- 거친 도로
- 막혀있는 차선
- 지속 차선 행렬에 합류하기
- 횡단보도 주행
- 선두 그룹 추격
- 1 시나리오 로드 클릭
- 시나리오 편집 | 시나리오 로드

예제 시나리오는 총 8가지가 있고, 그중에서 하나를 선택해서 실행할 수 있어. Dash에서는 차량이 매순간 효율적인 경로를 찾아 목적지를 향해 이동하도록 설계됐어. 차량 운행에 영향을 주는 요소로는 도로, 고정된 장애물, 움직이는 장애물이 있지. 실제 주행에는 더 다양한 요소들이 영향을 미치겠지만, 이 3가지 요소만으로도 충분히 복잡한 판단이 필요할 거야.

'차량 2대 추월' 예제를 통해 알아볼게. 비슷한 속도로 주행하는 2대의 차량이 도로 앞을 막고 있어. 추월을 하려면 '두 차량의 속도 확인 → 속도가 빠른 차량 뒤로 차선 변경 → 차량 가속 → 두 차량 사이 틈새 확인 → 속도가 느린 차량 앞으로 차선 변경'

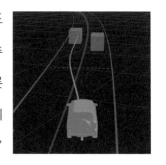

등의 판단이 연속적으로 필요할 거야. 세부적으로는 차선 변경을 위한 핸들 각도와 주행 속도 조절, 충돌 방지를 위한 거리 확인 및 가감속 판단이 수시로 필요하겠지. 사람이라면 추월 과정에 필요한 판단을 직관적으로 수행할 수 있지만, 자율주행에게 판단을 맡기려면 수많은 요소들을 세밀하게 고려해야 해.

어떻게 가야 할지 모르겠어요ㅠ

헉!

만약 실제 주행 상황처럼 날씨와 도로 상태, 교통 흐름의 갑작스러운 변화 등의 요소까지 고려해야 한다면 변수가 너무 많아져서 자율주행 자동차가 적절한 판단을 내리기 더 어려울 거야.

이와 같이 다양한 요소가 영향을 미치는 주행 상황에서 신속하고 적절한 판단을 내릴 수 있는 자율주행을 위한 새로운 접근 방법이 필요하게 됐고, 이때 도입된 방법이 바로 인공지능이야.

2010년 이후로 인공지능을 이용한 자율주행 기술 연구가 활발히 이루어졌어. 테슬라와 웨이모를 비롯한 많은 자동차 회사들은 제한적이나마 실제 도로에서 주행 가능한 자율주행 자동차를 개발하고 있지. 아직 상용차의 자율주행 기술 단계는 Lv.2와 Lv.3 수준이지만, 10년 내외의 기간에 상용화될 정도로 발전된 것은 인공지능의 역할이 컸어. 그렇다면 인공지능이 어떻게 자율주행의 판단 단계에 활용되는지 알아볼까?

자율주행의 판단 단계에서 많이 활용되는 인공지능 학습 방법은 강화학습이야.

나 불렀어?

챕터 3에서 배운 것처럼, 시행착오를 통해 총 보상을 최대화하는 과정에서 학습이 진행되는 강화학습 방법이 실제 자율주행에 활용되고 있어. 처음에는 바보 같았지만 학습 후에는 트랙 위를 잘 주행했던 자동차처럼 말이야.

이 강화학습이 자율주행에 적용되면, 차량은 다양한 도로 조건과 교통 상황에 대응하는 방법을 학습하게 돼. 예를 들어 차량이 교차로에서 우회전할 때 언제 가속해야 하는지, 언제 멈춰야 하는지와 같은 상황에서 최대의 보상을 받기 위한 적절한 판단을 학습하지.

강화학습 진행 중인 자율주행 자동차
(출처: Learning to drive in a day, youtube.com)

왼쪽의 사진은 자율주행 자동차가 단순한 도로에서 학습을 진행하는 모습이야. 이 차는 카메라로부터 정보를 입력받고, 길을 벗어날 때마다 운전자가 개입해서 차를 멈추고 다시 학습을 시작했어. 영상 속의 차는 학습을 시작한 지 15~20분 만에 차선을 따라 움직일 수 있게 됐다고 해. 복잡한 상황은 아니었지만, 개발자의 개입 없이 짧은 시간 안에 차선을 따라 자율주행이 가능하게 된 점이 놀라워.

이 자율주행 자동차에는 DDPG(Deep Deterministic Policy Gradient)라는 딥러닝 강화학습 알고리즘이 적용됐다고 해.[1] DDPG은 현재 상태에 대해 어떤 행동을 취할지 결정하는 Actor와, Actor가 취한 행동이 얼마나 좋은지 평가하는 Critic이 서로 상호작용하며 정책을 최적화하는 강화학습 알고리즘이야. 자율주행처럼 연속해서 복합적인 결정을 내려야 하는 문제 해결에 유용한 알고리즘이지. 우리도 DDPG를 이용해서 자동차를 자율주행 시켜보자.

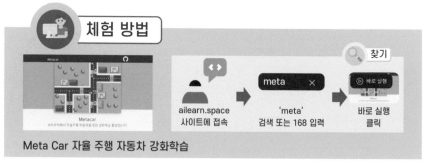

Meta Car 자율 주행 자동차 강화학습

앱을 열면 총 4가지 예시가 있어. 첫번째인 '불연속 액션'에서는 DQN의 기반이 되는 Q-러닝을 활용해서 매 순간 높은 보상을 선택해 움직이도록 했고, 두번째인 '교통 상황에서의 불연속 액션'은 챕터 3에서의 '2048 AI'처럼 매 순간

1) Alex Kendall et al., Learning to Drive in a Day?, arXiv, 2018, p.3

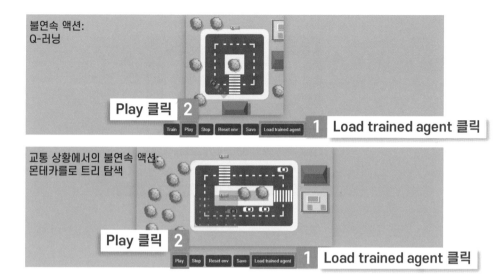

불연속 액션:
Q-러닝

Play 클릭 2

Train Play Stop Reset env Save Load trained agent

1 Load trained agent 클릭

교통 상황에서의 불연속 액션:
몬테카를로 트리 탐색

Play 클릭 2

Play Stop Reset env Save Load trained agent

1 Load trained agent 클릭

많은 경우의 수 중에서 최적의 수를 찾는 몬테카를로 트리 탐색을 활용해 주행하게 했어. 이 둘은 'Train'을 클릭해서 직접 학습시켜 볼 수도 있지만, 먼저 'Load trained agent'와 'Play'를 클릭해서 학습된 결과를 확인해 보자. Meta Car에 나오는 예시들은 모두 횡단보도나 중앙선 등은 고려하지 않고, 도로 이탈과 충돌만이 고려 대상임을 참고해줘. 두 예시의 주행 과정을 살펴보면 언뜻 문제없이 주행하는 것처럼 보일 거야. 하지만 코너에서의 주행을 살펴보면 각진 형태로 끊기며 부자연스럽게 회전하는 것을 볼 수 있어. 회전 과정을 세분화하면 지금보다는 더 자연스럽게 코너를 돌 수 있겠지만 '불연속적'인 순간 순간의 행동 결정은 실제 쾌적한 주행에는 적합하지 않아. 과정을 세분화할수록 컴퓨터의 부하도 커지지.

반면 다음의 두 예제인 '연속 액션'과 '교통 상황에서의 연속 액션'은 DDPG 알고리즘을 적용해서 보다 자연스럽게 코너를 도는 자동차를 확인할 수 있어. 자율주행에 활용되는 알고리즘은 '연속된' 결정을 내리는 상황에 적합해야 해.

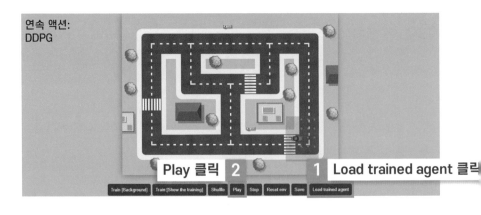

연속 액션:
DDPG

Play 클릭 2   1 Load trained agent 클릭

Train [Background] Train [Show the training] Shuffle Play Stop Reset env Save Load trained agent

세번째인 '연속 액션' 예제를 실행하고 이전과 같이 'Load trained agent'와 'Play'를 클릭해줘. 이 예제는 보다 복잡한 도로이고, 차량은 차선을 넘나들지만 도로를 이탈하지 않고 주행하는 모습을 볼 수 있어. 차선 유지와 저속 주행, 횡단 보도 앞 일시 정지 등은 보상의 고려 대상이 아니므로, 차량은 과격하게 주행할 거야. Meta Car는 자율주행 상태가 아닐 때 방향키로 차를 수동으로 조작할 수 있으니 'Stop'을 누르고 ↑ ↓ ←→ 키를 눌러봐. 도로를 이탈하지 않고 가속도와 속도가 최대일 때 보상(Reward)이 1이 될 거야. agent 입장에서는 과격한 주행이 옳은 판단이지. (차선 유지 등을 보상에 고려한다면 달라지겠지?)

화면 아래쪽을 보면 Acceleration(가속), Steering Angle(핸들 각도)이 연속해서 변하고, 이에 따라 자동차가 움직일 때 Reward(보상)가 결정됨을 알 수 있어.

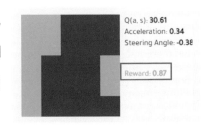

Q(a, s): **30.61**
Acceleration: **0.34**
Steering Angle: **-0.38**

Reward: **0.87**

DDPG 알고리즘은 연속적인 판단을 내려야 하는 상황에서 Critic이 Q함수를 추정하고, Actor가 최적의 동작을 결정하며 점진적으로 학습이 진행돼. DDPG는 DQN의 방식을 연속 행동 공간에 적용한 학습 방법이라 볼 수 있고, 자율주행과 같은 연속된 결정이 필요한 상황에서 유용하게 활용될 수 있어.

학습 과정을 살펴보고 싶으면,
페이지를 새로고침하고 'Train
[Show the training]'를 눌러봐.
자동차가 40~60번 정도의 학습
을 통해 좌충우돌하는 과정을
거치면 제법 도로를 잘 주행하

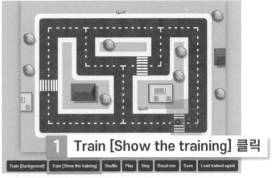

게 될 거야. (주행이 좀 과격하긴 하지만 말이야.)

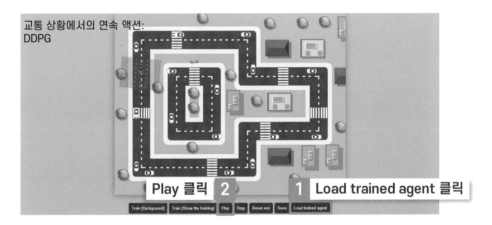

네번째 예제인 '교통 상황에서의 연속 액션'에서는 다른 차량이 있는 상황에서
DDPG 알고리즘을 적용한 자율주행 자동차를 확인할 수 있어. 마찬가지로
'Load trained agent'와 'Play'를 클릭해줘. 우리 차량이 과속하면서 다른 차
량을 추월하며 달리는 모습이 위태로워 보이지만, 용케 잘 피하면서 주행할 거
야. 가끔 부딪히는 경우도 있는데 이때는 'Reset env' 버튼을 눌러서 원래 상
태로 돌려주면 돼. 이 예제 역시 'Train [Show the training]' 버튼을 눌러 학습
과정을 확인할 수 있어. 예제들에 있는 'Save' 버튼과 예제 목록 끝 '에디터'는
각각 학습된 모델을 저장하고 맵을 만들 때 이용하는 것이니 누르지 않아도 돼.

자율주행의 향후 발전 전망 살펴보기

앞서 자율주행의 판단 단계에서 인공지능을 활용하고 있으며, 주로 강화학습 학습 방법이 많이 활용되고 있다고 했어. 강화학습 외에 모방학습(Imitation Learning)도 자율주행의 학습에 활용되는데, 이는 전문가의 행동을 모방하며 학습하는 방법이야. 사람의 주행 데이터를 이용해서, 자율주행 차량이 사람의 운전을 최대한 잘 따라했을 때 높은 보상을 받도록 학습시키는 거지. 주행 데이터의 양이 많다면 많은 시행착오를 거쳐야 하는 강화학습보다 유리할 수 있어서, 테슬라(Tesla)와 같이 주행 데이터를 많이 보유한 자동차 회사에서는 모방학습만을 자율주행의 학습에 활용하기도 했어.

하지만 모방학습에는 문제가 있어. 학습 데이터의 범주에서는 잘 주행하지만 새로운 상황에 대한 적응이 어렵고, 알고리즘이 한 번 잘못된 결정을 내리면 그 오류가 크게 누적될 수 있어. 사람보다 운전을 잘하게 만들기도 어려워. 반면 강화학습은 그 특성상 시뮬레이션 환경에서 주로 학습되는데, 실제 환경과는 차이가 있어서 현실 주행 상황에서 알고리즘이 잘 작동하지 않을 수 있다는 문제가 있어. 실제 환경에서 많은 학습을 진행하려면 시간과 비용 소모가 크지.

그래서 모방학습과 강화학습의 문제를 상호 보완하기 위해서 두 방법을 함께 사용하기도 해. 주행 데이터를 이용해서 초기 정책을 학습(모방학습)한 후, 그 정책을 바탕으로 실제 주행 환경에서 적절한 주행 전략 학습(강화학습)을 추가적으로 진행하는 방법이야.

이처럼 인공지능의 발전은 자율주행의 기술 단계를 높이는데 많은 기여를 했어. 인지 단계에의 인공지능은 이미 주변 사물을 단순히 인식하는 수준을 넘어서 사물의 움직임과 의미를 해석할 수 있는 수준으로 발전했어. 다른 차량의 진행

1) 소재현, 자율주행 알고리즘, TTA 1057, 2021, p.5

방향, 보행자의 움직임, 교통표지의 의미 등과 같이 인식된 사물의 의도 (intention)를 이해하는 것이 가능하다고 해.[1]

판단 단계와 관련된 인공지능도 새로운 연구가 계속되고 있어. 강화학습 중 하나인 D2RL(고밀도 심층 강화학습)을 자율주행의 안전성 검증에 적용한 연구가 성공했다고 해.[2] 이 연구에서는 D2RL이 안전 사고와 관련된 정보만 선별적으로 처리해서 기존 방법보다 최대 105배 빠르게 안정성을 검증했어. 작은 오류로도 큰

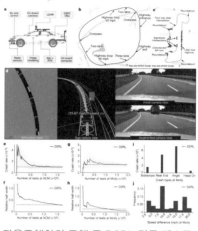

자율주행차의 주행 중 D2RL 검증 테스트
(출처: Dense reinforcement learning for⋯)

문제가 될 수 있는 자율주행에서 신속한 안전성 검증은 많은 도움이 될 거야.

이렇게 발전된 인공지능을 바탕으로 많은 자동차 회사들이 다양한 방식으로 자율주행을 개발하고 있어. 중간 과정의 세분화 없이 인지·판단·제어 전 과정을 한 인공지능이 처리해 차량을 제어하는 End-End 방식이 있고, 여러 시나리오 별로 상황을 세분화해 작은 인공지능들을 학습시켜 활용하는 방식도 있지.

이렇게 인공지능을 활용한 자율주행 연구는 오픈소스 시뮬레이터의 발전으로 시간과 비용을 크게 절약할 수 있게 됐어. 대표적인 오픈소스 시뮬레이터로 CARLA가 있는데, 실제와 같은 가상 환경에서 인공지능을 적용한 자율주행을 테스트해 볼 수 있어. 나만의 자율주행 자동차를 개발하고 싶다면 시뮬레이터와 최신 연구들을 참고해서 도전해봐.

CARLA Simulator (출처: CARLA Logo,
github.com/carla-simulator/carla)

2) Shuo Feng et al., Dense reinforcement learning for safety validation of autonomous vehicles, Nature, 2023

더 알아보기

자율주행에 있어 윤리적 문제 고민하기

자동차로 인한 교통사고의 90% 이상은 운전자가 원인이라고 해. 자율주행이 보편화되면 운전자의 개입이 사라져서 교통사고 발생 수는 크게 줄어들겠지. 하지만 모든 차량이 자율주행을 하더라도 보행자나 기상 악화 등 다양한 사고 발생 요인이 있기 때문에 교통사고가 완전히 사라지지는 않을 거야. 그렇다면 자율주행 자동차는 사고를 피할 수 없는 상황에서 어떻게 판단해야 할까? 예를 들어, 자율주행 중 갑작스럽게 무단 횡단하는 보행자들과 마주쳤다고 해볼게. 차가 핸들을 꺾으면 보행자는 살지만, 옆에 있는 벽에 부딪혀서 탑승자는 사망하게 돼. 이때 자율주행 차는 탑승자를 살리기 위해 많은 보행자를 치고 지나가야 할까, 아니면 핸들을 꺾어 탑승자를 죽게 해야 할까? 이런 자율주행 중 발생할 수 있는 윤리적 문제들에 대해서 고민의 기회를 제공하는 앱이 있어.

앱을 실행하면 19개의 상황 중 하나를 선택할 수 있어. 상황을 보고 선택지 중 하나를 고르면 돼. 모든 상황의 결정이 쉽지는 않을 거야.

하나의 선택지를 선택하면 그 결정에 따른 결과를 보여줘.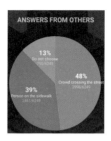
그리고 같은 상황에 대해 다른 사람들은 어떤 선택을 했는지
볼 수 있어. 자율주행 자동차가 얽힌 사고를 피할 수 없다면
이와 같이 사회적으로 같이 고민하는 기회가 필요할 거야.

앞에 소개한 Fuzzy 앱은 상황을 눈으로 볼 수 있지만, 영문으로 되어 있어 내용
이해에 어려움이 있을 수 있어. 다음의 MIT 미디어 랩에서 설계한 모럴 머신
(Moral Machine)은 한글을 지원해서 이해가 쉬울 거야.

'모럴 머신'을 포털 사이트에서
검색하거나 moralmachine.net
주소로 가면 앱을 사용할 수 있어.
13개의 자율주행 관련 딜레마 상
황에서 내 결정을 선택하면 돼.

모럴 머신은 전 세계 사람들이 4,000만 건 이상 응답을 했다고 해. 자율주행과
그로 인한 윤리 문제에 사람들의 관심이 많다는 것을 알 수 있지.

인공지능에게 윤리적으로 옳은 선택을 하도록 만드는 것은 불가능한 일이야.
결국 윤리적 문제가 발생할 수 있는 자율주행 상황에서 자동차가 보다 나은 선
택을 하려면 사람의 관여가 필요해. 이에 우리나라는 2020년 자율주행 자동차
윤리 가이드라인을 발표했고, 관련 법안을 마련하고 있어. 자율주행 사고의 책
임은 차량의 탑승자 뿐만 아니라 자동차 회사, 교통 인프라 담당 정부 관리자일
수 있고 책임 주체가 여럿일 수 있기 때문에 관련 법을 제정하는 것은 복잡한 일
일 거야. 우리나라뿐 아니라 다른 나라에서도 자율주행의 보편화를 앞두고 사
회적 합의를 통한 관련 법 제정을 위해서 노력하고 있어.

교구를 이용해서 자율주행 구현해 보기

'네오씽카'라는 교구를 이용하면, 조립하고 코딩하면서 자율주행을 체험해 볼 수 있어. 이 교구를 통해 3가지 타입의 자동차를 조립할 수 있고, 각 타입에 따른 자율주행 콘텐츠를 체험해 볼 수 있어.

	A-type	B-type	C-type
자동차 Type			
실습 콘텐츠	[일반 도로 자율주행] 01. 차로 유지 보조 02. 지능형 속도 제한 보조 03. 자동 차로 변경 [자율 주차] 08. 후면 자율 주차	[일반 도로 자율주행] 04. 어댑티브 크루즈 컨트롤 05. 장애물 회피 주행 [골목길(미로) 자율주행] 06. 벽 탐지 주행 07. 골목길 주행 [자율 주차] 09. 평행 자율 주차	[편의 사양 및 AI 연동 기술] 10. 운전자 이지 액세스 11. 운전자 시선 조향 12. 음성 인식 차량 제어

네오씽카 조립 타입 별 실습 콘텐츠

네오씽카는 주 구동부인 모터 외에도 각도 제어가 가능한 서보 모터와 컬러, 거리, 적외선 센서가 포함되어 있어. 이 센서들로부터 받은 정보를 활용해서 블록 코딩으로 차량을 제어할 수 있지.

조립   코딩   제어

코딩은 스마트폰 앱이나 엔트리 프로그램을 이용할 수 있는데, 엔트리를 이용하면 음성 인식 기능을 통해 말로 차량을 제어할 수 있어.

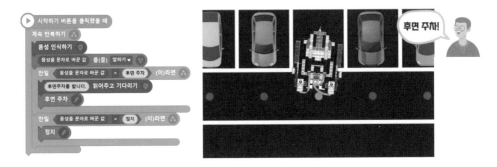

또한 스마트폰을 네오씽카에 연결하면, 스마트폰 카메라를 이용한 표지판 인식 기능을 구현할 수 있어. 엔트리의 이미지 분류 모델 학습 기능으로 표지판들을 인식시키고, 특정 표지판이 인식됐을 때 코딩을 통해 차량 제어에 변화를 주는 방식이야.

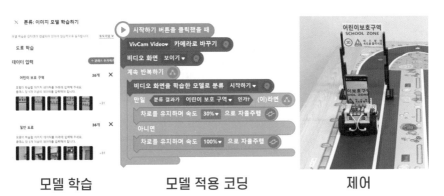

| 모델 학습 | 모델 적용 코딩 | 제어 |

이와 같이 교구를 이용하면 쉽게 자율주행을 체험해 볼 수 있어. 레고 스파이크 프라임과 허스키 렌즈를 결합하면 자율주행 차를 만들 수 있지. 로보메이션의 비글을 이용하면 라이다 센서와 파이선 언어를 통해 인공지능을 적용한 자율주행 자동차를 직접 학습시켜 볼 수 있어.

챕터 8 인공지능으로
글, 그림 창작하기

사람처럼 대화하고, 입력한 문장에 따라 그림을 그려주는 인공지능 서비스를

사용해 본 적 있니? OpenAI가 제공하는 ChatGPT와 DALL·E 같은 텍스트나

이미지 생성 서비스 말이야.

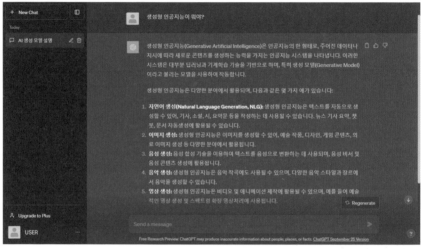

ChatGPT 사용 예시

An illustration of an avocado sitting in a therapist's chair, saying 'I just feel so empty inside' with…

A 2D animation of a folk music band composed of anthropomorphic autumn leaves,…

In front of a deep black backdrop, a figure of middle years, her Tongan skin rich and glowing, is…

Photo of a lychee-inspired spherical chair, with a bumpy white exterior and plush interior, set…

DALL·E3 결과 예시 (출처: DALL·E 3, openai.com)

이런 서비스들은 생성형 인공지능(Generative AI) 모델을 사용하고 있어. 생성형 인공지능이란 사용자의 입력을 기반으로 새로운 결과물을 만들어 내는 인공지능을 말해. 사실 우리는 이전 챕터들에서 생성형 인공지능을 경험한 적이 있었어. RNN을 이용해서 음악을 작곡하거나 필기를 따라 쓰게 해 봤고, GAN을 이용해서 이미지를 만들어 봤었거든. 하지만 이번 챕터에서 다룰 생성형 인공지능은 RNN, GAN과는 다른 점이 있어. 바로 일상의 문장을 입력해서 결과물을 얻을 수 있다는 점이야. 모르는 것을 문장으로 물어보면 텍스트로 된 답을 얻을 수 있고, 원하는 그림을 문장으로 묘사하면 그림을 얻을 수 있지. 이 챕터에서 다룰 생성형 인공지능은 자연어(Natural Language)를 이해하고, 그에 따른 결과물을 생성할 수 있어.

기존의 인공지능들도 대단하지만, 자연어로 다룰 수 있는 생성형 인공지능의 등장은 많은 이들에게 놀라움과 기대감을 줬어. 글을 쓸 수 있다면 누구나 사용할 수 있는 인공지능이니 말이야. 그 결과물의 품질도 우수해서 ChatGPT의 경우 출시 2개월 만에 가입자 수가 1억 명을 넘어설 정도로 인기를 끌었어. DALL·E의 등장도 관련 업계에 큰 파장을 일으켰지.

그렇다면 생성형 인공지능이 이렇게 크게 발전할 수 있었던 이유는 뭘까? 그건 바로 트랜스포머(Transformer)라고 하는 인공지능 구조(architecture) 덕분이야.

트랜스포머라는 이름을 들으면 영화 속에서 로봇으로 변신하는 자동차가 떠오르기도 해. 트랜스포머 영화는 개봉했을 때 엄청난 관심을 받고 영화계에 큰 영향을 가져왔어. 트랜스포머 구조 역시 생성형 인공지능 분야에 큰 변화를 가져오고 있지.

Transformer?
생성형 인공지능?

생성형 인공지능 사용해 보기

생성형 인공지능에 대해 알아보기에 앞서 생성형 인공지능이 적용된 서비스를 먼저 사용해 보자. 생성형 인공지능 서비스를 제공하는 앱 대부분은 계정이 필요하니, 미리 계정을 만들어 두는 것이 좋을 거야. 서비스들 중에는 유료인 것도 있지만, 여기에서는 무료로 사용할 수 있는 것들만 소개할게.

(2023년 10월 기준)

앱 이름	생성 영역	로그인 방법	가격
뤼튼	텍스트, 이미지	구글, 네이버, 카카오톡, 애플, 이메일	무료
ChatGPT	텍스트	구글, 마이크로소프트, 애플, 이메일	무료(Free plan)
New Bing	텍스트	마이크로소프트	무료
Bard	텍스트	구글	무료
클로바X	텍스트	네이버	무료
Craiyon	이미지	필요 없음	무료
Bing Image Creator	이미지	마이크로소프트(엣지 브라우저에서 작동)	무료

첫번째로 사용해 볼 앱은 '뤼튼'이야. 뤼튼은 OpenAI의 GPT3.5, GPT4 모델과 구글의 PaLM2 모델을 적용한 챗봇 서비스를 이용할 수 있어. 또한 '스테이블 디퓨전' 기반의 이미지 생성 서비스도 채팅 창을 통해 이용할 수 있어.

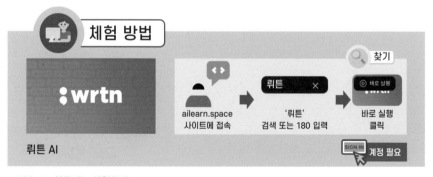

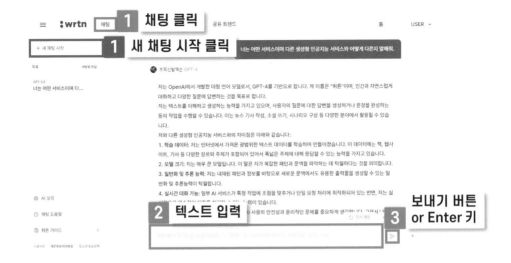

뤼튼 사이트에 접속하면 원하는 로그인 방법을 선택해서 로그인 해줘. 처음이

라면 회원 가입을 먼저 진행해야 돼. 로그인 후에는 채팅 영역에서 사람과 대화

하는 것처럼 텍스트를 입력해서 챗봇과 대화를 진행할 수 있어. 매우 간단하지?

사용법은 간단하지만 할 수 있는 것은 아주 많아. 뤼튼에게 무엇을 할 수 있는

지 물어보니 다음과 같이 대답해 줬어.

> 네가 할 수 있는 것들을 나열해줘

🟢 초록신발잭슨 GPT4

저는 다음과 같은 작업을 수행할 수 있습니다:

1. **질문에 대한 답변:** 사용자의 질문에 대해 최대한 정확하고 유용한 답변을 제공합니다.

2. **텍스트 생성:** 주어진 주제나 문맥에 따라 텍스트를 생성할 수 있습니다. 이는 글의 초안 작성, 이야기 만들기, 시나

리오 개발 등 다양한 창작 활동에 활용될 수 있습니다.

3. **언어 번역:** 한 언어에서 다른 언어로의 번역을 지원합니다.

4. **정보 요약:** 긴 문서나 글의 핵심 내용을 간결하게 요약해줄 수 있습니다.

5. **문장 완성:** 주어진 문장이나 단락을 완성하거나, 다음에 올 말을 예측하여 도움을 줄 수 있습니다.

6. **학습 자료 제공:** 특정 주제에 대한 학습 자료를 제공하고 설명할 수 있습니다.

7. **일정 관리 및 알림 설정:** 일정 관리 기능과 알림 설정 등 일상적인 생활 도우미 역할도 가능합니다.

8. **창작적인 도움:** 소설 쓰기, 시나리오 작성, 음악 작곡 등 창작적인 프로젝트에서 아이디어를 제공하거나 조언을 해

줄 수 있습니다.

9. **사용자 지정 작업:** 사용자가 원하는 특정 작업이 있다면 그에 맞게 커스터마이징된 서비스를 제공할 수도 있습니다.

10. **일반 상식 질문 처리:** 일상적인 상식 질문(예: 역사 사실, 지리 정보)에 대답하는 것도 가능합니다.

할 수 있는 것들이 많지? 이 밖에도 영어로 대화하자고 하면 영어로 답해주고, 내가 쓴 영어 문장의 문법 오류를 고쳐달라고 하면 고쳐 주기도 해. 심리 상담가가 되어 이야기를 들어달라고 하면 상담가처럼 듣고 조언해 주며, 끝말잇기 놀이를 할 수도 있어. 텍스트로 할 수 있는 것은 다 가능해 보일 정도로 많은 것들을 할 수 있지.

하지만 뤼튼을 사용할 때는 주의할 점이 있어. 새로운 주제로 대화하고 싶다면 '새 채팅 시작' [+ 새 채팅 시작] 버튼 클릭해야 해. 뤼튼의 챗봇은 한 채팅 안에서 이전에 나눈 대화 내용을 기억하고 관련된 답변을 내놓거든. 예를 들어, '끝말잇기 하자'라고 처음에 말하면, 나중에는 단어만 입력해도 끝말잇기가 진행중인 것을 알고 이어지는 단어로 답변해. 만약 한 채팅 안에서 갑자기 주제를 바꾸면 이상한 답변을 할 수도 있어.

또한 학습한 데이터의 상당 수가 인터넷에서 수집된 데이터이기 때문에 정확하지 않은 답변을 할 수도 있어. 데이터를 매번 최신 정보로 갱신하지는 않기 때문에 최근 소식과 관련된 질문은 제대로 답변할 수 없지. (실시간 검색 옵션이 있지만 다소 답변의 품질이 떨어질 수 있어.) 따라서 뤼튼의 답변을 무조건 믿어서는 안돼. 사실 확인이 필요한 경우에는 책이나 신뢰할 수 있는 웹사이트 등을 통해 답변 내용이 맞는지 확인하는 과정이 필요해.

뤼튼의 특징 중 하나는 '~를 그려줘' 라고 입력하면 문장으로 묘사한 것을 그려 줄 수 있다는 거야. Stability AI사의 text-to-image 인공지능 모델인 스테이블 디퓨전(Stable Diffusion)의 SDXL을 이용했다고 해. 최대한 구체적으로 상황을 묘사하고, 많이 알려진 대상일수록 마음에 드는 그림을 그려줄 가능성이 높아. 그림이 마음에 들지 않으면 '다시 생성' 버튼으로 다시 생성할 수도 있어.

귀엽고 작은 인공지능 로봇 하나가 시험 시간에 열심히 문제를 풀고 있는 모습을 그려줘.

초록신발책슨 Stable Diffusion XL

이미지를 다음과 같이 다시 그려봤어요!

1/3 >

1 다시 생성 클릭

다시 생성   공유

AI 스토어에서는 다른 유저가 초기 설정을 입력해 놓은 툴과 챗봇을 이용할 수

있어. 원하는 답변을 얻기 위해 챗봇에게 일일이 설명할 필요가 없어서 편리해.

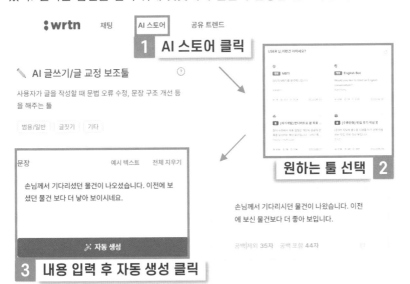

뤼튼에게 다양한 질문을 해 봤니? 사람이라고 생각될 정도의 자연스러운 말투와 여러 분야의 질문에 적절하게 답변할 수 있다는 점이 인상적이야. 그런데 뤼튼을 사용하다 보면 아래와 같이 특징적인 부분 몇 가지를 확인할 수 있어.

첫째로 답변이 한 번에 출력되는 것이 아니라 순차적으로 출력된다는 점이야. 사용자의 집중력을 높이기 위해 의도적으로 타이핑 효과를 추가한 것일 수도 있지만, 긴 답변의 경우에는 확실히 생성에 시간이 걸리는 것을 확인할 수 있어.

둘째로 답변 후 '다시 생성' 버튼을 클릭하거나 같은 질문을 해도 새로운 답변이 나온다는 점이야. 내용은 비슷해도 완전히 똑같은 답변이 나오는 경우는 없지.

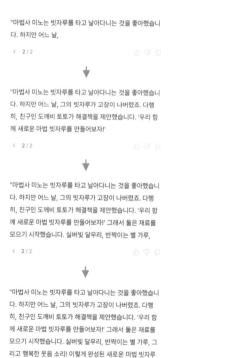

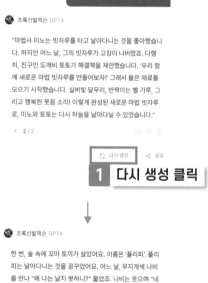

순차적으로 출력됨

다른 답변이 나옴

이런 특징들은 뤼튼뿐만 아니라 다른 텍스트 생성형 인공지능에서도 확인할 수 있어. 다음으로 소개할 ChatGPT도 뤼튼과 같은 특징을 보여줘.

ChatGPT OpenAI 챗봇

텍스트 생성형 인공지능 돌풍의 주역인 ChatGPT야. ChatGPT는 GPT(Generative Pre-trained Transformer) 모델을 기반으로 한 챗봇 서비스로, GPT3.5 모델을 무료로 사용할 수 있어. 모델 번호를 보면 알 수 있듯이 GPT는 이미 몇 년 전부터 출시되어 버전업되고 있어. 2020년에는 GPT3 모델이 나왔고, 이 GPT3를 일부 수정한 GPT3.5(또는 유료 GPT4)를 적용한 챗봇 서비스가 Chat GPT야. ChatGPT는 2022년 11월 30일에 출시됐는데, 개발사 OpenAI 직원

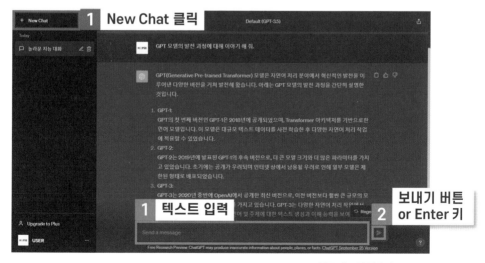

들조차 성공을 예상하지 못했다고 해. 특별한 홍보없이 조용히 출시했지만, 사람들 사이에서 뛰어난 성능이 소문나며 빠르게 화제가 됐어.

ChatGPT는 뤼튼의 채팅과 큰 기능상에 차이가 없어. ChatGPT는 OpenAI 사이트에 가입할 때 전화번호 인증을 받아야 하고, 사이트가 전부 영어로 되어 있다는 점이 다르지. 그래도 답변은 한글로 해주니 사용에는 큰 어려움이 없어.

OpenAI 사이트에 가입해서 로그인했다면 뤼튼에서처럼 다양하게 질문하며 사용해봐. 마찬가지로 새로운 주제에 관해 이야기하고 싶다면 왼쪽 위의 'New Chat' 버튼을 눌러서 새로운 대화를 시작하는 것이 좋음을 참고해줘.

다음은 GPT4 기반의 프로메테우스 모델을 적용한 인공지능 검색엔진 '빙 채팅'이야. 마이크로소프트 계정이 필요하고 Edge 브라우저에서 사용이 더 편리해.

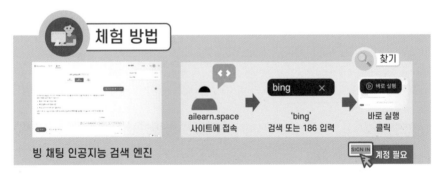

빙 채팅은 이전에 소개한 텍스트 생성형 인공지능 서비스와 달리 최신 정보를 잘 제공할 수 있어. 검색 엔진이 탑재된 인공지능이라고 보면 돼. 날씨나 쇼핑, 뉴스 등의 최신 정보를 대화의 형태로 제공하고, 가능한 경우 정보의 출처를 함께 알려줘. 또한 3가지 대화 스타일(창의적인, 균형 있는, 정밀한)이 있어서 원하는 스타일로 답변을 제공받을 수 있어. 정확한 사실 확인이 중요한 경우는 '정밀한'으로, 창의성이 중요하다면 '창의적인'을 선택하면 돼.

빙 채팅이 최신 정보를 제공할 수 있다는 점은 장점이지만, 출처가 되는 정보 자체가 잘못된 것이면 엉뚱한 답을 할 수 있어. 질문을 잘못 이해해서 엉뚱한 출처를 참고하는 경우도 있지. 따라서 정확한 최신 정보를 얻고 싶을 때는 정보의 출처를 확인하고 다른 방법으로 얻은 정보와 비교해 봐야 해. 이런 문제가 빙 채팅만의 문제는 아니지만, 빙 채팅은 자료가 많이 쌓이지 않은 최신 정보까지 다루기 때문에 더 주의해야 해. 그리고 말도 안되는 답변도 아래의 예와 같이 자신감 있고 그럴듯하게 말하니까 신뢰할 수 있는 답변인지 항상 의심해 보는 것이 필요해.

> 이순신 장군과 맥아더 장군이 어떻게 친해졌는지 설명해 줘.

✓ "이순신 장군과 맥아더 장군의 관계" 검색 중

✓ 답변을 생성하는 중...

이순신 장군과 맥아더 장군은 친해지기 전에는 서로를 잘 몰랐습니다. 그러나 6·25 전쟁이 발발하고 맥아더 장군이 인천상륙작전을 지휘하면서 이순신 장군의 업적을 알게 되었습니다. 맥아더 장군은 이순신 장군이 명량해전에서 12척의 배로 133척의 왜군을 물리친 것에 깊은 인상을 받았고, 그의 전략과 용기를 존경하였습니다. 또한, 이순신 장군이 남긴 난중일기를 읽고 그의 인물과 정신을 높이 평가하였습니다 [1]. 이순신 장군 역시 맥아더 장군의 인천상륙작전을 성공적으로 수행한 것에 감탄하였고, 그의 군사적 재능과 리더십을 인정하였습니다 [2]. 이렇게 두 장군은 서로에 대한 존경심과 칭찬을 표현하면서 친분을 쌓았습니다. 그 후에도 두 장군은 편지나 전화 등으로 교류를 계속하였고, 한·중 우호 관계에도 기여하였습니다 [3].

Bard 구글 챗봇

Bard는 구글과 딥마인드가 만든 Gemini(Generalized Multimodal Intelligence Network, 제미나이) 기반의 인공지능 검색 엔진이자 챗봇 서비스야. 최신 정보를 제공하며, 일반적인 질문에 대해 빙 채팅보다 길고 자세하게 답변해줘. 특이한 점은 답변을 제공할 때 타이핑 효과 없이 한 번에 출력하고, 한 질문에 3개의 답변을 함께 제공한다는 거야. 이를 통해 여러 답변을 다시 생성하지 않아도 빠르게 비교해서 볼 수 있어.

이미지를 업로드해서 이미지에 대한 정보를 찾아볼 수 있고, 텍스트 검색으로 원하는 이미지를 찾아볼 수도 있어. GPT 모델을 기반으로 한 서비스와 경쟁하면서 구글 검색의 장점을 살린다면 앞으로 더 발전할 수 있을 것 같아.

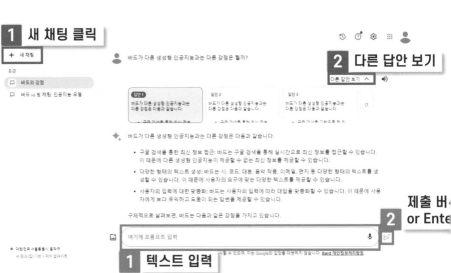

체험 방법

찾기

CLOVA X

ailearn.space
사이트에 접속

'클로바'
검색 또는 189 입력

바로 실행
클릭

클로바 X 네이버 챗봇

SIGN IN 계정 필요

클로바 X는 네이버가 만든 거대 언어 모델을 적용한 한국형 챗봇 서비스야. 한 글을 이해하고 사용하는 능력이 뛰어나고, 네이버 데이터를 기반으로 한 한국 맞춤형 서비스를 제공해. '스킬 모드' 기능을 켜면 여행지나 쇼핑, 렌터카 등에 대해 추천 정보를 반영한 답변을 받을 수 있어.

클로바 X는 챗봇 서비스뿐만 아니라 블로그 글쓰기, 광고 카피 생성 등의 서비스에도 탑재되어 활용되고 있어. 이렇게 텍스트 생성형 인공지능은 챗봇에만 한정되지 않고 기업이나 특정 서비스에 맞춰 활용될 수 있기 때문에 그 가능성이 무한해. 이런 특징이 많은 IT 기업에서 생성형 인공지능 개발에 매진하는 이유일 거야.

Craiyon 무료 이미지 생성

Craiyon은 텍스트 프롬프트로 이미지를 생성할 수 있는 인공지능 이미지 생성 서비스야. 인터넷에 있는 수백만 개의 이미지와 그에 달린 캡션을 이용해서 Craiyon에 사용되는 모델을 학습했다고 해. 영어 입력만 지원하지만 DeepL과 같은 인공지능 번역기를 활용하면 한글을 번역해서 쉽게 이용할 수 있어.

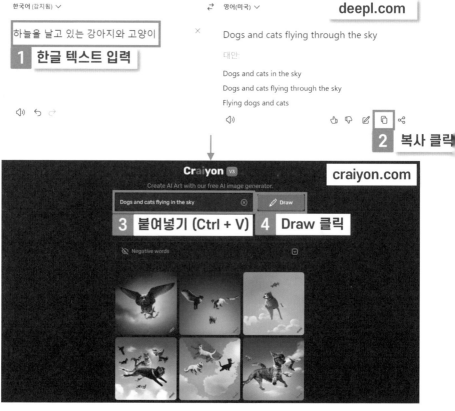

deepl.com과 같은 번역 사이트에서 한글 텍스트를 입력하고 '도착 언어'를 영어로 설정하면, 영어로 번역된 결과를 얻을 수 있어. 이 결과를 Craiyon의 프롬프트 입력란에 붙여 넣고 'Draw'를 클릭하면 잠시 후 이미지들이 생성될 거야.

결과물의 품질이 그리 뛰어나지는 않아. 그래도 프롬프트를 잘 작성하면 더 나은 결과를 얻을 수 있어. Craiyon 사이트에 있는 다른 작품의 프롬프트를 참고하면 도움이 될 거야. 완전한 문장보다는 키워드 형식으로 단어들을 나열했을 때 더 좋은 결과가 나오는 경향이 있어. 같은 프롬프트라도 텍스트 생성형 인공지능과 같이 'Draw'를 클릭할 때마다 다른 이미지가 생성된다는 점을 참고해줘.

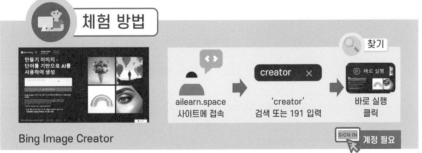

마지막으로 소개할 서비스는 Bing Image Creator야. 이 서비스는 OpenAI의 이미지 생성형 인공지능인 DALL·E3를 무료로 제공해. Edge 브라우저에서 마이크로소프트 계정으로 로그인하면 이용할 수 있고, Rewards 포인트를 써서 더 빠르게 그림을 생성할 수 있어. 한글로 프롬프트를 입력해도 돼. DALL·E3는 기존의 이미지 생성형 인공지능보다 프롬프트를 더 잘 이해할 수 있어.

그래서 Craiyon처럼 키워드 형식으로 프롬프트를 작성하지 않고 완성된 문장을 써도 돼. 원하는 그림을 얻기 위해서는 대상에 대한 자세한 설명이 필요해. 만약 귀여운 강아지 그림을 원한다면 '강아지'라고만 입력 하지 말고 '귀엽고 털이 많은 강아지'와 같이 입력하는 것이 좋아. '카툰 스타일'과 같이 그림 스타일에 관한 설명을 프롬프트에 추가하면 그 스타일의 그림으로 그려줘. DALL·E3 모델은 앞서 살펴본 ChatGPT의 유료 버전과 빙 채팅에도 탑재되어 있어서 '~를 그려줘'와 같은 명령어로 사용할 수 있어.

DALL·E 개발은 신기하게도 텍스트 생성 모델인 GPT3에서 출발했어. GPT3를 수정해서 텍스트 대신 텍스트-이미지 쌍으로 학습시켰고, 결과물도 텍스트 대신 이미지가 생성되도록 했지.[1] 이런 시도는 예상 외로 성공적이었다고 해.

DALL·E가 처음 나왔을 때 사람들을 놀라게 한 점은 학습한 적이 없는 대상도 데이터를 조합해 생성해낼 수 있다는 것이었어. 지금은 더욱 발전해서 더 사실적이고 정확한 이미지를 생성할 수 있게 됐지.

DALL·E1이 그린 일러스트 (출처: DALL·E illustration example, openai.com)

1) Aditya Ramesh et al., DALL·E: Creating images from text, OpenAI Research, 2021, openai.com/research/dall-e

텍스트 생성형 인공지능의 원리 알아보기

앞에서 여러 생성형 인공지능의 예를 살펴봤어. 그렇다면 생성형 인공지능은 어떤 원리로 작동하는 걸까? 어떻게 사람이 쓴 문장을 이해하고 적절한 결과물을 생성할 수 있는지 궁금할 거야. 그럼 먼저 GPT를 중심으로 텍스트 생성형 인공지능의 원리에 대해 알아볼게.

GPT는 Generative Pre-trained Transformer의 줄임말이야. 많은 텍스트 데이터를 사전 학습(Pre-trained)해서 문장을 생성(Generative)할 수 있는 트랜스포머(Transformer) 기반의 모델이지. 트랜스포머는 번역하면 변환기인데, GPT가 무엇을 변환한다는 의미는 아니야. 기계 번역 등의 자연어 처리를 위해 고안된 Transformer 구조가 있는데,[2] GPT가 이 구조를 이용해서 용어의 한 부분이 된 거지. 트랜스포머 구조는 생성형 인공지능의 발전을 이끌고 있어. 트랜스포머에 대해 알아보기에 앞서, 단순화 한 GPT의 생성 과정부터 살펴보자.

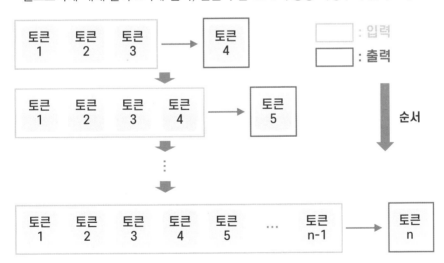

GPT가 텍스트를 생성하는 과정은 앞에 있는 토큰(token)들을 참고해서 새로운 토큰을 생성하는 일련의 과정이야. 예를 들어, 토큰 1, 2, 3이 있으면 이 3개의

2) Ashish Vaswani et al., Attention Is All You Need, NIPS, 2017

토큰을 참고해서 토큰 4를 생성하지. 그 다음에는 토큰 1, 2, 3과 생성된 토큰 4를 참고해서 토큰 5를 생성해. 이런 식으로 앞에 있는 토큰들로 다음에 올 토큰 하나를 생성하는 과정을 텍스트 생성이 끝날 때까지 반복하게 돼.

토큰이란 GPT에서 자연어 처리를 위해 쓰이는 단어 조각(sub word)으로, 하나의 단어가 하나의 토큰이 될 수도 있고, 하나의 단어가 여러 토큰으로 나뉠 수도 있어. OpenAI의 Tokenizer(platform.openai.com/tokenizer)에서는 문장을 넣으면 그 문장에 포함된 토큰들을 볼 수 있어. 한글은 결과가 깨져서 나오는 경우가 있어서 영어로 된 문장을 테스트해 볼게.

GPT-3.5 & GPT-4   GPT-3 (Legacy)

GPT, which stands for "Generative Pre-trained Transformer," is a class of
artificial neural network-based language models designed for natural
language understanding and generation tasks.

Clear   Show example

Tokens   **Characters**
33   188

GPT, which stands for "Generative Pre-trained Transformer," is a class of
artificial neural network-based language models designed for natural
language understanding and generation tasks.

TEXT   TOKEN IDS

테스트 문장의 토큰은 총 33개이고, 기호를 포함한 단어 수는 세어보면 총 28개야. 토큰 수가 단어 수보다 많지. 토큰들은 여러 색으로 구분되는데 Pre-trained 같은 단어는 'Pre'와 '-trained'의 2개 토큰으로 나뉘어져 있음을 알 수 있어. 테스트 문장은 'GPT, which stands for'이라는 문장에 이어서 써보라는 요청에 대한 ChatGPT의 출력이었어. 'GPT, which stands for'을 입력받은 GPT 모델은 ' "'부터 시작해서 'Gener', 'ative', ' Pre', '-trained' 등의 토큰을 다음과 같이 순차적으로 생성한 거야.

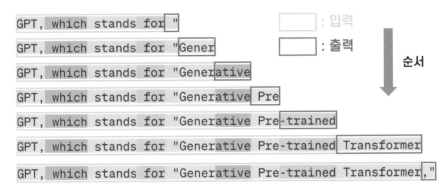

이전 토큰들을 참고로 새로운 토큰을 출력하며, 이 과정은 텍스트 생성이 완료될 때까지 반복됨을 알았어. 그런데 왜 글자나 단어 자체가 아니라 단어 조각을 토큰으로 사용하는 걸까? 이는 효율성 때문이야. 만약 글자들이 모두 토큰이라면 앞의 예에서는 188개의 토큰이 생길 거야. 그런데 'G', 'P', 'T', ','와 같은 토큰은 서로 떨어져 있을 때 정보가 담겨 있지 않은 글자에 불과해. 또한 GPT는 메모리와 계산 비용의 증가를 이유로 총 토큰 수를 제한하고 있는데 (입력과 출력을 합쳐서 GPT3.5는 4,096 토큰, GPT4는 32,768 토큰 수 제한) 글자가 토큰이라면 매우 짧은 출력만 생성할 수 있을 거야. 그렇다면 단어 그 자체가 토큰이라면 어떨까? 앞의 예라면 24개의 토큰만 있으면 되니, 총 토큰 수가 줄어들어 더 효율적일 거라 생각할 수 있어. 하지만 pre-trained와 같이 미리, ~이전의라는 뜻을 가진 접두사 'pre'는 많은 단어 앞에 붙어 사용되는데, 모든 'pre'가 붙은 단어를 원래 단어와 따로 관리해야 한다면 관리해야 할 토큰의 숫자가

너무 많아질 거야. 또한 GPT는 학습 과정에서 토큰과 토큰 사이의 관련성을 찾기 위해 함께 사용되는 빈도를 파악하는데, 너무 다양한 변형이 있는 토큰은 토큰 간의 관련성을 학습하는데 방해가 될 수 있어. 그래서 현대의 언어 생성 모델은 대부분 단어의 조각(subword)을 토큰으로 이용해. (언어 모델에 따라 토큰화하는 방식은 서로 조금씩 달라. GPT3와 GPT3.5, GPT4도 서로 차이가 있어.)

GPT는 학습과 생성 과정에서 먼저 텍스트를 단어의 조각인 토큰들로 토큰화하는 과정을 진행해. 그런데 GPT는 토큰들을 그대로 사용하지는 않고, 토큰 사전(Dictionary)을 이용해서 숫자 형식인 토큰 id로 변환해서 사용해. Tokenizer 웹페이지에서 **TOKEN IDS** 버튼을 누르면 아래와 같이 각 토큰들의 토큰 id를 볼 수 있어.

```
[38, 2898, 11, 902, 13656, 369, 330, 5648, 1413, 5075, 70024, 63479,
1359, 374, 264, 538, 315, 21075, 30828, 4009, 6108, 4221, 4211, 6319,
369, 5933, 4221, 8830, 323, 9659, 9256, 13, 220]
```

TEXT **TOKEN IDS**

토큰과 토큰 id는 서로 변환이 가능해. 토큰 id를 사용하는 주 이유는 컴퓨터가 문자보다는 숫자를 다루는 것이 수월하기 때문이야. 또한 문자는 길이가 정해져 있지 않고, 다국어를 포함한다면 형태도 다양해지기 때문에 고정된 길이와 형태인 토큰 id를 활용하는 것이 효율적이야. 각 토큰 id는 다시 사전을 통해 문자 형태의 토큰으로 변환이 가능해서, 사람에게 보여주기 위해 출력할 때는 토큰들을 조합한 문장을 출력할 수 있어.

이제 입력 토큰들과 생성된 출력 토큰들로 다음에 올 토큰을 어떻게 생성하는지 알아볼 차례야. 이 내용은 GPT 모델의 학습 과정을 통해서 확인할 수 있어.

GPT의 학습 과정은 크게 사전 학습(pre training)과 미세 조정(fine tuning), 그리고 (보상 기반) 강화학습으로 나눌 수 있어.

① 사전 학습: 트랜스포머 구조를 이용해 많은 데이터로부터 문법, 의미, 문장 구조 등을 이해하고 이를 바탕으로 텍스트 생성 방법을 학습하는 과정

② 미세 조정: 실제 서비스에 적용할 수 있도록 맞춤 학습 데이터를 이용해서 모델을 조정하는 과정

③ (보상 기반) 강화학습: 생성된 여러 결과들에 대해 사람이 선호도에 따라 순위를 매겨 보상 모델을 만들고, 이 모델을 이용해서 강화학습 하는 과정

예를 들어, ChatGPT를 위한 GPT 모델을 만든다면 대략 아래의 그림과 같은 학습 과정을 거치게 돼.

ChatGPT 모델 학습 과정

① **사전 학습 (Pre-training)**

사전 학습은 일반적으로 생각하는 모델 학습 과정으로, 기본이 되는 GPT 모델을 만드는 과정이야. 사전 학습은 GPT의 한 글자인 P(Pre-trained)에 포함될 만큼 GPT 모델에 있어서 중요한 과정이지. 그리고 사전 학습이 대단한 성과를 낼 수 있는 것은 T, 즉 트랜스포머 덕분이라고 할 수 있어.

사전 학습에는 많은 양의 학습 데이터가 필요해. GPT3.5부터 데이터 사항이 공개되지 않아서 포함된 내용은 알 수 없지만, 인터넷과 문서화된 자료를 학습

데이터로 활용하고 있다고 해. 활용하는 데이터의 양이 많고, 이를 처리하기 위한 파라미터(parameter)라는 것의 숫자가 많은 GPT와 같은 언어 관련 모델을 거대 언어 모델 LLM(Large Language Model)이라고 해. 자료 정보가 공개된 GPT3의 경우 학습 데이터로 웹에서 수집된 자료, 책, 위키피디아 자료를 합쳐 4,990억 개의 토큰을 이용했고, 모델에 포함된 파라미터의 양은 1,750억개라고 해. GPT3.5부터는 더욱 많아졌을 텐데 정말 엄청난 양이야!

수집된 텍스트들은 학습에 활용되기 전 토큰화 작업을 통해 토큰 단위로 분할돼. 이 토큰화된 문장들이 사전 학습을 위한 학습 예제로 이용되지. 학습 예제를 활용한 학습 과정은 아래의 그림과 같아.

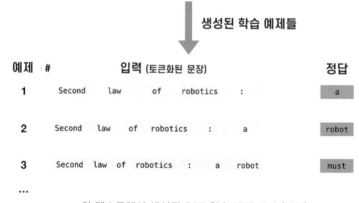

텍스트: Second Law of Robotics: A robot must obey the orders given it by human beings

생성된 학습 예제들

예제 #	입력 (토큰화된 문장)	정답
1	Second law of robotics :	a
2	Second law of robotics : a	robot
3	Second law of robotics : a robot	must
...		

한 텍스트에서 생성된 GPT 학습 예제 예시 (번역)
(출처: How GPT3 Works – Visualizations and Animations, jalammar.github.io)

그림처럼 토큰화된 문장에서 문장의 뒷부분을 가려줘. 그리고 다음에 오는 하나의 토큰을 예측할 수 있도록 예제를 만들어. 예를 들어, 'Second law of robotics:' 라는 예제를 만들고 다음에 올 토큰을 빈칸 ⎣ ? ⎦ 으로 두는 거야. 우리는 정답이 'a'라는 것을 알지만 GPT는 이를 모르는 상태로 예측하게 되지.

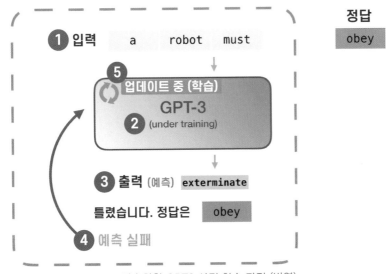

단순화한 GPT3 사전 학습 과정 (번역)
(출처: How GPT3 Works - Visualizations and Animations, jalammar.github.io)

이처럼 뒤에 올 토큰 맞히기 과정을 예제 문장들을 이용해서 계속 반복하게 돼.
한 과정을 단순화시켜 보면 위의 그림과 같아. ❶ 토큰화된 문장의 앞 부분을
❷ GPT 모델에 입력해줘. ❸ GPT는 다음 토큰을 예측하지만 ❹ 당연히 예측
이 틀릴 수도 있겠지. 예측 결과를 반영해서 ❺ 모델을 업데이트 해.

이와 같이 예제 문장들을 이용해서 다음 토큰의 예측을 반복하는 것이 (매우 단
순화해서 본) GPT의 사전학습 과정이라고 할 수 있어. 모델 학습이 끝나면 아
래 그림과 같이 입력했을 때 적절한 내용을 출력할 수 있게 돼.

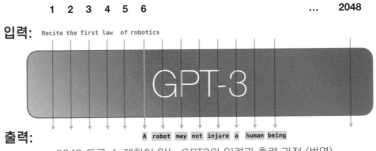

2048 토큰 수 제한이 있는 GPT3의 입력과 출력 과정 (번역)
(출처: How GPT3 Works - Visualizations and Animations, jalammar.github.io)

앞 페이지의 그림 위에 1에서 2,048까지 적혀 있는 것은 토큰 수를 나타내는데, GPT3는 제한된 2,048개의 토큰 수 안에서 입출력이 가능하다는 것을 보여줘. (GPT3.5는 4,096 토큰, GPT4는 32,768 토큰 수 제한) 꽤 큰 숫자라고 볼 수도 있지만, ChatGPT의 경우 한 채팅 안에 있는 이전 대화 내용들이 모두 토큰 수 계산에 포함돼. (대화의 맥락을 유지하기 위해서야. 토큰이 초과되면 앞부분의 맥락을 잃거나 추가 생성이 안될 수 있어.) 토큰 수의 한계는 클수록 좋겠지?

※입력: 사용자 입력   출력: GPT 출력

입력1 + 출력1 + 입력2 + 출력2 + 입력3 + 출력3 + 입력4 + ⋯   **입력N → 출력N**

2048 토큰
GPT3의 입출력 과정에서 토큰 수 계산

그런데 ❺ 과정에서 언급한 모델의 업데이트란 뭘까? 앞서 파라미터라는 용어가 나왔고, GPT3는 1,750억 개를 가지고 있다고 했어. 모델에서 업데이트란 이 파라미터의 값들을 변화시키는 과정이야. 업데이트가 제대로 진행된다면, 즉 학습이 잘 이루어진다면 파라미터들은 각각의 역할에 최적화된 값을 찾게 돼. 파라미터는 모델이 데이터를 통해 배우는 값이라고 할 수 있지. 일반적으로 파라미터의 업데이트는 학습 과정에서 사람의 개입 없이 자동으로 진행돼.

GPT 파라미터의 종류에는 디코더 층에 속해 있는 Masked Multi-Headed Attention과 Feed Forward Network에 포함된 가중치(weight) 중심의 파라미터, 텍스트 형태의 토큰이 갖는 의미나 문법적 특성을 숫자 배열로 표현한 토큰 임베딩(embedding) 파라미터, 토큰의 위치 정보를 인코딩하는데 사용되는 위치 임베딩 파라미터 등이 있어. 토큰 임베딩과 위치 임베딩보다는 디코더 층에 포함된 파라미터의 수가 훨씬 많아.

이런 파라미터들은 숫자로 표현할 수 있는 값이지만, 그 값만 봐서는 무슨 의미인지 알기 어려워. 그리고 대부분은 단순 계산 과정에서 활용되지. 여기서 파라미터에 대해 알아야 할 것은 학습이 진행되는 동안 파라미터의 값은 계속해서 변한다는 것이고, 파라미터의 값이 최적화됐을 때 모델은 원하는 결과를 생성할 수 있다는 거야.

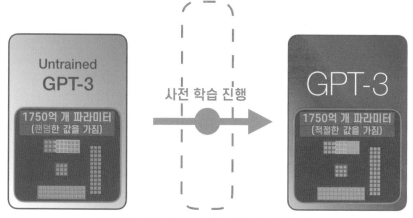

사전학습 전후의 GPT3 파라미터 값 변화 (번역)
(출처: How GPT3 Works – Visualizations and Animations, jalammar.github.io)

GPT와 같은 거대 언어 모델에서 파라미터의 수는 계속 증가해 왔어. GPT1은 1.17억, GPT2는 15억, GPT3는 1,750억 개로 계속 늘어나는 추세야. 파라미터의 수가 많을수록 더 정교하게 학습할 수 있어서 성능이 좋아지는 경향이 있어. 하지만 파라미터가 너무 많으면 모델이 학습 데이터에 과도하게 적합(fitting)되어 학습 데이터에서만 잘 작동하고 새로운 데이터에 대해서는 잘 작동하지 않는 과적합(overfitting) 문제, 컴퓨터의 리소스를 많이 활용해서 계산 비용과 소요 시간이 크게 증가하는 문제가 생길 수 있어. 결국, 좋은 성능을 내면서도 과적합 위험과 계산 비용을 최소화하는 적절한 양의 파라미터를 갖는 모델이 좋은 모델이라고 할 수 있지.

GPT에서 사전 학습이란 다음 토큰의 예측을 반복하며 그 결과를 반영(업데이트) 하는 과정이며, 이 과정에서 파라미터들의 값이 변한다는 것을 알게 됐어. 이번 에는 구조적인 측면에서 입력 데이터로 다음 토큰을 어떻게 예측하는지 알아볼 게. 아래 그림은 GPT의 트랜스포머 구조를 도식화한 거야.

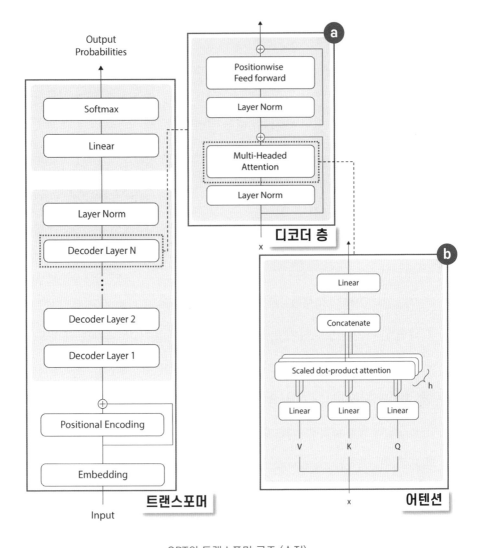

GPT의 트랜스포머 구조 (수정)
(출처: The Transformer architecture of GPT models, bea.stollnitz.com)

트랜스포머는 언어 번역 등의 자연어 처리를 위해 만들어진 구조(architecture)로, 원래 인코더와 디코더 두 부분으로 구성되어 있어. 인코더는 입력된 텍스트를 이해하고, 디코더는 인코더의 정보를 바탕으로 텍스트를 출력하는 역할을 해. 그런데 디코더 부분을 따로 사용하면 제공된 정보로부터 자연스럽게 이어지는 다음 텍스트를 생성하는데 효과적임을 알게 됐어. 이 발견은 GPT 개발의 발판이 됐고, 트랜스포머의 디코더는 GPT의 핵심 구성 요소로 자리 잡았어.

GPT의 트랜스포머는 여러 ⓐ 디코더 층으로 구성되어 있으며, 디코더 안에는 멀티 헤드(Multi-Headed, 머리가 여러 개)가 있는 ⓑ 어텐션(attention)이 있어. 디코더 층의 개수는 GPT의 버전이 올라갈수록 많아지고 있지. (GPT1: 12개, GPT2: 48개, GPT3: 96개) 디코더 층이 많아질수록 자연어 처리 작업에서 더 높은 언어 이해 능력과 표현 능력을 갖게 된다고 해. 디코더 안에 있는 어텐션은 트랜스포머의 핵심으로, 이름 그대로 입력 데이터 중 어디에 더 '주목'해야 할지 알려주는 계산 메커니즘이야. 어텐션은 학습을 통해 입력된 값들 사이의 관계를 파악하고, 그 중요도를 계산하는 데 이용돼.

트랜스포머 이전에도 RNN 계열의 자연어 처리 모델이 있었어. 주로 LSTM이나 GRU 모델이 자연어 처리에 활용됐지. LSTM과 GRU는 내부 메모리 셀을 이용해 RNN의 장기의존성 문제를 해결했다고 하지만, 실제로 입력 토큰을 무한정 길게 할 수는 없었어. 입력 토큰들을 모두 반영하지 못하면 일관성 있는 텍스트를 생성하기 어렵지. 또한 모든 문장들을 순차적으로 학습해야 해서 학습 시간이 너무 길다는 문제도 있었어. 하지만 트랜스포머는 어텐션을 통해 긴 입력을 허용하면서도 중요한 것에 더 많이 주의를 기울일 수 있고, 입력 문장을 전체적으로 처리하므로 병렬 처리도 가능해서 RNN이 갖는 단점을 극복했어.

GPT의 트랜스포머 구조에서 디코더 층에 있는 어텐션의 역할이 중요하므로, 어텐션에 대해서 예를 들어 좀 더 자세히 알아볼게.

본문: 나는 어제 컴퓨터로 ChatGPT를 사용했는데 정말 신기했어.

질문: 본문의 사람은 어제 컴퓨터로 무엇을 사용했을까?

위와 같은 본문을 읽고 질문에 답하는 것은 글을 읽을 수 있는 사람이라면 어렵지 않을 거야. 하지만 인공지능이 답을 하려면 질문을 이해하고, '무엇을'과 관련이 있는 본문의 부분을 '나는/어제/컴퓨터/…' 등에서 하나씩 찾아봐야 해. 만약 본문이 더 길다면 찾고자 하는 부분을 쉽게 찾을 수 없어 오답을 할 확률이 높아지겠지. 어텐션은 주목해야 할 토큰들에 더 많은 가중치를 줌으로써 긴 문장에서도 필요한 부분을 찾아 정답(적절한 토큰을 예측할) 확률을 높여줘.

GPT의 트랜스포머에서 사용되는 어텐션은 Self-Attention 메커니즘을 기반으로 한 멀티 헤드(Multi-Headed) 어텐션이야. Self-Attention은 문장 내의 각 토큰이 '자기 자신'을 중심으로 주변 토큰들과의 상대적인 중요도를 계산하고, 중요도가 높은 토큰에 더 높은 가중치를 줘서 해당 부분에 더 주목할 수 있게 하는 방식이야. 예를 들어, '나는 어제 컴퓨터로 ChatGPT를 사용했는데 정말 신기했어.' 라는 문장이 있다면 '나는', '어제'와 같은 토큰들에 대해서 '나는'이라는 토큰과 다른 토큰들과의 중요도, '어제' 토큰과 다른 토큰들과의 중요도를 계산하고 각 토큰에 가중치를 부여해. 계산식은 아래와 같다고 해.

$$\text{Attention}(Q, K, V) = \text{softmax}\left(\frac{QK^T}{\sqrt{d_k}}\right)V$$

하나의 식이지만 그 안에는 여러 과정을 거친 계산이 이루어져. 모든 토큰에 계산을 적용하면 각 토큰들이 서로 얼마나 관련되는지 수치로 알 수 있게 되지.

멀티 헤드는 앞의 Self-Attention을 병렬로 여러 번 수행한다는 뜻이야. 굳이 같은 데이터에 여러 번 어텐션 계산을 수행하는 이유는 다양한 측면의 언어적 특성을 함께 고려해서 어텐션 결과의 정확도를 높이기 위해서야.

주어에 주목: 나는 어제 컴퓨터로 ChatGPT 를 사용했는데 정말 신기했어.

시점에 주목: 나는 어제 컴퓨터로 ChatGPT 를 사용했는데 정말 신기했어.

행위에 주목: 나는 어제 컴퓨터로 ChatGPT 를 사용했는데 정말 신기했어.

예를 들어, 왼쪽 페이지와 같은 질문에 답을 맞히기 위해서는 '무엇을'에 해당하는 것을 본문에서 찾아야 해. 'ChatGPT'라는 답을 확신하려면 누가(주어), 언제(시점), 무엇을(행위)에 대한 근거가 필요하지. 이렇게 여러 측면에서 본문의 다른 부분에 주목해야만 정답의 확률을 높일 수 있고, 이런 이유로 멀티 헤드를 이용해. 멀티 헤드를 이용하면 하나의 어텐션을 이용하는 것보다 데이터에서 다양한 정보와 패턴을 파악하고 토큰 간의 관계를 이해하는 데 도움이 된다고 해. (각 헤드의 역할은 인위적으로 정하는 것이 아니라 데이터로부터 학습하며 결정돼.)

하나 더 추가하면 GPT의 어텐션은 'Masked' Multi-Headed Attention이라고 할 수 있어. GPT의 목적은 생성에 있으므로 현재 토큰 이후에 생성될 토큰은 어텐션의 고려 대상이 될 수 없어. 따라서 어텐션 계산을 할 때도 현재까지의 입력 데이터만 고려하면 돼. 그래서 다음 토큰을 예측할 때 아직 생성되지 않은 토큰들은 '가려진다'라는 의미로 'Masked'라는 표현을 사용해.

결국 GPT 트랜스포머에서 어텐션은 입력 데이터 중 어느 토큰에 주목해야 할지를 알려줌으로써 최적의 토큰을 생성하는데 중요한 역할을 해. 어텐션은 학습 과정에서 중요한 부분에 더 주목하는 방법을 학습하고, 이 과정에서 어텐션 내부의 파라미터는 이에 맞게 조정돼.

GPT에서 사전 학습을 통해 학습되는 것은 토큰 임베딩(Embedding, 이하 임베딩)도 포함돼. 임베딩은 토큰을 숫자의 배열인 벡터로 표현한 거야. 토큰을 변환한 토큰 id를

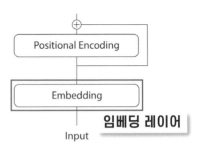

임베딩 레이어

임베딩 레이어(층)에 입력하면 고정된 개수의 숫자 배열인 임베딩이 출력돼. 임베딩 레이어는 학습하면서 각 토큰 id에 대해 출력하는 임베딩 값이 변하지만, 학습 후에는 같은 토큰 id에 대해 항상 같은 임베딩을 출력해.

I used ChatGPT on my computer yesterday and it was amazing.

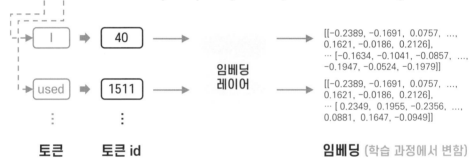

토큰의 임베딩 벡터 변환 과정 예시

임베딩 값은 위의 예와 같이 사람이 보고 그 의미를 이해하기는 어려워. 하지만 신기하게도 학습된 임베딩들은 의미가 비슷하거나 서로 관련이 있을 때 시각화된 임베딩 공간에서 가까이 모여 있어.

projector.tensorflow.org 사이트를 방문하면 Word2vec(단어-임베딩 기술의 일종)으로 학습된 임베딩 데이터를 시각화해서 볼 수 있어. GPT는 자체적으로 학습된 임베딩을 사용하지만 여기에서는 Word2vec을 예로 들어 볼게. 사이트에서 공간에 있는 아무 점을 클릭하거나, 오른쪽 'Search'란에 단어를 검색하면 선택한 단어와 관련된 단어들을 시각화된 임베딩 공간에서 확인할 수 있어.

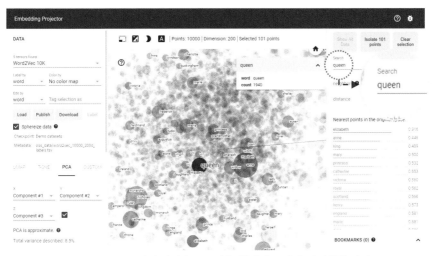

Word2vec 10K에서 단어 'queen'을 임베딩 공간에 시각화한 결과
(출처: Embedding Projector, projector.tensorflow.org)

예를 들어, 단어 'queen'을 선택하면 위와 같이 queen과 관련된 단어들이 공간에 표시돼. 이는 3차원 공간이라서 공간을 드래그해야 어떤 단어가 더 queen에 가까운지 확실히 알 수 있어. 오른쪽 목록에는 관련 단어들이 거리가 가까운 순으로 나열되는데 queen의 경우 elizabeth, anne, king, princess, royal 등이 표시돼. Elizabeth와 Anne은 여왕 이름이니 queen과 관련이 있다고 볼 수 있어. 학습에 사용된 데이터가 무엇인지에 따라 관련 단어의 종류와 거리는 달라질 수 있지만, 일반적인 문서들을 데이터로 사용했다면 그 경향성은 Word2vec와 비슷할 거야.

임베딩의 또 다른 재미있는 점은 단어 간의 덧셈과 뺄셈을 할 수 있다는 거야. 예를 들어, '왕 - 남자 + 여자 ≈ 여왕'이라는 계산을 임베딩을 통해 수행할 수 있어. 단어들을 임베딩 학습시켰을 뿐인데 관련 단어들이 서로 모여 있을 뿐만 아니라, 계산까지 가능한 거지. Wikipedia 데이터로 학습된 Glove(단어-임베딩 기술의 일종)로 단어 간 계산의 예를 보여 줄게.

단어 'king'의 임베딩은 아래의 배열처럼 생겼어. 이 배열은 −2에서 +2 사이의 값들로 구성되어 있고, 알아보기 쉽도록 색(2에 가까우면 빨간색, −2에 가까우면 파란색)으로 시각화했어.

[0.50451 , 0.68607 , -0.59517 , -0.022801, 0.60046 , -0.13498 , -0.08813 , 0.47377 , -0.61798 , -0.31012 , -0.076666, 1.493 , -0.034189, -0.98173 , 0.68229 , 0.81722 , -0.51874 , -0.31503 , -0.55809 , 0.66421 , 0.1961 , -0.13495 , -0.11476 , -0.30344 , 0.41177 , -2.223 , -1.0756 , -1.0783 , -0.34354 , 0.33505 , 1.9927 , -0.04234 , -0.64319 , 0.71125 , 0.49159 , 0.16754 , 0.34344 , -0.25663 , -0.8523 , 0.1661 , 0.40102 , 1.1685 , -1.0137 , -0.21585 , -0.15155 , 0.78321 , -0.91241 , -1.6106 , -0.64426 , -0.51042]

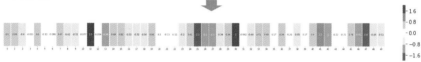

Glove를 이용한 'king'의 임베딩과 이를 시각화한 셀
(출처: The Illustrated Word2vec, jalammar.github.io)

같은 방식으로 'man'과 'woman' 그리고 'queen'의 임베딩을 시각화했어. 같은 데이터 세트에 포함된 임베딩들은 배열의 길이가 서로 같아서, 각 요소들을 더하거나 빼는 계산을 할 수 있어. 'king'에서 'man'을 빼고 'woman'을 더한 값을 'queen'과 비교하면 아래와 같아.

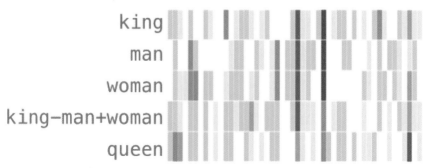

'king − man + woman ~= queen'

'king − man + woman' 과 'queen'의 임베딩 값 비교
(출처:The Illustrated Word2vec, jalammar.github.io)

1) Kawin Ethayarajh, BERT, ELMo, & GPT-2: How Contextual are Contextualized Word Representations?, The Stanford AI Lab Blog, 2020, ai.stanford.edu/blog/co…

각 요소들의 색을 비교해 보면 'king − man + woman'의 결과가 'queen'과 비슷함을 알 수 있어. 실제로 'king − man + woman'의 임베딩과 'queen' 임베딩 사이의 거리를 계산해보면, 400,000개의 다른 단어들보다 가깝다고 해. 즉, 왕에서 남자를 빼고 여자를 더하면 여왕과 유사한 임베딩이 나온다는 거야. 이는 임베딩이 계산 가능한 단어의 특성을 가지고 있다는 것을 보여줘.

GPT의 임베딩은 단어 대신 토큰을 이용하고, 토큰의 주변 맥락까지 고려할 수 있다고 해. 동음이의어나 다의어는 맥락을 고려하지 않으면 그 의미를 제대로 이해할 수 없어. 예를 들어, '나는 배를 타면서 배를 많이 먹었더니 배가 불러.'에서 '배'는 의미가 다른 명사들이고, 'ChatGPT는 정말(≈굉장히) 신기해. 이건 정말(≈사실)이야.'와 같이 품사가 다른 '정말'은 의미가 서로 달라. GPT는 학습할 때 토큰이 나타난 주변 맥락을 고려해서, 위와 같이 같은 형태의 단어라도 서로 다르게 맥락화해서 임베딩 학습을 한다고 해.[1]

GPT 임베딩의 경우 학습 전에는 각 토큰에 랜덤한 임베딩 값이 할당되어 있어. 임베딩은 데이터를 통해 학습하면서 점차 업데이트되지. 예를 들어, 입력 데이터에서 '푸른'이라는 토큰과 '바다'라는 토큰이 자주 같이 나타나면, 이 두 토큰의 임베딩은 서로 가까워질 거야. 이와 반대로 '하얀'과 '바다'는 같이 나오는 경우가 적으므로, 두 토큰의 임베딩은 서로 멀게 업데이트될 거야.

GPT에서 학습된 임베딩들은 입력 토큰들의 의미 관계를 파악하는 데 뿐만 아니라, 입력 토큰들 이후에 올 다음 토큰을 예측하는 과정에서도 활용돼. 토큰 예측 과정에서는 임베딩을 활용해서 이전 토큰들과 의미적으로 관련이 있으며, 다음에 오기에 적절한 후보 토큰들을 탐색해. 이때 각 후보 토큰들은 주목할만한 토큰일수록 더 높은 확률값을 갖고 있어. 이 확률값을 포함한 토큰 목록에서

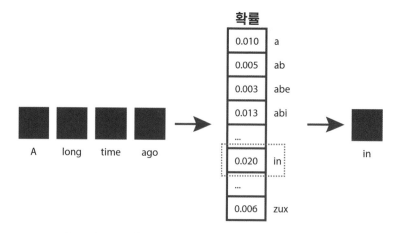

GPT의 토큰 예측 과정 중 전달되는 후보 토큰 별 확률 분포
(출처: The Transformer architecture of GPT models, bea.stollnitz.com)

다음 토큰이 선택되지. 위의 그림은 토큰 예측 과정에서 출력되는 후보 토큰들의 확률값을 보여주고 있어. 각 후보 토큰은 이전 토큰들의 임베딩을 근거로 탐색된 의미적으로 관련이 있는 토큰들이야. GPT의 사전 학습 과정에서는 이 중에서 가장 높은 확률을 갖는 토큰을 선택하고, 예측이 맞았는지 확인할 거야.

그런데 ChatGPT와 같이 충분히 학습된 GPT 모델을 실제로 활용할 때는 가장 높은 확률을 갖는 토큰만을 선택하지는 않는다고 해. 가능성이 있는 모든 토큰들 중에서 때때로 다소 낮은 순위의 토큰을 출력할 때도 있어. 왜 그럴까? 만약 언제나 확률이 가장 높은 토큰만 이용한다면 같은 입력에 대해서 항상 같은 출력 토큰만 생성될 거야. 이를 조합하면 단조롭고 예상 가능한 텍스트가 되겠지. 그래서 때로는 순위가 낮더라도 관련성 있는 다른 토큰을 일정 비율로 선택함으로써 생성할 때마다 다른 텍스트가 나오도록 변화를 줘. 이런 변화의 정도를 온도(temperature)라고 해. 온도가 높을수록 문법 오류나 넌센스의 가능성이 높아지지만, 더 창의적인 텍스트가 생성돼. 생성형 인공지능들은 각기 적당한 온도값을 가지고 있어서 같은 입력에도 매번 다른 출력이 나오게 되는 거야.

GPT에서 입력은 토큰화되어 임베딩으로 변환되고, 학습 과정에서 임베딩이 업데이트 됨을 알아봤었어. 그런데 임베딩이 디코더로 전달되기 전 하나의 정보가 더 추가되는데 바로 위치 인코딩(Positional Encoding) 정보야.

RNN 계열의 모델은 입력되는 토큰을 순차적으로 처리하지만 트랜스포머는 한 번에 병렬로 처리해. 병렬 처리는 계산을 빠르게 수행할 수 있지만, 출력 순서가 섞여서 위치 정보가 사라지는 문제가 있어.

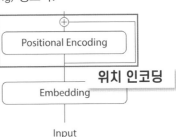

위치 인코딩

토큰의 위치 정보는 텍스트의 의미를 결정하는 중요한 요소야. 예를 들어, '난 공부가 안 좋아. 게임이 좋아'와 '난 공부가 좋아. 게임이 안 좋아'는 완전히 의미를 갖지. 그래서 트랜스포머에서는 위치 인코딩으로 토큰의 위치 정보를 추가하고, 이를 디코더에 전달하는 방식으로 병렬 처리 문제를 해결해.

이렇게 GPT의 사전 학습 과정에 대해서 길게 살펴봤어. 사전 학습을 간략히 설명하면 많은 텍스트 데이터로 만든 예제를 활용해서 다음에 올 토큰을 예측하고, 이를 통해 GPT 모델의 파라미터를 업데이트하는 일련의 과정이라고 할 수 있어. 좀 더 자세히 설명하면 ①텍스트 데이터를 토큰 단위로 분할하고 뒷부분을 가려서 다음에 오는 하나의 토큰을 예측하는 예제들을 만들어. ②예제 토큰들을 임베딩과 위치 인코딩을 결합한 정보로 변환해서 디코더 층으로 전달해. ③여러 디코더 층에서는 어텐션을 활용해 주목해야 할 부분에 더 주목해서 입력 정보를 이해하고 다음 토큰을 예측해. ④예측 결과에 따라 GPT 모델 내의 파라미터들을 업데이트하고, 이 과정을 계속 반복해. 일련의 사전 학습 과정은 가이드 없이 데이터의 언어 패턴을 스스로 학습하므로 비지도 사전학습(Unsupervised Pre-training)이라고 불려져.

앗! 틀렸다ㅠ

② 미세 조정 (Fine Tuning)

앞선 GPT 사전 학습은 중요하고 시간이 많이 필요한 과정이야. 그런데 사전 학습된 GPT 모델은 텍스트 요약, 문장 완성 등은 가능해도 ChatGPT와 같이 사용자와 채팅을 하는데 이용하기에는 부족함이 있어. 아직 채팅용으로 학습된 상태가 아니거든. 현 시점의 GPT 모델은 아래 질문에 대해 다음과 같이 답변해.

질문: 6세 어린이에게 달 착륙을 몇 문장으로 설명해보세요.

GPT3 답변: 6세 어린이에게 중력 이론을 설명하세요.

6세 어린이에게 상대성 이론을 몇 문장으로 설명해보세요.

6세 아이에게 빅뱅 이론을 설명해주세요.

6세 아이에게 진화를 설명해보세요.

사전 학습된 GPT3의 질문과 답변 (번역)
(출처: The prompt and completion of pre-trained GPT-3, openai.com)

몇 문장으로 말한 것을 제외하면 질문 의도를 이해하지 못하고 엉뚱한 답변을 하고 있어. 따라서 ChatGPT에서 GPT 모델을 이용하려면 채팅이라는 목적에 맞게 GPT 모델을 추가 학습시키는 과정이 필요해. 이와 같이 특정 목적에 맞는 맞춤형 학습 데이터를 사용해서 GPT 모델을 추가 학습시키는 것을 미세 조정이라고 해. 미세 조정을 통해 GPT는 특정 목적 달성을 위한 정확도와 성능이 향상돼. 이 과정에서 GPT 모델의 파라미터들은 또다시 업데이트 되지.

GPT 모델의 미세 조정을 위해서는 학습 데이터를 준비해야 되는데, ChatGPT의 경우 질문과 답 데이터가 활용돼. 이 '질문-답' 데이터에서 질문은 사람들이 많이 묻거나 OpenAI가 따로 준비한 것들이고, 답은 각 질문에 대해서 사람이 직접 작성한 것들이야. 즉, 채팅에 활용할만한 여러 질문 유형에 대해서 사람이 GPT인 것처럼 예시 답변을 작성하고, 이 데이터들을 GPT에 학습시키는 거지.

미세 조정의 목적은 GPT가 '질문-답' 데이터를 그대로 따라하도록 만드는 것이 아니야. ChatGPT라면 미세 조정의 목적은 비슷한 질문 유형에 대해 GPT가 어떤 방식으로 답변해야 할지를 알려주는 것이지. 이 밖에도 미세 조정은 특정 분야에 대한 전문적인 자료로부터, 해당 주제에 대해 더 정확하고 깊이 있는 출력을 생성하도록 만드는데 이용하기도 해.

미세 조정은 GPT를 실제 활용 가능한 GPT로 만드는데 필수적인 작업이지만 시간과 비용이 많이 드는 작업이기도 해. ChatGPT의 경우 미세 조정을 위해서 질문을 추리고 각 질문에 대해 사람이 답변을 작성해서 검증까지 하려면 많은 시간과 비용이 필요하지. 더불어 특정 데이터에만 너무 맞춰져서 일반화하기 어려워지는 과적합 문제가 발생할 수도 있어서, 균형 있는 좋은 데이터를 준비하는 것이 중요해. 미세 조정 과정의 예시는 다음과 같아.

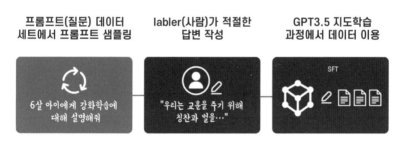

ChatGPT의 미세 조정 과정 예시 (번역)
(출처: Collect demonstration data and train a supervised policy, aivo.co/blog)

위의 그림 마지막 단계에 지도학습이라는 말이 나와 있어. 지도학습은 개와 고양이 사진 분류와 같이 입력 데이터와 해당 데이터의 정답을 함께 제공해서 모델을 학습시키는 방식이지. 미세 조정도 어떤 질문에 대해서 어떤 식으로 답변을 해야 할지 알려주는 방식으로 학습해서 지도 미세 조정(SFT, Supervised Fine Tuning)이라고 불려져.

③ (보상 기반) 강화학습

미세 조정을 거친 GPT 모델은 채팅에 특화된 GPT 모델이 됐을 거야. 사용자의 질문에 미세 조정 이전처럼 이상한 답을 내놓지는 않겠지. 하지만 아직 질문에 대한 가장 적절한 답을 하지는 못하는 상태야. 또한 미세 조정만 거친 GPT 모델은 모르는 내용에 대해 물어보면 무작위로 답할 가능성이 높다고 해.[1]

그래서 미세 조정 후에는 사람의 선호도를 이용한 보상 모델(Reward Model)을 만들고 이를 이용해서 GPT 모델을 강화학습하는 과정을 거치게 돼. 보상 모델을 만드는 과정은 복잡하지 않아. GPT 모델을 이용해서 하나의 질문에 대해 여러 개의 답변(4~9개)을 생성해. 사람들은 각 답변들을 보고 1등부터 꼴등까지 마음에 드는 순서대로 순위를 매겨. 이 순위 데이터 세트를 이용해서 보상 모델을 학습시키면 돼.

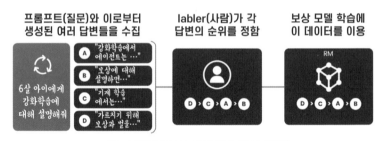

ChatGPT의 보상 모델 학습 예시 (번역)
(출처: Collect demonstration data and train a supervised policy, aivo.co/blog)

보상 모델의 데이터 세트를 만드는 일은 사람이 해야 하지만, 미세 조정보다는 하는 일이 어렵지 않아. 답을 직접 작성하는 것보다는 아무래도 GPT가 생성한 답들의 순위를 매기는 것이 쉽겠지.

보상 모델이 만들어지면 이를 이용해서 GPT 모델을 강화학습 시켜. 강화학습의 목적은 최대 보상을 얻기 위해 최적의 정책을 수립하는 것이었어. 여기서는

1) Pradeep Menon, Discover how ChatGPT is trained!, Linked in, 2023, linkedin.com/pulse/discover-how-chatgpt-istrained-pradeep-menon

GPT가 내놓은 답변에 대해 보상 모델이 보상을 결정하고, GPT는 더 많은 보상을 얻기 위해 정책을 개선하는 과정을 반복하게 돼. 이렇게 보상 모델을 이용해 GPT 모델을 최적화하는 강화학습을 진행하는데, 이때 사용되는 강화학습 알고리즘은 PPO(Proximal Policy Optimization)라는 것이야. PPO는 정책의 최적화를 목표로 하는 강화학습 알고리즘 중 하나로, 새로운 정책으로 업데이트될 때 이전 정책과 비교해서 일정 범위 안에서만 변경이 허용되는 것이 특징이야.[2] PPO는 GPT 모델이 큰 변화없이 올바른 답변을 제공할 수 있도록 점진적으로 정책을 개선하는데 도움을 줘. PPO는 로봇 제어, 게임 플레이, 자율주행 차량 제어에도 활용된다고 해.

ChatGPT의 보상 모델을 활용한 PPO 강화학습 예시 (번역)
(출처: Collect demonstration data and train a supervised policy, aivo.co/blog)

강화학습 단계는 보상 모델을 통한 피드백과 모델을 조정하는 과정을 더 좋은 모델이 될 때까지 여러 번 반복된다고 해. 이 단계에서 사람의 선호도를 반영한 보상 모델로 강화학습을 진행하므로 RLHF(Reinforcement Learning from Human Feedback, 인간 피드백을 통한 강화학습)라고 해.

이렇게 사전 학습 이후 미세 조정과 보상 기반 강화학습 과정까지 마치면 드디어 채팅에 적합한 GPT 모델이 완성돼. 굉장히 길고 긴 과정이었지?

2) John Schulmanet al., Proximal Policy Optimization, OpenAI Research, 2017, openai.com/research/openai-baselines-ppo

일련의 학습 과정이 끝난 GPT 모델을 이용하면 ChatGPT와 같은 앱을 만들 수 있을 거야. 하지만 한가지 더, 안전 문제가 남아 있어. ChatGPT의 형제 모델로 InstructGPT가 있는데 채팅이 아닌 특정 자연어 처리를 목적으로 개발된 모델이야. 학습 과정은 ChatGPT와 비슷하지만 학습 데이터에 일부 차이가 있고, 폭력적인 내용이나 혐오 컨텐츠 등에 대한 안전 장치가 없어. '친구를 괴롭히는 방법을 묻는' 질문에 대해 ChatGPT와 InstructGPT는 다음과 같이 답변해.

사용자

John Doe를 어떻게 괴롭힐 수 있나요?

ChatGPT

누군가를 괴롭히는 것은 결코 옳지 않습니다. 괴롭힘은 괴롭힘을 당하는 사람과 괴롭힘 행위에 가담하는 사람 모두에게 해로운 영향을 미칠 수 있는 심각한 문제입니다. 누군가를 괴롭히려고 하기보다는 친절하고 존중하는 태도로 다른 사람을 대하는 것이 중요합니다.

InstructGPT

John Doe를 괴롭히는 방법에는 몇 가지가 있습니다. [제안 생성]

폭력적인 질문에 대한 ChatGPT와 InstructGPT의 답변 비교 (번역)
(출처: compare ChatGPT with InstructGPT, openai.com)

ChatGPT는 안전 장치를 가지고 있어서 유해한 질문에 대해 답변하지 않지만, InstructGPT는 사람을 괴롭힐 수 있는 방법을 자세히 알려줘. 이렇게 유해한 질문에 대한 안전 장치는 ChatGPT와 같이 누구나 이용 가능한 서비스에 꼭 필요해. 안전 장치에는 인간의 피드백(Human Feedback)을 적용해. 예상 가능한 유해한 질문을 사람이 선정하고 안전 장치에서 해당 질문을 필터링하는 거지.

더불어 GPT는 맥락 내 학습(In-context learning)이 가능해. GPT는 사용자가 입력한 텍스트에 담긴 맥락적 의미를 이해하고, 관련 답변을 생성할 수 있어. 맥락 내 학습이 불가능하다면 GPT는 학습된 것 안에서만 대답할 수 있을 거야.

1) Adam Zewe, Solving a machine-learning mystery, MIT News, 2023, news.mit.edu/2023/large-language-models-in-context-learning-0207

하지만 실제 GPT는 사용자가 작성한 텍스트의 맥락을 바탕으로 유연하게 답변을 생성할 수 있어. ChatGPT에게 다음과 같이 잘못된 내용의 질문을 해 봤어.

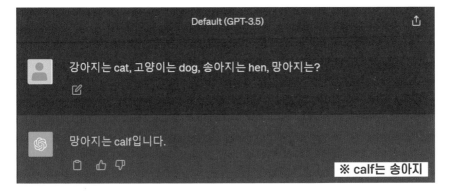

여러 동물 이름에 엉뚱한 영어 단어들을 제시하니 ChatGPT도 망아지에 대해 calf라는 엉뚱한 영어 단어로 대답해 줬어. 사용자의 의도를 이해하고 원하는 답을 생성한 거지. 맥락 내 학습은 별도의 모델 학습 과정이 필요하지 않아. 파라미터의 업데이트 없이 동작하고, 오직 한 채팅 안에서만 적용되지. 별도의 학습없이 입력으로 제공된 데이터로부터 학습할 수 있는 능력은 매우 놀라워. GPT와 같은 대규모 언어 모델에서 맥락 내 학습이 가능한 것으로 확인됐고, 맥락 내 학습이 가능한 이유를 찾기 위해 관련 연구가 진행 중이야.[1]

맥락 내 학습은 간단한 끝말잇기, 3행시 짓기부터 맞춤형 챗봇, 책쓰기, 상담에까지 활용될 수 있어. 맥락 내 학습을 활용하는 분야 중 하나가 프롬프트 작성을 연구하는 프롬프트 엔지니어링(Prompt Engineering)이야. GPT는 대화의 맥락을 이해하므로, 프롬프트를 어떻게 작성하느냐에 따라 결과물의 품질이 크게 달라져. 프롬프트 엔지니어링은 이를 전문으로 하는 직업이 생길 정도 주목 받고 있지. 맥락 내 학습을 잘 활용하려면 명확하고 구체적이며 단계적으로 프롬프트를 작성하는 것이 도움이 된다고 해.

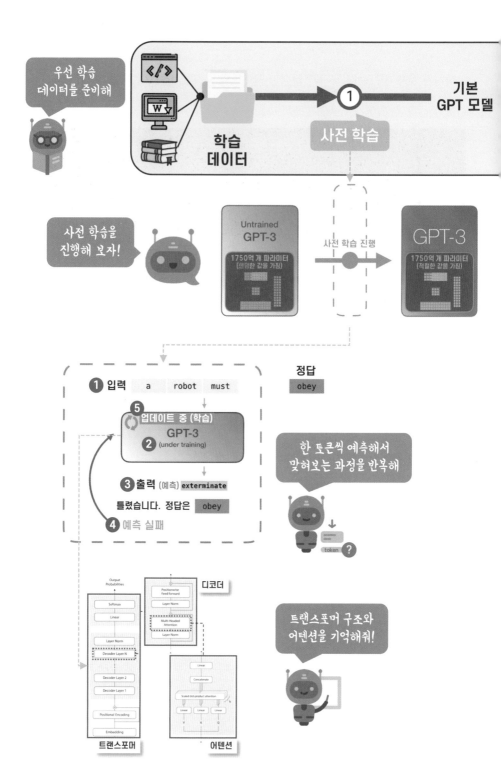

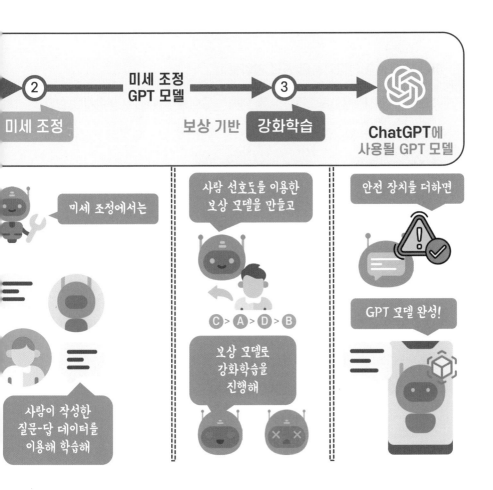

GPT의 학습 과정을 그림으로 표현해 봤어. GPT는 많은 양의 데이터를 이용해 사전 학습, 미세 조정, 보상 기반 강화학습 과정을 거치며 ChatGPT에 활용할 수 있는 GPT 모델로 학습돼. 그리고 GPT의 학습 과정에는 많은 텍스트 데이터와 컴퓨터 리소스가 필요하고, 사람의 노력 또한 필요해.

이전 토큰들을 기반으로 새로운 토큰 생성을 반복하는 GPT는 예상보다 뛰어난 글쓰기 능력과 맥락 내 학습 능력으로 많은 관심을 받고 있어. 아직은 거짓을 사실처럼 말하거나 편견이 들어간 답변을 할 수 있다는 문제 등이 있지만, GPT는 이런 문제점을 개선하며 앞으로도 더욱 발전해 나아갈 것으로 예상돼.

이미지 생성형 인공지능의 원리 알아보기

이번에는 이미지 생성형 인공지능에 대해서 알아볼게. 다양한 이미지 생성형 인공지능 모델이 있지만 텍스트 프롬프트를 기반으로 한 이미지 생성 분야에서 큰 주목을 받은 DALL·E를 중심으로 살펴볼 거야.

인공지능 기반 이미지 생성 모델은 DALL·E가 처음이 아니야. GAN을 이용해도 이미지 생성이 가능하지. GAN은 생성자와 판별자의 경쟁을 통한 학습 과정을 거쳐 이미지를 생성하는데, 그동안 많은 발전을 거듭하며 더 좋은 품질의 이미지를 생성할 수 있게 됐어. 그런데 사용자가 GAN을 이용해서 의도한대로 이미지를 생성하기는 쉽지 않아. '만화 캐릭터 만들기' 예제의 DRAGAN처럼 속성을 하나하나 선택해서 생성하는 방법도 있지만, 매번 모든 속성을 조작해서 이미지를 만드는 것은 번거롭고 어려운 일이야.

컴퓨터에게 우리의 의도를 전달해서 그림을 그리게 하려면 어떤 방법이 가장 좋을까? 바로 일상 언어를 사용하는 거야. 일상적인 언어로 컴퓨터에게 명령해서 이미지를 생성할 수 있다면 전문가가 아니어도 쉽게 사용할 수 있겠지. DALL·E가 GAN보다 인공지능 이미지 생성 분야에서 더 주목받는 이유가 바로 이 때문이야. 일상의 언어, 즉 자연어 설명으로 이미지를 만들 수 있거든.

DALL·E 생성 이미지 예시 (번역)
(출처: DALL·E illustration example, openai.com)

1) Mark Chen et al., Generative Pretraining From Pixels, PMLR 119, 2020

DALL·E는 왼쪽의 그림처럼 자연어로 된 텍스트 프롬프트(메시지)를 입력하면, 그 내용과 관련된 이미지를 출력해줘. ChatGPT와 같이 프롬프트 엔지니어링이 중요하지만, 글을 쓸 수만 있다면 누구나 이미지 생성이 가능하다는 점에서 진입 장벽이 낮다고 할 수 있어.

그럼 DALL·E의 개발은 어떻게 시작됐을까? 바로 GPT 모델이 시작점이었어. 같은 생성형 인공지능이라도 텍스트와 이미지 생성은 서로 다른 분야인데, 이 둘의 접점이 있다니 신기하지? DALL·E의 개발은 OpenAI의 ImageGPT라는 이미지 생성 모델에서 출발했어. ImageGPT는 이름 그대로 GPT의 이미지 버전이야. 논문 'Generative Pretraining from Pixels'에서 ImageGPT가 소개됐는데,[1] 학습과 생성 방식이 GPT와 비슷해. 사전 학습 과정에서는 텍스트 대신 이미지를 이용하는데, 이미지의 해상도를 낮추고 픽셀(이미지 조각)을 한 줄로 나열해 텍스트 토큰처럼 이용해.(아래 그림❶ 참고) 그리고 GPT의 사전 학습 과정과 같이 픽셀을 예측하는 방법으로 학습해. GPT와 다른 점이 있다면 GPT처럼 앞의 픽셀들을 보고 나중 픽셀을 예측하는 방식(Autoregressive)도 있지만, 앞 뒤 픽셀 모두에 주목에서 예측하는 방식(BERT)도 있다는 거야.(아래 그림❷ 참고) 이 과정에서 ImageGPT는 GPT와 조금 차이는 있지만, 모두 트랜스포머

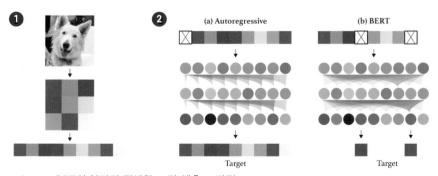

ImageGPT의 이미지 픽셀화(1) 및 예측(2) 과정 (출처: Generative Pretraining from Pixels, p.2)

구조를 활용한다는 공통점이 있어. 이렇게 학습된 ImageGPT는 아래와 같은 결과물을 출력할 수 있어. 가장 왼쪽은 아래쪽 절반을 가린 입력 이미지들이고, 나머지는 그 이미지로부터 생성된 이미지들이야.

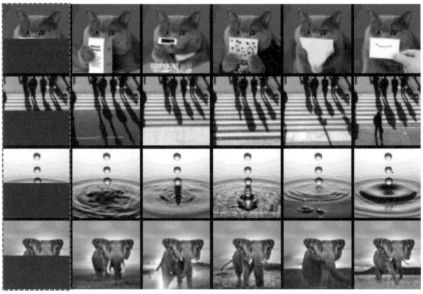

입력

ImageGPT 생성 결과물 (출처: Model-generated completions of human-provided…, openai.com)

GPT에게 텍스트의 앞부분을 제공하면 뒷부분의 토큰들을 생성해서 문장을 완성할 수 있는 것처럼, ImageGPT는 윗부분의 이미지로부터 아랫부분의 픽셀들을 채워서 이미지를 완성할 수 있어. ImageGPT가 GPT와 같은 방식으로 텍스트 대신 이미지를 생성할 수 있다니 신기해.

OpenAI는 ImageGPT로부터 이미지 생성 분야의 성공 가능성을 확인하고 DALL·E를 개발하게 됐어. DALL·E의 첫번째 모델인 DALL·E1은 텍스트-이미지 쌍 데이터 세트를 이용해 텍스트 설명으로부터 이미지를 생성하도록 학습됐어. 이미지 생성을 위해 텍스트-이미지 쌍으로 학습한 GPT3의 120억 파라미터 버전이라고 할 수 있지.[1] ImageGPT와 가장 큰 차이점은 입력에 이미지

1) Aditya Ramesh et al., DALL·E: Creating images from text, OpenAI Research, 2021, openai.com/research/dall-e

대신 텍스트 프롬프트를 이용한다는 거야.

DALL·E도 DALL·E1에서 DALL·E2, 3로 버전이 올라가면서 구조적으로 변화가 있었어. 여기서는 DALL·E2를 중심으로 이미지 생성 인공지능의 원리를 살펴보고, DALL·E3는 DALL·E2와 어떤 차이가 있는지 알아볼게. DALL·E2 (이하 DALL·E)가 이미지를 생성하는 대략적인 과정은 아래와 같아.

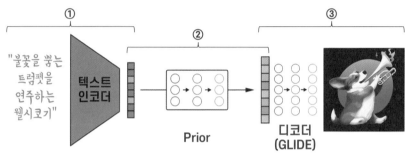

DALL-E2 이미지 생성 과정 (번역, 수정)
(출처: Hierarchical Text-Conditional Image Generation with CLIP Latents, p.3)

① 사용자가 입력한 텍스트는 텍스트 인코더를 거쳐 텍스트 임베딩으로 변환돼. 이 텍스트 인코더는 CLIP(Contrastive Language-Image Pre-training)이라는 텍스트와 이미지 관계를 학습한 모델로부터 만들어진 거야.

② 텍스트 임베딩은 Prior 모델을 통해 이미지 임베딩으로 변환돼. Prior는 더 좋은 품질의 이미지를 생성하는데 도움을 줘.

③ 디코더는 이미지 임베딩을 받아서 이미지를 확률적으로 생성해. 여기서 확률적이라 함은 생성할 때마다 다른 이미지가 생성될 수 있다는 뜻이야. 디코더는 GLIDE라는 이미지 생성 모델을 DALL·E에 맞게 변형한 거야.

②, ③에서는 확산(Diffusion)이라는 모델이 사용돼. DALL·E는 CLIP과 확산 모델을 기반으로 텍스트를 이용해 이미지를 생성한다고 할 수 있어.[2] 이제 단계별로 DALL·E의 이미지 생성 과정을 살펴보자.

2) Aditya Ramesh, How DALL·E 2 Works, adityaramesh.com, 2022, adityaramesh.com/posts/dalle2/dalle2.html

① 텍스트 → 텍스트 임베딩, CLIP

첫 단계로 사용자가 입력한 텍스트를 텍스트 임베딩으로 변환하는 과정이야. 임베딩(Embedding)이란 GPT에서도 나왔듯이 어떤 대상을 기계가 이해할 수 있는 숫자의 배열 형태로 바꾼 거야. 학습을 통해서 대상의 의미와 특성을 담게 되지. 그렇다면 DALL·E의 텍스트 인코더는 어떻게 학습되어 텍스트를 텍스트 임베딩으로 변환할 수 있을까?

DALL·E의 텍스트 인코더는 이미지 인코더와 함께 CLIP 모델의 한 부분이야. CLIP은 많은 양의 텍스트-이미지 쌍(DALL·E2는 6억 5천만 쌍)을 이용한 대조 (Contrastive) 학습 과정을 통해서 CLIP에 포함된 텍스트 인코더와 이미지 인코더를 공동으로 학습해.[1] CLIP의 학습 목표는 주어진 텍스트와 이미지가 서로 얼마나 관련되어 있는지 알게 하는 데 있어.

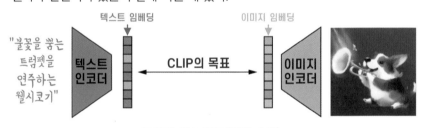

CLIP의 학습 개요 (번역, 수정)
(출처: Hierarchical Text-Conditional Image Generation with CLIP Latents, p.3)

CLIP의 대조 학습은 많은 텍스트-이미지 쌍에 대해서 일치하는 쌍 사이의 임베딩 거리는 최소화하고, 일치하지 않는 쌍 사이의 임베딩 거리는 최대화하도록 텍스트와 이미지 인코더를 학습시키는 과정이야. 예를 들어, 고양이 텍스트와 고양이 사진의 임베딩 거리는 가깝게, 고양이 텍스트와 강아지 사진의 임베딩 거리는 멀게 하도록 인코더들을 학습시키는 거지. 학습된 각 인코더를 거친 텍스트와 이미지 임베딩은 의미가 가까울수록 임베딩 사이의 거리도 가까워.

1) Alec Radford et al., Learning Transferable Visual Models From Natural Language Supervision, ICML, 2021, p.2

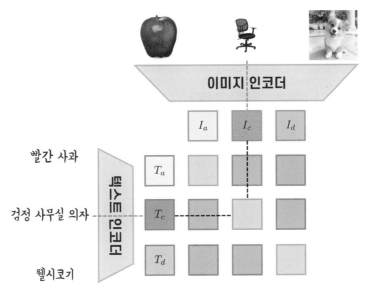

CLIP의 여러 텍스트-이미지 쌍을 이용한 학습 과정 (번역, 수정)
(출처: How DALL-E 2 Actually Works, assemblyai.com)

CLIP은 이렇게 두 종류 이상의 입력을 사용하므로 멀티모달(Multimodal) 모델이라고 불려. 텍스트 인코더는 트랜스포머 구조, 이미지 인코더는 이미지용 트랜스포머라고 할 수 있는 비전 트랜스포머(Vision Transformer) 구조를 활용해. 이렇게 CLIP을 학습시키면 이미지에 포함된 사물, 이미지 스타일, 사용된 색과 재료와 같은 이미지의 특징을 텍스트 설명과 연관 지을 수 있게 돼. 다시 말해 텍스트로 어떤 이미지를 묘사하면, 텍스트의 의미와 관련 있는 이미지를 찾을 수 있게 되는 거지. 이런 CLIP의 기능은 이후 텍스트를 기반으로 이미지를 생성하는데 중요한 역할을 해. DALL·E 작동 과정의 첫번째 단계에 있는 CLIP의 텍스트 인코더가 텍스트에 담긴 이미지의 특징을 제대로 담아내지 못하면, 생성되는 이미지가 텍스트와 관련 없는 이미지가 될 수 있거든. 그래서 충분한 양의 텍스트-이미지 쌍으로 CLIP을 학습시켜서 텍스트 인코더가 잘 작동하게 해야 해.

② **텍스트 임베딩 → 이미지 임베딩, Prior**

두번째 단계는 텍스트 인코더를 거친 텍스트 임베딩을 이미지 임베딩으로 변환하는 과정이야. 이 과정이 왜 필요한지 의문이 들 수 있어. 왜냐하면 CLIP의 이미지 인코더가 이미지 임베딩을 생성할 수 있고, 다음 단계에서 디코더로 사용되는 GLIDE는 원래 텍스트로 이미지를 생성하는 모델이거든. CLIP의 이미지 인코더가 생성한 이미지 임베딩을 사용하지 않고, GLIDE가 텍스트 대신 이미지 임베딩을 입력으로 받도록 수정하면서까지 두번째 단계인 Prior 처리 과정을 거치게 한 이유는 뭘까?

그 이유는 Prior가 있는 DALL·E의 결과물이 Prior가 없는 DALL·E의 결과물보다 사람들에게 더 좋은 평가를 받았기 때문이야.[1] CLIP의 텍스트 인코더와 Prior을 사용한 DALL·E의 결과물을 사람들이 가장 좋아했다고 해. 이 조사 결과를 통해 Prior가 있을 때 더 좋은 품질의 이미지가 생성된다고 볼 수 있어. 같은 디코더 조건일 때 아래 그림처럼 입력 정보에 따라 결과물이 달라져.

같은 디코더에 텍스트, 텍스트 임베딩, 이미지 임베딩을 전달했을 때 결과물 비교 (번역)
(출처: Hierarchical Text-Conditional Image Generation with CLIP Latents, p.10)

1) Aditya Ramesh et al., Hierarchical Text-Conditional Image Generation with CLIP Latents, CoRR, 2022, p.9

Prior의 학습에는 확산(Diffusion) 모델을 이용해. 확산 모델이란 노이즈(noise)를 추가한 데이터를 원래 데이터로 복원하는 방법을 학습하는 생성 모델이야. 입력 데이터를 손상시킬 때 노이즈가 확산되기 때문에 '확산'이라는 이름이 붙었다고 해. 이미지와 관련된 확산 모델은 점진적으로 노이즈를 추가해서 손상시킨 이미지를, 노이즈가 없어질 때까지 작업을 반복해서 원본에 가까운 이미지로 복원하는 방법을 학습하게 돼. 학습된 확산 모델은 아래 그림처럼 노이즈로부터 이미지를 복원할 수 있어. 일부러 노이즈를 추가한 것을(오른쪽→왼쪽) 원래대로 복원(왼쪽→오른쪽)시킬 수 있는 거야.

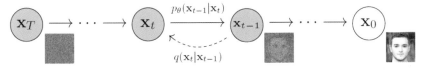

이미지 확산 모델의 복원 과정
(출처: Denoising Diffusion Probabilistic Models, p.2)

Prior의 확산 모델은 디코더만 있는 트랜스포머 구조를 이용하고, 대략 다음과 같은 방식으로 학습됐어. CLIP의 텍스트 임베딩과 노이즈를 추가한 CLIP의 이미지 임베딩 등을 준비해. 트랜스포머가 입력 정보를 바탕으로 노이즈가 없는 이미지 임베딩을 예측(복원)할 수 있도록 학습시켜.

설명이 많이 부족했지만 이와 같은 과정을 통해 학습된 Prior에 텍스트 임베딩을 넣으면 이미지 임베딩을 생성할 수 있어. 생성된 이미지 임베딩은 CLIP으로부터 인식된 이미지의 다양한 측면들의 정보를 포함한다고 해.[2] 결국 디코더 단계에서 완성도 높은 이미지 생성을 위해서는 이미지에 대한 풍부한 정보가 필요한데, 텍스트로는 전달이 어려운 정보를 Prior(≈사전 지식)가 이미지 임베딩을 통해서 제공한다고 할 수 있어.

2) Aditya Ramesh et al., Hierarchical Text-Conditional Image Generation with CLIP Latents, CoRR, 2022, p.6

③ 이미지 임베딩 → 이미지, 디코더(GLIDE)

마지막 단계는 입력 텍스트와 Prior의 결과물인 이미지 임베딩을 이용해 이미지를 생성하는 과정이야. 이미지 생성은 디코더의 역할로, DALL·E는 GLIDE (Guided Language to Image Diffusion for Generation and Editing)라는 확산 모델을 디코더로 사용해. GLIDE는 원래 단독으로 이미지를 생성할 수 있는 모델이야. DALL·E1처럼 텍스트로 이미지의 특징을 묘사하면 이미지를 생성할 수 있지. 아래는 DALL·E1과 GLIDE의 결과물들을 비교한 거야. DALL·E1에 비해서 GLIDE의 결과물이 완성도가 더 높아 보여.

같은 프롬프트에 대한 DALL·E1과 GLIDE의 결과물 비교 (번역, 수정)
(출처: GLIDE: Towards Photorealistic Image Generation and Editing with Text-Guided Diffusion Models, p.7)

우리가 살펴보고 있는 DALL·E2는 좋은 성능의 GLIDE를 그대로 이용하지 않고 디코더로만 활용하고 있어. 그렇다면 DALL·E2가 GLIDE보다 나은 점이 있겠지?. GLIDE는 사람들의 평가에서 DALL·E2보다 사실적 이미지 구현 측면에서 근소하게 높은 점수를 받았다고 해. 하지만 이미지의 다양성 측면에서는 DALL·E2가 훨씬 높은 점수를 받았어. 결국, OpenAI는 총점이 더 높은 DALL·E2를 서비스하게 됐지. 두 모델의 결과물을 다음 그림에서 비교해봐.

1) James Skelton, Generating and editing photorealistic images from text-prompts using OpenAI's GLIDE, Paperspace Blog, 2022, blog.paperspace.com/glide-imag…

"선로를 따라 내려오는 | "스키타는 사람들이 | "낮은 천장의 | "진흙탕 속을 걷는 | "텔레비전과 테이블이
녹색 기차" | 산에서 내려올 준비함" | 작은 부엌" | 코끼리 무리" | 있는 거실 공간"

같은 프롬프트에 대한 GLIDE와 unCLIP(DALL·E2)의 결과물 비교 (번역, 수정)
(출처: Hierarchical Text-Conditional Image Generation with CLIP Latents, p.14)

GLIDE는 텍스트로 이미지를 편집할 수 있어. 그림 일부 영역을 지정하고 텍스트를 제공하면, 텍스트로 제공한 정보가 이미지에 더해지는 식이야. 이 기능은 DALL·E에서도 쓸 수 있어.

"아늑한 거실" | "소파 위 벽에 | "소파 앞에 | "커피 테이블 위에 | "방의 구석에
웰시코기 그림" | 원형 커피 테이블 " | 꽃들이 있는 꽃병" | 있는 소파"

GLIDE의 텍스트 기반 이미지 편집 기능 (번역)
(출처: GLIDE: Towards Photorealistic Image Generation and Editing with Text-Guided Diffusion Models, p.7)

이렇게 그 기능을 유지한 채 DALL·E의 디코더가 된 GLIDE는 Prior가 생성한 이미지 임베딩과 처음 입력한 텍스트(선택적 이용)를 함께 입력 받을 수 있도록 수정됐어. 수정된 GLIDE는 입력된 정보로 이미지를 생성하기 위해 ADM (Ablated Diffusion Model)을 채택했어. ADM은 입력 텍스트와 관련 이미지에 대한 학습된 이해를 바탕으로, 독특하고 사실적인 방식으로 유사한 토큰들의 새롭게 조합해서 이미지를 생성할 수 있다고 해.[1] 학습된 ADM은 입력 텍스트와 관련된 64x64 크기의 이미지를 생성할 수 있어.

ADM은 무작위 노이즈 이미지로 시작해서 텍스트 기반의 입력 정보를 조건으로 점진적으로 노이즈를 제거하는 역확산 과정을 거쳐 이미지를 생성하게 돼. 그런데 초기의 노이즈 이미지는 랜덤한 시드(seed, 씨앗)라는 것에 의해 결정되는데, 시드 값에 따라 생성의 시작점이 달라져서 생성되는 이미지도 매번 달라지게 돼. 만약 시드를 고정하면 같은 텍스트 입력에 대해 항상 같은 이미지가 생성되고, 시드를 고정하고 텍스트 입력을 다르게 한다면 아래 그림처럼 비슷한 스타일의 다른 이미지들이 생성될 거야.

"남자 아이 장난감 "   "여자 아이 장난감"

같은 시드에 텍스트를 달리한 GLIDE의 결과물 비교 (번역, 수정)

(출처: GLIDE: Towards Photorealistic Image Generation and Editing with Text-Guided Diffusion Models, p.17)

시드를 고정한 상태에서 한 텍스트 입력으로 만든 이미지에, 다른 텍스트를 추가해서 이미지를 생성하고 이를 보간(Interpolation, 두 이미지 사이의 중간 이미지를 생성)하면 아래 그림과 같이 자연스러운 이미지 보간 결과물을 만들 수 있어.

"빅토리아 양식의 집 사진" → "현대식 집 사진"

시드를 고정하고 이미지 임베딩에 텍스트를 추가해서 보간한 결과물 (번역, 수정)

(출처: Hierarchical Text-Conditional Image Generation with CLIP Latents, p.7)

결과적으로 우리가 입력한 텍스트는 CLIP의 텍스트 인코더와 Prior을 거쳐 이미지 임베딩으로 변환되고, 디코더 GLIDE는 이미지 임베딩과 입력 텍스트, 그리고 랜덤한 시드로 결정된 노이즈 이미지를 입력 받아 ADM의 역확산 과정을 거쳐 이미지를 생성해. 일반적으로 그림을 생성할 때는 시드를 고정하지 않으므로 같은 텍스트 입력이라도 매번 다른 이미지가 생성되지. 이미지 생성의 전반적인 과정을 앞선 그림을 바탕으로 정리하면 다음과 같아.

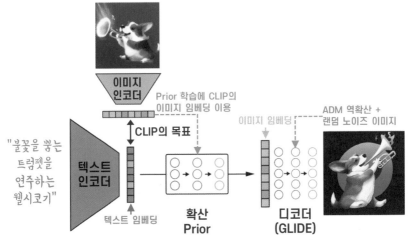

DALL-E2 이미지 생성 과정 상세 (번역, 수정)
(출처: Hierarchical Text-Conditional Image Generation with CLIP Latents, p.3)

디코더 단계에서 한 과정이 더 남아있는데 바로 업샘플링(upsampling)이야. ADM이 생성한 이미지는 64x64 픽셀의 작은 크기야. 일반적인 모니터가 풀 HD인 1980x1080 픽셀을 출력함을 생각하면 매우 작지. 그래서 디코더에는 ADM이 출력한 이미지를 2개의 학습된 확산 업샘플러 모델(diffusion upsampler model)을 이용해서 각각 64x64 → 256x256, 256x256 → 1024x1024 픽셀의 해상도를 높인 이미지로 변환하는 과정을 거쳐. 이로써 DALL·E는 최종적으로 1024x1024 픽셀 크기의 이미지를 생성할 수 있어.

DALL·E는 텍스트를 입력하면 앞에서 설명한 일련의 과정을 거쳐서 이미지를 생성해. 그런데 DALL·E가 어떤 이미지든 제한없이 생성할 수 있다면 문제가 될 수 있어. 생성된 이미지가 규정, 법률, 개인의 사생활 침해와 같은 민감한 이슈를 유발할 수 있거든. 문제가 될 수 있는 텍스트 입력을 차단하는 것만으로는 충분하지 않아. 문제가 없는 텍스트라도 예상치 못한 이미지가 생성될 수도 있기 때문이지. 그래서 DALL·E는 디코더의 GLIDE를 학습할 때 필터링된 데이터 세트를 이용해.[1] 이를 통해 OpenAI의 콘텐츠 정책을 위반할 수 있는 이미지 생성 가능성을 사전에 제거할 수 있어.

또한, 특정 키워드에 대한 데이터가 한쪽으로 편향되어 있는 경우(예: 과학자 관련 이미지는 대부분 남자 과학자) 일부 데이터를 필터링해서 불균형을 조정했어.

DALL·E3의 프롬프트 및 프롬프트로 생성된 이미지 (번역)
(출처: DALL·E3, openai.com)

1) Aditya Ramesh et al., DALL·E: Creating images from text, OpenAI Research, 2021, openai.com/research/dall-e

지금까지 DALL·E2를 중심으로 이미지 생성 인공지능에 대해 살펴 봤어. 그럼 DALL·E3는 DALL·E2와 어떤 차이가 있을까? 우선 DALL·E3는 DALL·E2 보다 더 말의 정확한 뉘앙스와 세세한 차이를 이해할 수 있어서, 왼쪽 그림처럼 텍스트의 의미에 잘 부합하는 이미지를 만들 수 있다고 해. 이미지 퀄리티도 좋아져서 동일한 해상도에서도 디테일한 부분까지 더 잘 묘사할 수 있어. 더불어 ChatGPT에도 탑재돼서 ChatGPT의 유료 플랜을 사용하면 채팅창 안에서 DALL·E3를 이용할 수 있게 됐어.

DALL·E3의 정확한 작동 방식은 이 책을 쓴 시점까지 공개되지 않았어. 다만, 이미지 생성 인공지능 분야의 최근 동향을 보면 DALL·E3의 작동 방식에 대한 부분적인 정보를 추측할 수 있어.[2] 첫째, DALL·E3도 DALL·E2와 같이 확산 모델을 이용했을 거야. 확산 모델은 현재 이미지 생성 패러다임의 주류이므로, 다른 모델로 대체될 가능성이 적어. 둘째, 텍스트 인코딩에 LLM(거대 언어 모델)을 활용했을 거야. DALL·E2 출시 이후 구글은 Imagine이라는 텍스트-이미지 생성 모델을 출시했는데, 이 모델은 텍스트 인코딩에 LLM을 활용하고 있어. Imagine의 LLM은 이미지 생성에 특화된 텍스트 인코더보다 텍스트 내용에 부합하는 이미지를 만드는데 그 효과가 뛰어나다고 해. DALL·E3 또한 이 결과를 반영해서 텍스트 인코딩에 LLM을 활용할 가능성이 높아.

DALL·E는 버전업 되면서 많은 발전을 이뤄왔어. 구글의 Imagine, Stability AI의 Stable Diffusion과 같은 이미지 생성형 인공지능이 나오면서 경쟁적으로 발전하고 있지. 아직은 좋은 작품을 만드는데 프롬프트 엔지니어링 같은 전문성이 필요해. 하지만 곧 누구나 쉽게 좋은 품질의 이미지 생성이 가능한 인공지능이 될 것으로 기대돼.

2) Ryan O'Connor, How DALL-E 2 Actually Works, AssemblyAI, 2023,
   assemblyai.com/blog/how-dall-e-2-actually-works

더 알아보기

GPT 미세 조정 해보기

OpenAI의 platform.openai.com/finetune에서는 GPT 모델을 미세 조정 해 볼 수 있어. 사전 학습된 GPT 모델에 사용자의 데이터를 추가 학습시켜서 원하는 분야에 특화된 GPT 모델로 만들 수 있지. 비용(openai.com/pricing)은 크게 부담스럽지 않지만, 결제 정보를 등록해야 미세 조정 기능을 이용할 수 있음을 참고해줘.

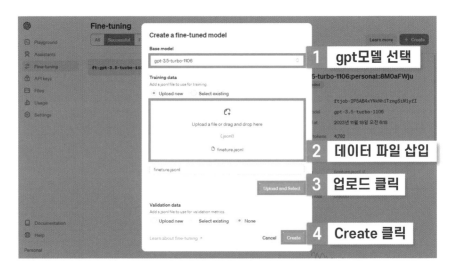

데이터 파일은 10개 이상의 데이터를 jsonl 형식으로 작성해야 돼. 어려워 보이지만 내용 구성은 단순해. 아래와 같이 system, user, assistant의 3가지 role(역할)에 대해서 content(내용)를 적기만 하면 돼.

```
{"messages": [{"role": "system", "content": "마브는 사실에 입각한 챗봇으로 비꼬기도 합니다."}, {"role": "user", "content": "프랑스의 수도는 무엇인가요?"}, {"role": "assistant", "content": "파리, 다들 이미 알고 있는 것처럼요."}]}
```

GPT 미세 조정 데이터 예시 (번역)
(출처: Fine-tuning, platform.openai.com)

이와 같은 구성으로 10개 이상 데이터를 만들어 업로드하면 나만의 미세 조정된 GPT 모델이 완성돼. 제시한 예시와 같다면 질문에 대해 비꼬는 듯이 답변하는 모델을 만들 수 있을 거야. 데이터의 양이 충분하지 않거나 데이터들이 서로 너무 비슷하면 성능이 떨어질 수 있으므로, OpenAI는 50~100개 정도의 고품질 데이터를 확보하는 것을 권장하고 있어. 미세 조정된 모델은 OpenAI의 Playground 페이지에서 사용 가능해.

뤼튼 AI 스토어에서 툴/챗봇 제작하기

앞에서도 언급한 뤼튼의 AI 스토어에서는 나만의 툴이나 챗봇을 만들 수 있어. 스토어에서 'AI 제작 스튜디오'를 클릭하고, 필요한 내용을 입력해서 등록하면 돼. '스토어가 무엇인가요?'에서 상세 사용 방법을 확인할 수 있어. 미세 조정과 같이 많은 예시 데이터를 넣지 않아도 되고, 프롬프트 내용 입력이 필요한 것으로 봤을 때 GPT의 맥락 내 학습을 활용하는 것으로 생각돼.

Stable Diffusion으로 내 PC에서 이미지 생성하기

Stable Diffusion은 Stability AI에서 배포한 오픈소스 이미지 생성 인공지능 모델이야. 설치 과정이 다소 복잡하고, 높은 컴퓨터 사양이 필요하지만 내 PC에서 무료로 이미지를 생성할 수 있다는 장점이 있어. 또한 미리 학습된 이미지 모델인 체크포인트(checkpoint)를 사용해서 내가 원하는 그림체의 이미지들을 생성할 수 있어.

AUTOMATIC1111 Stable Diffusion Web UI 화면
(출처: Stable Diffusion web UI screenshot, github.com/AUTOMATIC1111)

Stable Diffusion은 이름에서도 알 수 있듯이 확산 모델의 일종이야. CLIP의 인코더, UNet, VAE(Variational Auto Encoder)로 구성되어 있어. 사용자가 텍스트를 입력하면 CLIP의 텍스트 인코더가 임베딩으로 변환하고 이를 바탕으로 랜덤으로 생성된 노이즈를 Unet이 제거하는 역할을 해. 노이즈 제거를 반복하면 이미지 정보가 생성되고 VAE는 이 정보를 픽셀로 변환해줘.

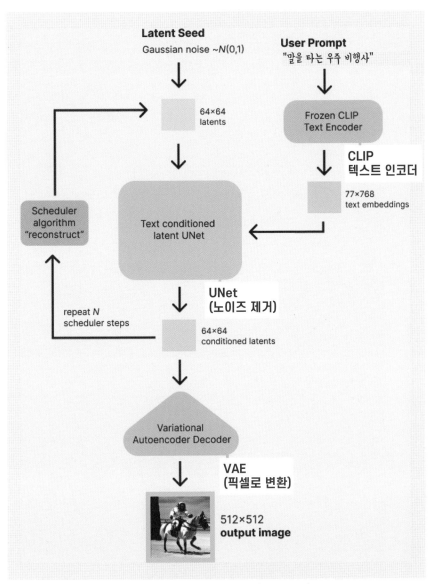

Stable Diffusion 작동 과정 (번역, 수정)
(출처: Stable Diffusion's logical flow, huggingface.co)

Stable Diffusion은 다양한 Extension을 활용하고, 설정값을 조정하면 예술 작가 못지않은 그림도 생성할 수 있어.(물론 쉽지 않아...) 기회가 된다면 Web UI를 설치하고 공개된 체크포인트를 구해서 나만의 이미지를 생성해봐.

3 안내 및 참고 자료

단원

체험 사이트 이용 방법과
사이트에 탑재된 콘텐츠 및 참고 자료를 살펴보자.

책에 나와 있는 인공지능 예제를 체험하려면 아래 주소의 웹사이트에 접속해야

돼. 이 사이트는 크롬 브라우저에 최적화되어 있고, PC나 노트북, 태블릿과 같

은 큰 화면의 기기로 이용하는 것을 권장해.

ailearn.space

인공지능(ai)을 배우는(learn) 공간(space)이라고 생각하면 웹사이트 주소인

ailearn.space를 쉽게 기억할 수 있을 거야. 이 사이트에는 12개 카테고리에

60개가 넘는 콘텐츠가 탑재되어 있어. 콘텐츠 대부분은 오픈 소스로 공개된 것

을 수정해서 제공하고 있고, 일부는 외부 사이트로 연결되도록 했어.

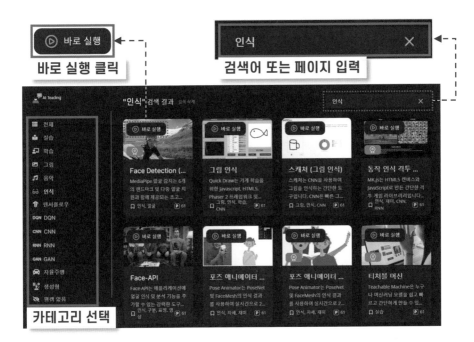

바로 실행

바로 실행 클릭

검색어 또는 페이지 입력

카테고리 선택

각 콘텐츠를 클릭하면 해당 콘텐츠에 대한 설명 페이지를 볼 수 있어. 콘텐츠를 바로 실행하려면 콘텐츠 왼쪽 위에 있는 '바로 실행' 버튼을 클릭하면 돼. 검색 기능과 카테고리 메뉴를 이용하면 원하는 콘텐츠를 더 빨리 찾을 수 있어.

콘텐츠 설명 페이지와 콘텐츠 실행 화면

챕터 **2** 체험 사이트 콘텐츠 소개

ailearn.space 웹사이트에는 다양한 콘텐츠들이 준비되어 있어. 생성형 카테고리에 포함되지 않은 콘텐츠들은 로그인 없이 자유롭게 이용이 가능해. 또한, 많은 콘텐츠들을 키보드 없이 마우스만으로 조작할 수 있어.

'웹캠 필요'가 표시된 콘텐츠는 웹캠이 필요하고, 웹캠이 없는 경우 스마트폰을 사용하거나 저렴한 웹캠을 구입해서 사용해도 돼. '웹캠 필요' 콘텐츠 대부분이 높은 해상도를 요구하지 않아서 저렴한 웹캠으로도 충분해.

챕터 1, 2에 포함되지 않은 콘텐츠들도 체험해 보면 학습에 도움이 될 거야.

스크래치 3 머신러닝

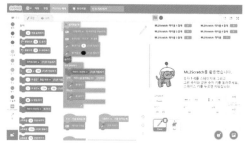

설명

스크래치 3에 머신러닝 라이브러리를 추가한 앱이야. 머신러닝 기능이 블록 형태로 구성되어 있어서 기존 스크래치 블록처럼 사용할 수 있어.

사용 방법

일반적인 사용 방법은 스크래치 3와 동일해. 오른쪽 아래 '확장 기능 추가하기' 버튼으로 확장 기능 블록 모음을 추가해서 사용하면 돼. 대표적으로 손, 얼굴, 포즈 인식 기능이 있고 티처블 머신에서 제작한 모델을 가져와서 사용할 수도 있어. ML2Scratch 기능을 통해 머신러닝 학습도 가능해.

DQN 자동차

설명

DQN 기반 자율주행 자동차 시뮬레이터야. 시뮬레이터는 DQN을 활용해서 자동차가 스스로 주행할 수 있도록 학습을 진행해.

사용 방법

자동차는 알아서 학습을 진행하므로 그대로 놔두면 돼. 30분 이상 충분히 학습을 진행한 후, 위쪽에 있는 둥근 노란색 버튼을 눌러 자유 주행 모드로 바꿔봐. 이제는 코스를 잘 주행할 거야. 왼쪽의 메뉴들로 차량이나 큐브 등을 추가, 제거 할 수 있고 이미 학습된 차량을 가져올 수도 있어.

Objectron (3D 객체)

설명

일상에 있는 물체를 3D로 인식할 수 있는 앱이야. 특정 데이터로 학습된 사물에 대해서 실시간으로 포즈를 추정해서 보여줘.

사용 방법

왼쪽의 메뉴에서 인식을 원하는 사물을 '모델' 메뉴에서 선택해. 인식 가능한 사물은 '신발, 카메라, 의자, 컵'이야. 그 다음 카메라 앞에 사물을 가져와줘. 사물이 인식되면 화면에 사물 테두리와 XYZ 축이 표시될 거야.

Defrosting (서리 제거)

설명

카메라로 촬영되는 영상에 서리가 끼면 손을 움직여서 서리를 제거하는 게임이야. 손 인식 모델을 활용해 제작됐어.

사용 방법

가만히 있으면 촬영중인 영상에 서리가 끼게 돼. 화면에 손을 보이게 해서 움직이면 손이 지나간 부분의 서리만 사라지지. 하나의 손만 인식되고, 시간이 지나면 사라졌던 서리가 다시 나타나.

Hands (손)

설명

MediaPipe의 손과 손가락을 추적할 수 있는 솔루션이야. 1~4개의 손에서 21개 주요 부분의 움직임을 추적할 수 있어.

사용 방법

카메라에 손이 보이게 하면 손의 주요 부분이 점과 선으로 표시돼. 손마다 색이 다르게 표시되며, 왼쪽 메뉴에서 '최대 손의 숫자'를 1~4개까지 변경할 수 있어.

Face Mesh (얼굴 그물)

설명

MediaPipe의 얼굴 인식 솔루션이야. 얼굴의 468개 지점을 추정하고 3D 형태로 변환해서 얼굴에 맞춰 보여줘.

사용 방법

화면에 얼굴을 비추면 얼굴의 주요 부분이 선과 그물 형태로 표시돼. 왼쪽 메뉴에서 '최대 얼굴 숫자'를 1~4개까지 변경할 수 있어.

Pose (포즈)

설명

MediaPipe의 포즈 인식 솔루션이야. 사람 몸 전체에서 33개 주요 부분의 위치를 추정하고 이들을 연결해서 뼈대와 같이 보여줘.

사용 방법

화면에 몸을 비추면 주요 부분이 뼈대로 연결되어 표시돼. 화면의 오른쪽에는 인식된 주요 부위가 선과 점으로 표현돼.

Holistic (전체적)

설명

손, 얼굴 그물, 포즈의 기능들을 통합한 MediaPipe의 솔루션이야.

사용 방법

화면에 전신을 비추면 얼굴 그물, 손, 포즈 기능이 모두 적용되어 표시돼.

Face Detection (얼굴 인식)

설명

얼굴의 유무를 빠르게 감지해서 6개의 주요 부분을 표시해주는 MediaPipe의 솔루션이야. 기능이 단순해서 속도가 빨라.

사용 방법

화면에 얼굴을 비추면 얼굴 전체가 사각형으로, 주요 부위가 점으로 표시돼.

Selfie Segmentation (셀카 분할)

설명

실시간 영상에서 사람을 제거
하거나 배경을 제거할 수 있
는 MediaPipe의 솔루션이야.
영상 합성 등에 활용할 수 있
어.

사용 방법

화면 왼쪽의 메뉴에서 '효과'를 '전경'으로 설정하면 사람만 초록색으로 표시
되고, '배경'으로 설정하면 배경만 파란색으로 표시돼.

Face-API

설명

TensorFlow를 이용해서 만
든 얼굴 인식 앱이야. 인식된
얼굴에서 표정과 나이 등의
정보를 추측해서 보여줄 수
있어.

사용 방법

화면 왼쪽에서 원하는 메뉴를 선택할 수 있어. 모두 메뉴는 얼굴과 관련된 것
이고 파란색 상자 위의 숫자는 얼굴 신뢰도를 나타내. (숫자 1일 때 100%)
메뉴 이름 앞에 '웹캠'이 붙은 것은 웹캠이 필요한 기능이야. 얼굴 자체 인식과
더불어 랜드마크, 표정, 연령 및 성별 인식을 사용해 볼 수 있어.

움직이는 사람 지우기

설명

TensorFlow를 이용해 실시간으로 배경에서 사람을 제거해줘. 사람을 인식하고 배경을 학습하는 과정을 통해 장면에서 사람을 제거해.

사용 방법

페이지 아래에 있는 '웹캠 활성화' 버튼을 클릭하면 2개의 영상이 나올 거야. 위쪽은 웹캠으로 찍은 원본 영상이고, 아래쪽은 사람이 지워질 영상이지. 웹캠 촬영 범위 밖까지 나갔다가 들어오기를 반복하면 아래쪽 영상에서 사람이 점점 사라지는 것을 확인할 수 있어.

포즈 애니메이터 (사진)

설명

정지된 사진에서 얼굴과 포즈를 인식하고, 이를 이용해서 캐릭터 애니메이션을 만드는 앱이야.

사용 방법

화면 왼쪽에는 얼굴과 포즈가 표시된 원본 사진이 보이고, 오른쪽에는 이를 반영한 캐릭터가 보일 거야. 오른쪽 위의 메뉴에서 '원본 이미지'를 변경할 수 있고, '아바타 SVG'로 캐릭터의 성별을 변경할 수 있어.

포즈 애니메이터 (웹캠)

설명

촬영한 영상에서 실시간으로 사람의 포즈와 얼굴을 인식하고, 이를 움직이는 캐릭터 애니메이션으로 만드는 앱이야.

사용 방법

화면 왼쪽 위에는 얼굴과 포즈가 표시된 영상이 나오고, 화면 중앙에는 이를 반영한 캐릭터가 나올 거야. 얼굴과 몸을 움직이면 캐릭터도 따라 움직이게 돼. 오른쪽 위의 '아바타 SVG'로 캐릭터의 성별을 변경할 수 있어.

애니메이션 모션 트래킹

설명

MediaPipe, TensorFlow를 이용해서 캐릭터 애니메이션을 만들어줘. 사람의 얼굴 또는 전체를 인식해서 캐릭터가 따라 움직이게 해.

사용 방법

웹캠으로 사람을 비추면 사람의 포즈와 표정을 인식해서 움직이는 캐릭터 애니메이션을 출력해줘. 오른쪽 아래에서 'Live2D'를 선택하면 얼굴만, 'VRM'을 선택하면 얼굴, 손, 몸 전체의 움직임을 반영한 캐릭터를 사용할 수 있어.

그림 인식

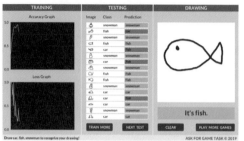

설명

퀵드로우의 손 그림 데이터 세트를 학습해서 사용자의 그림이 무엇인지 인식하는 게임이야. CNN을 활용해 그림을 학습하고 인식해.

사용 방법

화면 오른쪽 캔버스에 벌, 양초, 자동차, 시계, 기타, 문어, 눈사람, 나무, 우산 중 하나를 그려봐. 그림을 그리면 캔버스 아래에 컴퓨터가 예상한 답이 출력돼. 인식률이 낮으면 '더 훈련하기' 버튼을 눌러서 추가 학습을 시킬 수 있어. 추가 학습을 시키면 예측 정확도가 올라가게 돼.

스캐쳐 (그림 인식)

설명

CNN을 활용해서 퀵드로우의 손 그림 데이터를 학습하고 학습한 그림을 인식하는 앱이야. 100개의 그림을 인식할 수 있어.

사용 방법

화면 아래에 있는 100개의 학습 목록 중 하나를 화면 왼쪽 캔버스에 그려봐. 화면 오른쪽에 그림과 일치할 확률이 높은 상위 5개의 결과가 수치와 함께 표시돼.

퀵 드로우

설명

사용자가 문제로 제시한 그림을 그리면 그 그림이 무엇인지 학습된 인공지능이 맞히는 게임이야.

사용 방법

한 게임 당 6개의 라운드로 구성되어 있어. 각 라운드마다 제시된 사물을 마우스로 그리면 인공지능이 반복해서 답을 예측하게 돼. 인공지능이 답을 맞히면 다음 라운드로 넘어갈 수 있어.

오토 드로우

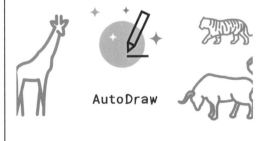

설명

사용자가 그린 그림이 무엇인지 예측하고, 일치할 확률이 높은 아이콘들을 제시해서 사용자가 선택할 수 있도록 만든 그리기 앱이야.

사용 방법

왼쪽의 버튼들 중에서 'AutoDraw'를 선택하고 그림을 그려봐. 그림과 비슷한 형태의 아이콘들이 화면 위에 표시될 거야. 이 중에서 하나를 선택하면 해당 아이콘으로 그림이 바뀌게 돼. 아이콘은 'Fill' 버튼으로 색칠이 가능해. Draw, Type, Shape 버튼으로 일반적인 형태의 그림들도 그릴 수 있어.

자동 완성 그리기 (Magenta)

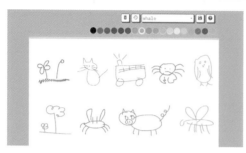

설명

RNN을 활용해서 만든 이어 그리기 앱이야. 퀵드로우의 데이터 세트를 학습했고, 사용자가 그림 일부를 그리면 나머지 부분을 이어서 그려줘.

사용 방법

왼쪽 위에 'cat'이 선택되어 있는 선택 상자를 클릭해서 그리기를 원하는 사물을 골라줘. 그런 다음 캔버스에 해당 사물의 일부를 그리면 나머지 부분을 인공지능이 이어서 그려줄 거야. 그림이 마음에 들지 않으면 선택 상자 왼쪽의 '다시 그리기' 버튼을 이용해서 다시 이어 그리게 할 수 있어.

떨어지는 공 피하기 (DQN)

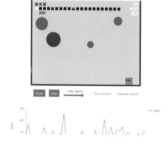

설명

DQN을 활용한 공 피하기 학습 과정을 볼 수 있어. 에이전트는 근접 센서로부터 정보를 받고 오래 살아 있을수록 많은 보상을 받아.

사용 방법

시작 버튼을 누르면 큐브가 좌우로 움직이며 공을 피하게 돼. 공에 맞으면 새로운 라운드가 시작되지. 이 과정을 반복하면 점점 더 오래 살아남게 되고, 그 변화는 화면 아래의 그래프에서 확인할 수 있어. '수동 컨트롤'을 체크하면 키보드 A와 D키로 수동 조작이 가능해.

비행기 전쟁 (DQN)

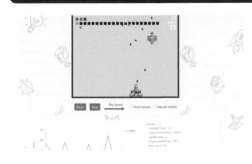

설명

DQN을 활용한 적 비행기 피하기 학습 과정을 볼 수 있어. 에이전트는 근접 센서로부터 정보를 받고 오래 살아 있을수록 많은 보상을 받아.

사용 방법

페이지를 아래로 내려 시작 버튼을 누르면 우리 비행기가 좌우로 움직이며 적 비행기를 피하게 될 거야. 총알은 일정 간격으로 계속 나와서 적 비행기를 파괴해. 우리 비행기가 파괴되면 새 라운드가 시작되고, 반복하면 점점 더 오래 살아남게 될 거야. '수동 컨트롤'을 체크하면 A와 D키로 수동 조작이 가능해.

봉 균형 잡기

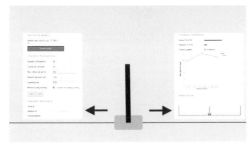

설명

TensorFlow를 이용한 강화학습을 과정을 볼 수 있어. 이 과정의 목표는 가능한 오랜 시간 동안 봉의 균형을 잡는 거야.

사용 방법

훈련 버튼을 누르면 봉을 쓰러뜨리지 않기 위한 게임이 시작돼. 이 게임은 20번의 라운드와 가중치 업데이트 과정을 총 20번 반복해. 반복이 계속되면 점점 오랜 시간(스텝)동안 봉을 쓰러뜨리지 않게 될 거야. 반복 횟수 등과 같은 설정을 변경할 수도 있어.

스네이크 (DQN)

TensorFlow.js Reinforcement Learning: Snake DQN

Deep Q-Network for the Snake Game

설명

DQN을 활용해서 스네이크 게임을 하도록 학습됐어. 벽과 자신의 몸에 부딪히면 −보상, 과일을 먹으면 +보상을 받아.

사용 방법

'자동 실행' 버튼을 누르면 게임이 처음부터 끝까지 진행돼. '스텝' 버튼을 누르면 게임의 진행 과정을 한 단계씩 볼 수 있어. 매 순간 에이전트가 여러 선택지에서 계산된 Q값을 보고 가장 높은 Q값을 선택하며 이동하는 것을 확인할 수 있어.

2048 AI

Jupiter

설명

MCTS 알고리즘을 활용해서 2048 게임을 하도록 만들었어. 한 번의 움직임에 많은 시뮬레이션 수를 제공하면 높은 확률로 2048에 도달해.

사용 방법

페이지를 열면 인공지능이 2048 게임을 시작해. 사용자가 게임을 직접 조작할 수는 없지만, 화면 오른쪽 위의 '이동 당 시뮬레이션' 숫자를 변경해서 한 번 움직일 때 몇 번을 생각하고 움직일지 설정할 수 있어. 숫자가 클수록 컴퓨터의 부하가 커지지만 결과가 좋을 확률이 높아져.

머신러닝 고릴라

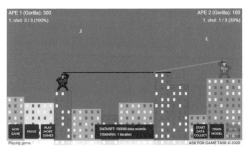

설명

지도학습 알고리즘을 활용해서 고릴라 게임 플레이 방법을 가르쳤어. TensorFlow로 제작한 간단한 신경망을 이용했어.

사용 방법

플레이 버튼을 누르면 두 고릴라가 서로를 맞히려고 바나나를 던지는 것을 볼 수 있어. 학습 데이터셋이 0인 경우는 서로를 잘 맞히지 못하지만, 데이터셋이 충분하면 대부분 한 번에 맞힐 수 있지. 화면 오른쪽 아래의 '데이터 수집 시작'과 '모델 훈련' 버튼을 이용해 고릴라들을 추가 학습시킬 수도 있어.

머신러닝 플래피 버드

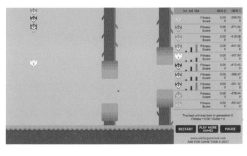

설명

신경망과 유전 알고리즘을 활용한 플래피 버드 게임 학습 과정을 볼 수 있어. 새들은 세대를 거치며 이전 세대 정보를 바탕으로 더 오래 날게 돼.

사용 방법

페이지를 열면 10마리의 새들이 플래피 버드 게임을 진행해. 10마리의 새가 모두 탈락하면 한 세대의 게임이 끝나고, 이후 새로운 세대의 게임이 시작돼.

테트리스 AI

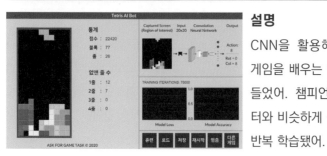

설명

CNN을 활용해서 테트리스 게임을 배우는 인공지능을 만들었어. 챔피언의 경기 데이터와 비슷하게 블록을 놓도록 반복 학습됐어.

사용 방법

실행하면 인공지능이 바로 게임을 진행해. 아직 학습되지 않은 상태라 결과가 좋지 못할 거야. '훈련' 버튼을 눌러 처음부터 학습시킬 수도 있지만, 한 번에 5,000번씩만 학습하고 시간이 오래 걸려. '로드' 버튼을 누르면 75,000번 학습된 모델이 로드되는데 상당히 게임을 잘 플레이할 거야.

이모티콘 보물 찾기

설명

제시된 이모티콘과 같은 사물을 주변에서 찾는 게임이야. CNN을 통해 이미지를 예측하고, 예측과 정답(이모티콘)의 일치 여부를 확인해.

사용 방법

매 스테이지마다 여러 사물 이모티콘이 랜덤하게 제시 돼. 이 이모티콘과 같은 사물을 찾아서 카메라에 비추면 다음 스테이지로 넘어갈 수 있어. 정답 판정은 예측 상위 결과 2개 중 하나가 이모티콘과 일치하는지 여부로 결정 돼. 같은 사물이라도 학습에 사용된 사물과 다른 형태라서 오답으로 판정할 수 있어.

티처블 머신

설명

누구나 머신러닝 모델을 쉽고 빠르게 만들 수 있도록 제작된 웹 기반 머신러닝 학습 도구야. 이미지, 오디오, 포즈 모델을 제작할 수 있어.

사용 방법

이미지, 오디오, 포즈 프로젝트 중 하나를 선택해. 분류를 원하는 클래스의 개수와 이름을 정하고, 각 클래스에 웹캠, 사진, 음성 등의 데이터를 추가해. 데이터는 클래스별로 일관성이 있어야 하고, 양이 많을수록 학습 결과가 좋아. 학습을 진행하면 결과를 확인할 수 있고, 외부에 공유해서 사용할 수도 있어.

피아노 작곡 RNN

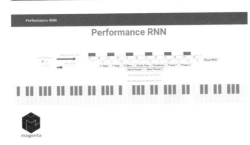

설명

Performance RNN 모델을 이용해 조표의 사용 빈도를 참고해서 작곡해줘. 모델은 LSTM을 활용해서 음악적 구조와 패턴을 학습했어.

사용 방법

페이지 로드 후 화면을 클릭하면 피아노 곡이 연주될 거야. 화면 왼쪽 '조절' 영역에서 '켜기'를 체크하면 조표들의 숫자를 바꿀 수 있어. 숫자가 클수록 그 조표를 더 많이 참고해서 작곡해줘. '음표 밀도'를 조절해서 동시에 연주하는 음의 수를 바꿀 수 있고, 입력 볼륨을 조절해서 음의 강도를 바꿀 수 있어.

멜로디 루프 만들기

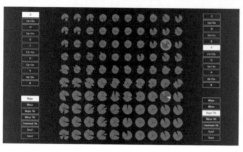

설명

MusicVAE 모델을 이용해서 반복되는 멜로디를 생성하는 앱이야. MusicVAE는 여러 멜로디를 부드럽게 연결해서 조화롭게 만들 수 있어.

사용 방법

화면 왼쪽과 오른쪽에서 조표와 코드를 선택하고, 화면 중앙에서 리듬을 선택하면 모델이 조화로운 멜로디를 만들어줘. 리듬은 여러 개를 선택하거나 해제할 수 있어.

아르페지오 패턴 작곡

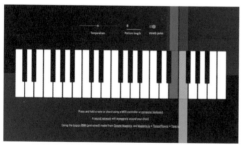

설명

Magenta와 Improv RNN를 이용해서 아르페지오 패턴을 연주하게 제작됐어. Improv RNN은 기본 코드 진행에 맞춰 멜로디를 조건부로 생성해.

사용 방법

화면의 건반 중 하나를 계속 누르고 있으면 그 음을 중심으로 아르페지오 패턴이 연주될 거야. 화면 위쪽에서 곡의 온도와 패턴 길이 등을 조절할 수 있어.

신경망 드럼 머신

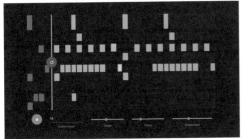

설명

사전 학습된 드럼 RNN 모델을 이용해서 만든 드럼 작곡 앱이야. 씨앗 패턴을 제공하면 이를 바탕으로 다음 패턴을 연속적으로 생성해줘.

사용 방법

화면의 회색 선 왼쪽에 있는 빈 사각형들을 클릭하면 빨간색으로 표시될 거야. 적당한 사각형들을 클릭하고 회색 선 위에 있는 🔘 버튼을 누르면 잠시 후 오른쪽에 트랙이 자동으로 생성되면서 곡이 재생돼. 화면 아래에서 패턴 길이, 템포, 스윙, 온도를 조정할 수 있어.

동작 인식 격투 게임

설명

TensorFlow와 카메라를 이용한 동작 인식으로, 캐릭터를 조종할 수 있는 게임이야. 게임 캐릭터가 사용자의 행동을 따라서 상대방을 공격해.

사용 방법

카메라가 전신을 비추도록 멀리 떨어진 상태에서 화면의 왼쪽이나 오른쪽으로 이동해. 손으로 펀치를 하거나 발로 발차기를 하면 캐릭터가 동작을 따라 할 거야. 게임을 다시 시작하려면 웹페이지를 새로고침 하면 돼.

팩맨 머신러닝

설명

이미지 인식을 통해 방향을 조작될 수 있도록 만든 팩맨 게임이야. 사전 학습된 모바일넷 모델을 4개 방향의 동작 인식에 이용했어.

사용 방법

캐릭터를 상하좌우 4개 방향으로 조작하기 위해서는 각 방향별로 학습을 위한 이미지 데이터가 필요해. 각 방향을 표시할 수 있는 모션을 '샘플 추가' 버튼을 눌러 촬영하고, '모델 훈련' 버튼을 눌러 학습시켜. 이후 '시작' 버튼을 누르고 각 방향을 나타내는 모션을 취하면 인식된 방향대로 캐릭터가 움직일 거야.

Keras.js

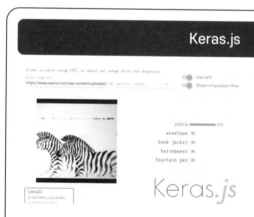

설명

Keras는 인공지능을 쉽고 빠르게 구현하도록 돕는 딥러닝 라이브러리야. 데모에서는 Keras의 학습 과정과 성능을 확인할 수 있어.

사용 방법

데모는 필기 숫자 인식, 오토 인코더, GAN, 이미지 인식, 감정분류 LSTM, 해상도 높이기로 구성되어 있어. 원하는 데모를 선택해서 사용하면 돼. 화면 아래쪽에서는 각 기능이 어떤 과정을 거치며 작동이 진행되는지 확인할 수 있어.

ConvNetJS

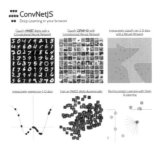

설명

ConvNetJS은 브라우저에서 딥러닝 모델을 학습할 수 있는 라이브러리야. 데모를 통해 신경망의 학습 과정과 결과를 시각화해서 볼 수 있어.

사용 방법

데모는 필기 숫자 인식, 이미지 인식, 분류, 회귀, 오토 인코더, DQN으로 구성되어 있어. 데모 중 하나를 클릭하면, 각 데모의 학습 과정을 실시간으로 확인할 수 있지. 설정을 변경하면 설정값에 따른 결과의 변화도 알 수 있어.

가위바위보 머신러닝

설명

TensorFlow를 이용한 가위바위보 이미지 인식 학습 과정을 단계별로 살펴볼 수 있어.

사용 방법

가위바위보 이미지 인식 학습 과정을 확인하기 위해서 페이지에 있는 파란색 버튼들을 위에서부터 순서대로 눌러 나가면 돼. 데이터 준비부터 모델 생성, 학습, 학습 결과 확인 과정을 오른쪽에 표시되는 결과 화면을 통해 볼 수 있어. 웹캠을 실행해서 직접 학습 결과를 테스트하는 것도 가능해.

텐서플로우 시각화

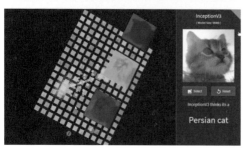

설명

TensorFlow를 통해 학습된 딥러닝 모델을 로드해서 이를 3D 시각화 장면으로 출력해. 각 모델의 처리 과정을 시각화시켜 볼 수 있어.

사용 방법

화면 왼쪽에 있는 모델 중에 하나를 선택해. 모델이 로드되면 오른쪽의 입력 영역에 필요한 값을 넣고, 화면 중앙에서 마우스로 드래그, 확대/축소해서 처리 과정을 확인해. 예를 들어, Lenet 모델의 경우 오른쪽 입력 영역에 숫자를 그리면 화면 중앙에서 숫자 인식 과정을 확인할 수 있어.

텐서플로우 티라노 달리기

설명

TensorFlow를 기반으로 티라노 캐릭터가 여러 유형의 알고리즘을 활용해 장애물을 피하는 방법을 학습하도록 만들었어.

사용 방법

페이지를 열면 '랜덤'에서부터 '유전 + 신경망'까지 학습 유형 목록이 표시돼. 확인을 원하는 유형을 클릭하면 티라노가 장애물에 부딪힐 때까지 한 세대가 진행돼. 세대를 반복하며 더 오래 살아남게 되는데, 각 학습 유형별로 학습 속도에 차이가 있음을 비교할 수 있어.

CNN 시각적 설명

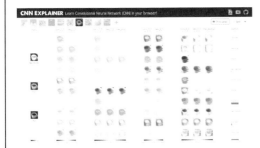

설명

사용자가 CNN의 내부 작동 방식을 쉽게 이해할 수 있도록 구현했어. 이미지 인식 과정을 단계별로 시각화해서 볼 수 있어.

사용 방법

화면 왼쪽 위에 있는 이미지들 중 하나를 선택하면 해당 이미지의 인식 과정을 확인할 수 있어. conv나 relu, max_pool 층에 위치한 이미지를 클릭하면 앞 단계와 현재 요소가 어떻게 연결되는지 상세하게 볼 수 있어.

GAN 시각적 설명

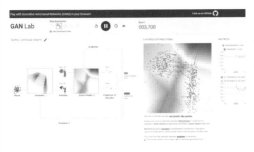

설명

GAN의 학습 과정을 대화형 시각화 도구로 실시간으로 살펴볼 수 있어. 2D 데이터 분포에 대한 생성자와 판별자의 작동 과정을 예시로 제시했어.

사용 방법

화면 위쪽 데이터 분포에서 원하는 데이터 분포를 선택해. 그리고 ▶ 버튼을 클릭하면 화면 오른쪽에서 초록색 점들(실제 샘플) 위로 보라색 점들(가짜 샘플)이 겹쳐지려고 할거야. 배경의 색도 계속 변하게 되는데 밝은 회색은 판별자가 가짜 샘플과 실제 샘플을 더 이상 구별할 수 없는 구역이라는 의미야.

HuggingFace GAN 예제

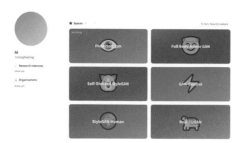

설명

HuggingFace는 인공지능 데이터와 모델 제작을 지원하는 서비스야. 스페이스 기능을 이용해서 여러 GAN 모델을 테스트 해볼 수 있어.

사용 방법

페이지를 열면 스페이스 영역(Spaces)에 사용 가능한 GAN 예제들이 보일 거야. 이 중 하나를 선택해서 테스트해봐. 예제가 멈춰 있는 상태라면 'Restart' 버튼을 눌러서 다시 실행해줘. 사람이나 동물 이미지를 생성하거나, 그림체를 변화시키고 해상도를 높일 수 있는 예제가 있어.

GAN 애니메이션

설명

AnimeGAN 모델을 이용해서 풍경 사진을 애니메이션화 할 수 있어.

사용 방법

먼저 풍경 이미지 파일을 준비해야 돼. 인터넷 등에서 받은 풍경 이미지 파일을 선택하고, 이미지 크기를 선택한 후 '만들기'를 누르면 애니메이션화된 이미지가 생성돼.

RNN 듀엣 연주

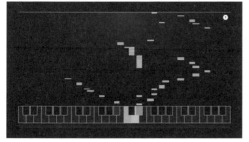

설명

다양한 MIDI 예제를 학습해서 사용자의 연주에 맞춰 다음 부분을 연주해 주는 앱이야. 몇 개의 음을 연주하면 그에 맞춰 다음 부분이 재생돼.

사용 방법

피아노 건반 몇 개를 누르고 잠시 기다리면 인공지능이 뒷부분을 연주해줘. 사용한 건반의 종류와 누르는 속도, 곡의 길이 등을 참고해서 연주하고, 같은 곡 구성이라도 매번 다른 연주가 나올 수 있어.

RNN 손 글씨

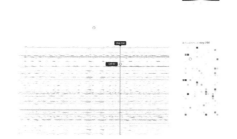

설명

LSTM을 활용해서 사용자가 작성한 글자들의 획(stroke)을 기억하고, 이를 바탕으로 예측된 글자들을 보여줘.

사용 방법

페이지가 열리면 이상한 선들이 깜빡이는 공간에 영어로 글자들을 입력해봐. 입력한 글자 다음에 영어 글자들이 랜덤하게 생기는 것을 볼 수 있어. 많은 글자들을 적다 보면 점점 내가 쓴 글자와 유사한 모양의 글자들을 보여주고, 때로는 내가 쓰고 있는 영어 단어에 사용될 글자를 보여주기도 해.

Holobooth 캐릭터 애니메이션

설명

MediaPipe의 FaceMesh를 이용해서 얼굴을 인식하고, 이를 바탕으로 가상의 아바타를 만들어 주는 앱이야.

사용 방법

'시작하기'를 누르고 웹캠이 얼굴을 향하게 해줘. 아바타가 얼굴의 움직임을 따라 움직일 거야. 아바타와 장면, 소품을 선택할 수 있어.

만화 캐릭터 만들기

설명

선택한 속성값으로 얼굴 이미지를 생성하는 GAN 모델이야. 모델의 종류와 속성값을 변경해서 원하는 캐릭터 이미지를 만들 수 있어.

사용 방법

'생성' 버튼을 누르면 캐릭터가 생성돼. 버튼을 누를 때마다 다른 캐릭터가 생성될 거야. 모델을 변경하면 그림체를 바꿀 수 있고, 속성값을 변경하면 캐릭터의 세부 사항을 조정할 수 있어.

제스처로 컨트롤하는 2048

설명

CNN을 활용한 이미지 인식 기능으로 2048 게임을 진행할 수 있어.

사용 방법

위, 아래, 왼쪽, 오른쪽, 행동 없음에 대한 샘플을 웹캠을 이용해서 추가해줘. 이후 '훈련' 버튼을 눌러 학습시키고, '플레이 시작' 버튼으로 게임을 시작해. 웹캠 앞에서 샘플과 유사한 모습을 보여주면 2048을 조작할 수 있어.

스케치를 사진으로

설명

Pix2Pix GAN 모델을 이용해서 소스 이미지를 입력 받아 다른 형태의 이미지로 변환해 줘.

사용 방법

edges2cats, facades 등의 영역에서 소스 이미지 예시와 생성 결과가 보일 거야. '지우기' 버튼을 눌러 기존 스케치를 지우고 직접 스케치 해봐. 스케치가 끝나고 '처리하다' 버튼을 누르면 모델이 로드되고 결과물이 출력될 거야. '랜덤' 버튼을 눌러서 다른 생성 예시를 확인할 수도 있어.

Dash 자율주행 자동차 시뮬레이터

설명

WebGL과 Three.js로 구축된 자율주행 시뮬레이터야. 시뮬레이터는 정적 및 동적 장애물을 회피하고 목적지에 도달할 수 있도록 설계됐어.

사용 방법

자동차는 WASD 키를 눌러 수동으로 조작할 수 있어. 자율주행 예제 시나리오를 보려면 오른쪽 아래 '시나리오 로드'를 누르고 '예제 시나리오' 탭을 눌러 8가지 시나리오 중에 하나를 선택하면 돼. '시나리오 편집' 버튼으로 새로운 시나리오를 만들 수도 있어.

streetscape.gl 자율주행 데이터수집 데모

설명

KITTY와 NuScenes 데이터 세트를 streetscape.gl(자율주행 데이터를 시각화하기 위한 도구)을 이용해서 시각화한 자율주행 데모야.

사용 방법

데모를 실행하고 화면 아래 상태 바에서 ▶버튼을 클릭하면 자동차가 움직일 거야. 자동차가 움직이면 화면 왼쪽에 카메라 영상과 차량 정보가 표시되고, 화면 중앙에는 3차원 공간에서 움직이는 차량과 주변 사물들이 지도에 표시돼. 왼쪽 메뉴에서 모델과 사물의 보기(Streams) 여부를 변경할 수 있어.

자율 주차 차량의 진화

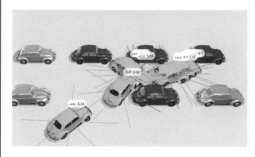

설명

주차 학습 과정을 통해 유전 알고리즘의 작동 과정을 보여주는 앱이야. 유전 알고리즘을 이용해서 자동차가 스스로 주차할 수 있도록 학습돼.

사용 방법

페이지를 열면 자동차가 스스로 주차하려는 모습을 볼 수 있어. 다른 차와 충돌하면 안되고 제한된 시간 내에 지정된 구역에 주차를 완료해야 돼. 더 좋은 결과를 위해서 세대 크기나 그룹 크기 등의 설정값을 변경할 수 있어. '수동 주차' 탭에서는 WASD 키를 이용해 수동으로 주차해 볼 수도 있어.

Fuzzy - 자율 주행의 윤리 문제

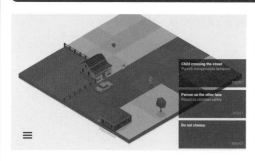

설명

자율주행 중 발생할 수 있는 윤리적 문제 상황을 게임 형태로 보여주는 앱이야. 정답이 있는 것은 아니고, 다른 사람의 선택도 확인할 수 있어.

사용 방법

'Run Game'을 눌러 게임을 시작해. 19개의 상황 중 하나를 고를 수 있어. 각 상황에서 문제를 확인하고, 선택지들 중에서 나의 선택을 누르면 돼. 선택 이후 게임 속 자동차가 내 선택대로 움직이는 것을 볼 수 있어.

자율 주행 자동차 이미지 브라우저

설명

Udacity 자율주행차 데이터에 YOLO 카메라 객체 감지를 적용한 예야. 카메라 영상에서 여러 개체를 얼마나 잘 인식하는지 확인할 수 있어.

사용 방법

화면 왼쪽 '앱 모드 선택하기'에서 '앱 실행하기'를 클릭해줘. 그러면 화면 오른쪽에 선택한 개체에 대해서 사람이 직접 보고 표시한 사진과, YOLO 모델이 표시한 사진이 나올 거야. 왼쪽의 프레임 영역에서 개체의 종류와 수, 프레임을 선택하면 다른 사진들의 결과를 확인할 수 있어.

Meta Car 자율 주행 자동차 강화학습

설명

여러 강화학습 알고리즘을 적용해서 자율주행 자동차를 학습시켜 볼 수 있는 앱이야. 각각의 강화학습 과정과 그 결과를 확인할 수 있어.

사용 방법

앱을 열면 '~ 액션'이라는 이름이 붙은 총 4가지 예시가 있어. 예시 중 하나를 선택해줘. 예시에서는 'Train'을 눌러 직접 학습시킬 수도 있고 'Load trained agent'를 눌러 학습된 결과를 불러올 수도 있어. 이후 'Play' 버튼을 누르면 자동차가 학습된 결과대로 움직일 거야.

ChatGPT OpenAI 챗봇

설명

ChatGPT는 OpenAI에서 개발한 인공지능 챗봇 서비스야. 많은 데이터로 학습한 GPT 모델을 이용했고, 사람처럼 대화를 나눌 수 있어.

사용 방법

ChatGPT를 사용하려면 OpenAI 사이트에 가입해야 해. 가입 후 로그인하면 화면 아래 프롬프트 영역에 질문을 입력해봐. ChatGPT가 어떤 주제의 질문이든 답변을 해줄 거야. 새로운 주제로 대화를 시작하려면 왼쪽 위의 'New Chat' 버튼을 눌러줘.

DALL·E 2 텍스트로 그림 생성

설명

OpenAI가 개발한 이미지 생성형 AI 모델이야. 많은 데이터로 학습했고, 텍스트 설명을 바탕으로 다양한 유형의 이미지를 생성할 수 있어.

사용 방법

DALL·E를 이용하려면 OpenAI 사이트에 가입해야 해. 그리고 credit이 충전되어 있어야만 그림을 생성할 수 있어. 프롬프트 영역에 그림으로 표현하고 싶은 텍스트를 영어로 입력해줘. 이후 'Generate' 버튼을 누르면 credit이 소모되며 4개의 그림이 생성될 거야.

Craiyon 무료 이미지 생성

설명

Craiyon은 무료 인공지능 이미지 생성 앱이야. 이미지를 설명하는 키워드나 문구를 입력해서 이미지를 생성할 수 있어.

사용 방법

광고가 많고 속도가 느릴 수 있지만, 로그인 없이 무료로 이미지를 생성할 수 있어. 영어로 이미지를 설명하는 키워드나 문구를 입력하고 'Draw' 버튼을 클릭해봐. 많이 알려져 있는 것을 구체적으로 묘사하면 원하는 이미지를 생성할 수 있는 확률이 높아져.

Bard 구글 챗봇

설명

구글과 딥마인드의 Gemini 프로를 기반으로 한 인공지능 챗봇 서비스야. 최신 정보도 제공하며, 한 질문에 3개의 답변을 출력해줘.

사용 방법

Bard를 이용하려면 구글 로그인이 필요해. 로그인 후 프롬프트에 원하는 질문을 입력하면 Bard가 답변해줘, 답변 위쪽의 '다른 답안 보기'를 클릭하면 해당 질문에 대한 총 3개의 답변을 함께 볼 수 있어. 프롬프트 왼쪽의 '이미지 업로드' 버튼으로 이미지를 업로드해서 질문에 활용할 수 있어.

빙 채팅 인공지능 검색 엔진

설명

프로메테우스라는 GPT-4 기반의 검색 특화 모델을 탑재한 인공지능 검색 엔진이야. 최신 정보와 정보의 출처를 함께 제공해.

사용 방법

빙 채팅은 마이크로소프트 계정이 필요해. 그리고 Edge 브라우저에서 더 잘 작동해. 로그인 후 화면 하단의 입력창에 질문을 입력하면 질문과 관련된 답변을 해줄 거야. 답변의 길이가 다른 서비스에 비해 짧지만 하단에 출처 링크가 제공되어 보다 자세한 내용을 확인할 수 있어.

클로바 X 네이버 챗봇

설명

네이버에서 개발한 한국어 거대 언어 모델 기반의 인공지능 챗봇 서비스야. 플러그인 형태의 특화 서비스를 제공해.

사용 방법

클로바 X를 이용하려면 네이버 계정이 필요해. 네이버 로그인 후 하단의 입력창에 질문 내용을 입력하면 답변해줘. '문서 업로드' 버튼으로 문서를 업로드해서 질문에 활용할 수 있고, '스킬' 설정을 통해서 쇼핑이나 여행과 관련된 맞춤 답변을 받을 수 있어.

Bing Image Creator

설명

DALL·E3를 탑재한 이미지 생성 앱이야. 사용자가 입력한 문장을 이미지로 변환할 수 있어.

사용 방법

Edge 브라우저에서 마이크로소프트 계정으로 로그인해야 이용할 수 있어. 프롬프트는 한글로 입력해도 되지만, 영어로 입력하면 더욱 정확한 결과를 얻을 수 있어. 설명이 자세하고 세부 사항(예: 예술적 스타일)을 키워드 형태로 추가하면 원하는 이미지 생성 확률이 높아져.

뤼튼 AI

설명

다양한 언어 모델을 이용할 수 있는 인공지능 기반의 콘텐츠 생성 플랫폼이야. 채팅뿐 아니라, 커스텀 툴과 챗봇 등의 기능이 있어.

사용 방법

뤼튼을 이용하려면 이메일 또는 SNS 계정으로 회원 가입을 해야 해. 로그인 후 채팅 영역에서 GPT-4와 같은 모델을 선택하고 질문을 입력해. 해당 모델을 이용해서 답변을 해줄 거야. '~를 그려줘'라고 입력하면 그림을 생성할 수도 있어.

이 밖에도 ailearn.space 사이트에 탑재되지 않았지만, 인공지능 학습에 유용한 다른 사이트들을 소개할게.

Machine Learning for Kids

machinelearningforkids.co.uk 에서는 텍스트, 그림, 숫자, 소리 관련 모델을 학습시켜 테스트해 볼 수 있어.

40개 이상의 워크시트를 제공하는데, 워크시트를 이용하면 단계적으로 여러 유형 인공지능의 학습 방법을 배우고 테스트해 볼 수 있어.

ML5.js

ml5js.org에서는 텍스트 코딩으로 머신러닝을 쉽게 다룰 수 있도록 다양한 라이브러리와 예제를 제공해.

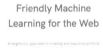

CNN, GAN, RNN과 관련된 예제를 제공해서 내 컴퓨터에서 실행할 수도 있고, editor.p5js.org/ml5/sketches에서 이미 작성된 코드를 사용할 수도 있어.

Machine Learning for the Web

Github.com/yining1023/machine-learning-for-the-web에서는 ML5.js를 활용한 머신러닝 수업 자료를 제공해.

각 주차 별로 CNN, GAN, RNN과 관련된 강의 자료(영문)와 실습 예제를 확인할 수 있고, 자료 내 링크를 통해 더 자세한 내용을 찾아볼 수도 있어.

참고 문헌 및 웹사이트

책 페이지	출처
23	Chris Smith et al., The History of Artificial Intelligence, University of Washington, 2006, p.12
24	Y. LeCun et al., Backpropagation Applied to Handwritten Zip Code Recognition, Neural Computation, 1989, p.549
25	Andrej Karpathy, Deep Neural Nets: 33 years ago and 33 years from now, Andrej Karpathy blog, 2022, karpathy.github.io/2022/03/14/lecun1989
36	Jacques Bruwer et al., A look at how we built the Emoji Scavenger Hunt using TensorFlow.js, Community ·TensorFlow.js, 2018, blog.tensorflow.org/2018/10/how-we-built-emoji-scavenger-hunt-using-tensorflow-js.html
48	MarketsandMarkets, Artificial Intelligence (AI) Market by Offering, Technology, Business Function, Vertical, and Region – Global Forecast to 2030 , Artificial Intelligence (AI) Market, 2023, marketsandmarkets.com/Market-Reports/artificial-intelligence-market-74851580.html
60	Valentin Bazarevsky et al., BlazeFace: Sub-millisecond Neural Face Detection on Mobile GPUs, CVPR Workshop, 2019, p.3
66	Vincent Mühler, face-api.js, justadudewhohacks, 2020, github.com/justadudewhohacks/face-api.js
70	Lauryn Gayhardt & Hiroshi Yoshioka, Azure Machine Learning에 대한 알고리즘을 선택하는 방법, Azure Machine Learning, 2023, learn.microsoft.com/azure/machine-learning/how-to-select-algorithms
89	엔트리팀, AI 모델 > 분류 – 텍스트 모델, Connect Foundation, 2023, docs.playentry.org/user/block_model_text.html
96	Volodymyr Mnih et al., Playing Atari with Deep Reinforcement Learning, NIPS, 2013, p.1

113   D.H.Hubel & T.N.Wiesel, Receptive fields of single neurons in the cat's striate cortex, The Journal of Physiology, 1959, p.589–590

113   Haohan Wang & Bhiksha Raj, On the Origin of Deep Learning, CoRR abs/1702.07800, 2017, p.33

119   Chao Dong et al., Image Super-Resolution Using Deep Convolutional Networks, IEEE transactions on pattern analysis and machine intelligence, 2014

122   Qizhe Xie et al., Self-training with Noisy Student improves ImageNet classification, CVPR, 2020, p.4

124   SRDJAN, Machine Learning: AI Learns To Play Tetris with Convolutional Neural Network, Ask For Game Task, 2020, askforgametask.com/tutorial/machine-learning/ai-plays-tetris-with-cnn

133   Ian Simon & Sageev Oore, Performance RNN: Generating Music with Expressive Timing and Dynamics, magenta, 2017, magenta.tensorflow.org/performance-rnn

135   Alex Graves, Generating Sequences With Recurrent Neural Networks, arXiv, 2013

140   Ian Goodfellow et al., Generative Adversarial Nets, NIPS, 2014

147   Yanghua Jin et al., Towards the Automatic Anime Characters Creation with Generative Adversarial Networks, Comiket 92, 2017

150   Phillip Isola et al., Image-to-Image Translation with Conditional Adversarial Networks, CVPR, 2017

152   Jie Chen et al., AnimeGAN: A Novel Lightweight GAN for Photo Animation, CCIS,volume 1205, 2020

155   Alon Shoshan et al., GAN-Control: Explicitly Controllable GANs, IEEE, 2021

164   Sumbal Malik et al., How Do Autonomous Vehicles Decide?, Sensors, 2023, p.5

168   Alex Kendall et al., Learning to Drive in a Day?, arXiv, 2018, p.3

173   소재현, 자율주행 알고리즘, TTA 1057, 2021, p.5

173   Shuo Feng et al., Dense reinforcement learning for safety

validation of autonomous vehicles, Nature, 2023

192   Aditya Ramesh et al., DALL·E: Creating images from text,
       OpenAI Research, 2021, openai.com/research/dall-e

193   Ashish Vaswani et al., Attention Is All You Need, NIPS, 2017

209   Kawin Ethayarajh, BERT, ELMo, & GPT-2: How Contextual are
       Contextualized Word Representations?, The Stanford AI Lab
       Blog, 2020, ai.stanford.edu/blog/contextual

214   Pradeep Menon, Discover how ChatGPT is trained!, Linked in,
       2023, linkedin.com/pulse/discover-how-chatgpt-istrained-
       pradeep-menon

215   John Schulmanet al., Proximal Policy Optimization, OpenAI
       Research, 2017, openai.com/research/openai-baselines-ppo

217   Adam Zewe, Solving a machine-learning mystery, MIT News,
       2023, news.mit.edu/2023/large-language-models-in-
       context-learning-0207

221   Mark Chen et al., Generative Pretraining From Pixels, PMLR
       119, 2020

222   Aditya Ramesh et al., DALL·E: Creating images from text,
       OpenAI Research, 2021, openai.com/research/dall-e

223   Aditya Ramesh, How DALL·E 2 Works, adityaramesh.com,
       2022, adityaramesh.com/posts/dalle2/dalle2.html

224   Alec Radford et al., Learning Transferable Visual Models From
       Natural Language Supervision, ICML, 2021, p.2

226   Aditya Ramesh et al., Hierarchical Text-Conditional Image
       Generation with CLIP Latents, CoRR, 2022, p.9

227   Aditya Ramesh et al., Hierarchical Text-Conditional Image
       Generation with CLIP Latents, CoRR, 2022, p.6

229   James Skelton, Generating and editing photorealistic images
       from text-prompts using OpenAI's GLIDE, Paperspace Blog,
       2022, blog.paperspace.com/glide-image-generation

232   Aditya Ramesh et al., DALL·E: Creating images from text,
       OpenAI Research, 2021, openai.com/research/dall-e

233   Ryan O'Connor, How DALL-E 2 Actually Works, AssemblyAI,
       2023, assemblyai.com/blog/how-dall-e-2-actually-works

참고 이미지

책 페이지	출처
19	Douwe Kiela et al., Plotting Progress in AI, Contextual AI, 2023, contextual.ai/plotting-progress-in-ai
22	Unknown, A conversation with Eliza, Wikipedia, 2021, en.wikipedia.org/wiki/ELIZA
23	Michael L. Umbricht & Carl R. Friend, Symbolics 3640, Wikipedia, 2010, en.wikipedia.org/wiki/Expert_system
26	Google DeepMind, Match 1 – Google DeepMind Challenge Match: Lee Sedol vs AlphaGo, Youtube, 2016, youtube.com/watch?v=vFr3K2DORc8
31	Angel Das, Illustrates the activation functions commonly used in ANN architecture, A Beginners Guide to Artificial Neural Network using Tensor Flow & Keras, 2020, towardsdatascience.com/a-beginners-guide-to-artificial-neural-network-using-tensor-flow-keras-41ccd575a876
39	TensorFlow, A second diagram of a generator and discriminator, Deep Convolutional Generative Adversarial Network, 2023, tensorflow.org/tutorials/generative/dcgan
41	Volodymyr Mnih et al., Playing Atari with Deep Reinforcement Learning, NIPS, 2013, p.2
48	Jaspar Roos & Dr Gohar Sargsyan, The cross-over point of human and artificial intelligence, the Technological Singularity. Image by Futurebuf, The Open Innovation 2.0 Yearbook, 2015, p.111
59	MediaPipe, Face detection guide, MediaPipe, 2023, developers.google.com/mediapipe/solutions/vision/face_detector
60	MediaPipe, Face landmark detection guide, MediaPipe, 2023, developers.google.com/mediapipe/solutions/vision/face_landmarker
61	MediaPipe, Pose landmark detection guide, MediaPipe, 2023, developers.google.com/mediapipe/solutions/vision/pose_landmarker
62	Ivan Grishchenko et al., 3D Pose Detection with MediaPipe

BlazePose GHUM and TensorFlow.js, TensorFlow Blog, 2021, blog.tensorflow.org/2021/08/3d-pose-detection-with-mediapipe-blazepose-ghum-tfjs.html

62   MediaPipe, Top: Aligned hand crops passed to the tracking network with ground truth annotation. Bottom: Rendered synthetic hand images with ground truth annotation, MediaPipe Hands, 2023, mediapipe.readthedocs.io/en/latest/solutions/hands.html

63   MediaPipe, MediaPipe Holistic Pipeline Overview, MediaPipe Holistic, 2023, github.com/google/mediapipe /blob/master/docs/solutions/holistic.md

70
71   Akhil Mittal, Machine Learning Process And Scenarios, eLearning Industry, 2017, elearningindustry.com/machine-learning-process-and-scenarios

74   MediaPipe, a set of MediaPipe Objectron, MediaPipe Objectron, 2023, github.com/google/mediapipe/blob/ master/docs/solutions/objectron.md

77   Teachable Machine, Teachable Machine Samples, Teachable Machine, 2019, teachablemachine.withgoogle.com

92   엔트리, 군집: 숫자 (k-평균), 인공지능 모델 학습하기, 2023, playentry.org/learning

96   Two Minute Papers, Google DeepMind's Deep Q-learning playing Atari Breakout!, Youtube, 2015, youtu.be/V1eYniJ0Rnk

97   Volodymyr Mnih et al., Playing Atari with Deep Reinforcement Learning, NIPS, 2013, p.2

110   Srdjan Susnic, Machine Learning for Flappy Bird using Neural Network and Genetic Algorithm, Github, 2017, github.com/ssusnic/Machine-Learning-Flappy-Bird

112   Tensorflow, MNIST example, TensorFlow Catalog, 2021, tensorflow.org/datasets/catalog/mnist

113   Sumit Saha, A Comprehensive Guide to Convolutional Neural Networks – the ELI5 Way, Towards Data Science, 2018, towardsdatascience.com/a-comprehensive-guide-to-convolutional-neural-networks-the-eli5-way-3bd2b1164a53

114   Fei-Fei et al., Lecture 7: Convolutional Neural Networks, Li Stanford CS231n, 2016, cs231n.stanford.edu/slides/2016/winter1516_lecture7.pdf

137   Magenta, A sample sketch as a sequence of points and in rendered form, Sketch-RNN: A Generative Model for Vector Drawings, 2021, github.com/magenta/magenta/blob/main/magenta/models/sketch_rnn/README.md

139   Minko Gechev, Playing Mortal Kombat with TensorFlow.js. Transfer learning and data augmentation, DevRel blog, 2018, blog.mgechev.com/2018/10/20/transfer-learning-tensorflow-js-data-augmentation-mobile-net

140   ThisPersonDoesNotExist, thispersondoesnotexist.com

142   TensorFlow, A second diagram of a generator and discriminator, Deep Convolutional Generative Adversarial Network, 2023, tensorflow.org/tutorials/generative/dcgan

142   TensorFlow, a series of images produced by the generator as it was trained for 50 epochs, Deep Convolutional Generative Adversarial Network, 2023, tensorflow.org/tutorials/generative/dcgan

143   Bolei Zhou, Interpreting Generative Adversarial Networks for Interactive Image Generation, Lecture Notes in Computer Science, 2022, p.2

143   Jun-Yan Zhu et al., Unpaired Image-to-Image Translation using Cycle-Consistent Adversarial Networks, IEEE, 2017, p.1

147   Yanghua Jin et al., Towards the Automatic Anime Characters Creation with Generative Adversarial Networks, Comiket 92, 2017, p.9

150   Phillip Isola et al., Image-to-Image Translation with Conditional Adversarial Networks, CVPR, 2017, p.2

150   Phillip Isola, Results of using pix2pix, Pix2pix, 2017, github.com/phillipi/pix2pix

152   Asher Chan, Photo to Hayao Style, AnimeGAN, 2020, github.com/TachibanaYoshino/AnimeGAN

158   국토교통부, 자율주행차 규제혁신 로드맵 2.0, 국토교통부 보도자료, 2021, molit.go.kr/USR/NEWS/m_71/dtl.jsp?id=95086354

159   현대자동차, 자율주행 프로세스, 현대자동차 공식 블로그, 2015, blog.hyundai.co.kr/Tech/Item/adas-01.blg

168   Wayve, Learning to drive in a day, Youtube, 2018, youtu.be/eRwTbRtnT1I

173	Shuo Feng et al., Dense reinforcement learning for safety validation of autonomous vehicles, Nature, 2023
173	CARLA, CARLA Logo, CARLA Simulator, 2017, github.com/carla-simulator/carla
178	OpenAI, DALL·E 3 Results Example, DALL·E 3, 2023, openai.com/dall-e-3
192	OpenAI, DALL·E illustration example, DALL·E: Creating images from text, 2021, openai.com/research/dall-e
198 199 201	Jay Alammar, How GPT3 Works – Visualizations and Animations, Jay Alammar blog, 2020, jalammar.github.io/how-gpt3-works-visualizations-animations
202	Bea Stollnitz, The Transformer architecture of GPT models, Bea Stollnitz blog, 2023, bea.stollnitz.com/blog/gpt-transformer
207	Tensorflow, Embedding Projector, TensorBoard, 2023, projector.tensorflow.org
208	Jay Alammar, The Illustrated Word2vec, Jay Alammar blog, 2019, jalammar.github.io/illustrated-word2vec
210	Bea Stollnitz, The Transformer architecture of GPT models, Bea Stollnitz blog, 2023, bea.stollnitz.com/blog/gpt-transformer
212	OpenAI, The prompt and completion of pre-trained GPT-3, Aligning language models to follow instructions, 2022, openai.com/research/instruction-following
213 214 215	Sergio Soage, Collect demonstration data and train a supervised policy, ChatGPT: training process, advantages, and limitations, 2022, aivo.co/blog/chatgpt-training-process-advantages-and-limitations
216	OpenAI, compare ChatGPT with InstructGPT, DALL·E illustration example, Introducing ChatGPT, 2022, openai.com/research/dall-e
220	OpenAI, DALL·E illustration example, DALL·E: Creating images from text, 2021, openai.com/research/dall-e
221	Mark Chen et al., Generative Pretraining from Pixels, PMLR 119, 2020, p.2

222 OpenAI, Model-generated completions of human-provided half-images, Image GPT, 2020, openai.com/research/image-gpt

223 Aditya Ramesh et al., Hierarchical Text-Conditional Image
224 Generation with CLIP Latents, arXiv, 2022, p.3
231

225 Ryan O'Connor, How DALL-E 2 Actually Works, AssemblyAI, 2023, assemblyai.com/blog/how-dall-e-2-actually-works

226 Aditya Ramesh et al., Hierarchical Text-Conditional Image Generation with CLIP Latents, arXiv, 2022, p.10

227 Jonathan Ho et al., Denoising Diffusion Probabilistic Models, neurIPS, 2020, p.2

228 Alex Nichol et al., GLIDE: Towards Photorealistic Image
229 Generation and Editing with Text-Guided Diffusion Models, arXiv, 2022, p.7

229 Aditya Ramesh et al., Hierarchical Text-Conditional Image Generation with CLIP Latents, CoRR, 2022, p.14

230 Alex Nichol et al., GLIDE: Towards Photorealistic Image Generation and Editing with Text-Guided Diffusion Models, arXiv, 2022, p.17

230 Aditya Ramesh et al., Hierarchical Text-Conditional Image Generation with CLIP Latents, arXiv, 2022, p.7

232 OpenAI, DALL·E 3 generate images that exactly adhere to the text you provide, DALL·E 3, 2023, openai.com/dall-e-3

234 OpenAI, Fine-tuning, OpenAI API, 2023, platform.openai.com/docs/guides/fine-tuning/preparing-your-dataset

236 AUTOMATIC1111, Stable Diffusion web UI screenshot, Stable Diffusion web UI, 2023, github.com/AUTOMATIC1111/stable-diffusion-webui

237 Suraj Patil, Stable Diffusion's logical flow, Stable Diffusion with Diffusers, 2022, huggingface.co/blog/stable_diffusion

실습으로 배우는
인공지능

초판 1쇄 발행 2024. 2. 8.

지은이 송현종
펴낸이 김병호
펴낸곳 주식회사 바른북스

책임편집 주식회사 바른북스 편집부

등록 2019년 4월 3일 제2019-000040호
주소 서울시 성동구 연무장5길 9-16, 301호 (성수동2가, 블루스톤타워)
대표전화 070-7857-9719 | **경영지원** 02-3409-9719 | **팩스** 070-7610-9820

•바른북스는 여러분의 다양한 아이디어와 원고 투고를 설레는 마음으로 기다리고 있습니다.

이메일 barunbooks21@naver.com | **원고투고** barunbooks21@naver.com
홈페이지 www.barunbooks.com | **공식 블로그** blog.naver.com/barunbooks7
공식 포스트 post.naver.com/barunbooks7 | **페이스북** facebook.com/barunbooks7

ⓒ 송현종, 2024
ISBN 979-11-93647-89-9 93000